U0100515

大展好書　好書大展
品嘗好書　冠群可期

大展好書　好書大展
品嘗好書　冠群可期

孫氏太極拳 1

孫氏
三十六手太極拳

附DVD

主編／ 尤 志 心 安 生 林

編者／ 孔 小 順

盧 順

沈

大展出版社有限公司

尤志心：1938年生，江蘇無錫人，陳健侯女婿、關門弟子，太極文化研究者。發表太極文章40餘篇，對拳理、易理、醫理相結合有較深入的研究。

孔小安：1945年生，江蘇鎮江人。張祚玉入室弟子，武術六段，鎮江市武協副主席。

盧順生：1933年生，江蘇淮安人。由於太極推手出色，在師兄弟中頗有威望，大家尊他為「張祚玉大弟子」。曾任鎮江市武協秘書長多年。

沈順林：1951年生，江蘇鎮江人。先從師於楊友俊，後從師於宋金雲（張祚玉早期弟子），發表太極拳文章多篇。

教務長孫福全

陳健侯

張祚玉

序

　　《孫氏三十六手太極拳》即將付梓，編者之一尤志心先生要我為該書作序。

　　尤先生和我是文字交，我知他是一位資深的教育工作者，多年從事教學、教務和教研工作。結合工作發表過很多有關語文教學、考試研究和文學創作的作品。這些作品大都能收入《教海驪珠》《文海驪珠》和《考海驪珠》等專集中。尤先生為人耿直，長於思辨。他出於學者的良知，為文斐然，卓有成就，深受讀者贊許。近些年來，他對太極拳文化情有獨鍾，為文仍和往年研究文學一樣，堅持在學術面前人人平等，在反覆辯詰的文字中益發顯出他為人執著，勇於探索求真的勇氣。

　　從事教育工作多年的老教師，為何晚年又移志於太極拳文化？追本溯源和他的岳父陳健侯先生有關。

　　說到陳健侯還有一件趣事，我在抗日期間，看到過張錫純先生著的《醫學衷中參西錄》，上面就有陳健侯中醫的名字。當時，我想這名字怎麼與太極大家楊健侯，只有一字之差呢。難道他與太極有何姻緣嗎？這只是一閃念的事，並未多想。直至我與尤志心先生相交後，才知其詳。

　　陳健侯（1895—1969），原名裕業，江蘇鎮江人，著名中醫。為清末明初史學家陳慶年（字善餘）之次子。陳先生自幼就愛好武術，曾習練少林紅拳。1928年孫祿堂先生執教江蘇省國術館（館址在鎮江新西門外陽彭山北五

省會館內）。陳健侯得拜門下，學習孫氏太極拳。陳健侯先生晚年融佛、易、儒、醫、拳、氣功於一體，所傳太極拳也其獨到之處。

1983年，江蘇省開展稀有拳種普查工作，於鎮江市發掘出孫式太極拳三十六勢，暗合《易經》的三十個連體象。該拳以太極拳為主體，融入八卦、形意之精華而成。以螺旋勁為內核。「手不離肘，肘不離手，處處無不上弦，行拳時有力練無力，猶如風擺柳」，勁氣內蘊，生生不自息。這套太極拳據雲陳健侯得之於孫祿堂，後傳於張祚玉（1906—1984）等，晚年又收小婿尤志心為徒。陳健侯謝世後，張祚玉為了保存民族遺產，才公開傳授，從而將三十六手太極拳推向社會，盛行於滬寧一帶，尤以鎮江為多。

作為鎮江市傳統武術的一大名牌，尤志心先生等人不僅著文廣為宣傳，並編著《孫氏三十六手太極拳》一書，系統全面地介紹這一稀有拳種。作者在解說拳勢套路演練之同時，還特別著意撰寫了每一式的「說明」與「技擊含義」。此外，還增編「卍字手」「陳健侯太極九手」等專章，作為本書的亮點，這三部分有助於深入瞭解孫氏三十六手太極拳的內涵與演化歷史。

謹作是序。

吳文翰

注：本文作者是武式太極拳專家和導師，第五屆中國永年國際太極拳聯誼會授予「特級大師」稱號。著有專著《武派太極拳體用全書》等以及《武式太極拳》等音像圖書。

6

序

　　我與尤志心先生是新交。他為《孫氏三十六手太極拳》出版約我作序，我感到榮幸。志心先生一生從事語文教學工作，在教育崗位上辛勤耕耘，碩果累累。退休以後他又以極大熱情投入武術挖掘整理，為武術事業獻策獻力，使我十分敬佩。

　　我作為一名武術專職教師尤其應該向他學習。武術事業的發展不僅要依靠專業人士的奮鬥，更需要廣大關心、熱愛和支持武術的人們共同攜手努力。

　　今年是孫式太極拳創始人孫祿堂先生誕辰150周年。孫祿堂先生在理論上、技術上和武德修養上為後人做出了卓越貢獻和表率。我是孫祿堂武學的崇仰者和後學晚輩。「孫氏三十六手太極拳」首次成書出版，為我們呈獻了一技孫式武學新花，我們應該向作者表示感謝和祝賀。

　　有人提出《三十六手太極拳》不見諸孫祿堂生前著作和公開教學，懷疑為孫門傳人所作。究竟是孫祿堂晚年秘傳還是後人創作，或者二者因素兼有，可以繼續考證，但這並不影響我們對本書面世的歡迎，因為它為孫式太極拳的繼承發展做出了一件實實在在的貢獻。

　　在文化藝術領域，挖掘繼承和發展創新是一項持續性的戰略任務，新成果的出現並不構成對原有成果的排斥。

《孫氏三十六手太極拳》的問世應該使孫式太極拳寶庫更加豐富多彩,不應該在孫式太極拳內部形成「高低」「貴賤」之分。應該說廣泛流傳的孫式太極拳傳統套路已經得到了社會的肯定;密傳的、創新的、挖掘整理的成果更需要經歷實踐核對總和群眾認同。

我期望本書得到廣大讀者的歡迎和關愛。

李德印

注:本文作者是中國人民大學教授,武術九段,中華武林百傑,著名國際級武術裁判,孫祿堂嫡傳弟子李玉琳之孫,著有《孫式太極拳(競賽套路)》等等大量音像圖書。

序

　　欣聞吾友尤志心、孔小安、盧順生、沈順林合著的
《孫氏三十六手太極拳》即將付梓。孫氏三十六手太極拳
為孫祿堂（名福全，號涵齋）所創，孫祿堂是我國著名武
術家，在國內外均享有盛名。他曾從李魁垣、郭雲深學形
意拳，從程廷華學八卦拳，從郝為貞學太極拳。後來他以
郝氏太極為基礎，融會互合三家之精髓而創孫式太極拳。
孫氏三十六手太極拳，與社會上廣為流傳的孫氏太極拳有
明顯不同。此拳不計重複之處共三十六手（主），以太極
拳為主體融入八卦、形意之精華而成。卍字手是其特有的
手法，就是五個手指分別成平、直、橫、環、鉤形，像一
個卍字。三十六手，不僅手手帶卍字手，而且一招一式都
要符合平、直、圓的要求。此拳的傳授過程在《鎮江文
史資料》和有關雜誌上有詳細記載。簡單來說，孫祿堂正
式收鎮江著名中醫陳健侯先生為徒，教授孫氏太極三十
六手，後由陳健侯先生之徒張祚玉傳授高足周德良、盧順
生、孔小安、陳九皋等。尤志心是陳健侯的小女婿，是
陳健侯的關門弟子。今日所著《孫氏三十六手太極拳》一
書是他們傾其畢生所學，本著繼承與發揚國之瑰寶的夙願
嘔心瀝血而編著的承前啟後之作，為後學與志在研究之士
提供了珍貴的借鑒，為武術文庫增添了一件不可多得的財
富，實乃可喜可賀。

　　我從事武術專業工作五十多個春秋，在這五十多個春秋中結識了眾多武林老師、朋友，從他們那裡不僅獲得了真摯的友情，還學到了未曾學過的知識，接受了積澱數千年的中華文化和傳統倫理道德的薰陶，他們是我人生旅途中的良師益友。在與周德良（已故）、孔小安、尤志心等人的交往中，我不只看到他們對武技孜孜不倦的追求，更感受到他們那浸透著傳統武德的做人品格，是支持他們執著實現承前啟後夙願的人格力量。那是一種無形的力量，依靠這種力量才能在這承前啟後的事業上不畏難苦，腳踏實地地做出一件件可圈可點的奉獻。

　　武林中人最崇謙虛平和，本書四位作者雖技藝有成、名聲漸顯，卻保持不卑不亢、不傲不餒的氣質。我與他們相交數年，雖然我在武術界有一定職位，而我們始終保持君子之交，從無私求。他們在我面前一向稱讚他人之美，從不刻意抬高自己，無有礙於武林團結之言行。

　　武術作為中華民族文化瑰寶，傳世數千年，且日臻完美、豐富，之所以被稱為世界文明寶庫中一顆璀璨的明珠，全賴於歷代秉承前啟後之志，行承前啟後之事的武林之士矢志不渝的努力，修身不殆、筆耕不輟、傳練不息，其志可嘉，其情可許。若武林人士如他們皆能以己之長多做承前啟後之舉，則我中華文化瑰寶之繼承發展、發揚光大，必將前程似錦。

王金寶

　　注：本文作者武術八段，曾任中國武術協會委員、江蘇武協副主席、中國人民解放軍武術隊總教練，有中國武術第二代「猴王」之美稱。

序

——以文載武　孫氏傳真

　　今年春，我受邀到江蘇鎮江參加武術大會，會上有幸認識尤志心先生，透過交談，互有相見恨晚之意。尤先生贈其作《文海驪珠》，拜讀後，切實感悟到先生文學造詣之深，涉獵層面之廣，令我欽佩萬分，妄不敢品頭論足。然感情難卻，就單以武術太極拳方面囉嗦幾句，以表我對孫氏歷代的敬仰之心。

　　志心先生的岳丈陳健侯先生是一代宗師孫祿堂的高足，得孫氏衣缽並傳於後輩。《孫氏三十六手太極拳》就是健侯先生得孫師秘傳之功法。現在志心先生等潛心整理的《孫氏三十六手太極拳》付梓在即，旨在繼承傳統，弘揚國學，代有人傳。先生的執著與真誠令太極拳非物質文化傳承人的我汗顏，更是對我的鞭策與鼓勵。

　　《孫氏三十六手太極拳》的面世，還武術以本性，給讀者耳目一新的感覺，透過學習者的研練，並以「柔順中和，靈活巧變，整實猛烈」等特點為準繩，功夫定會一日千里，終成正果。

　　中國2010年上海世博會上，我代表家鄉向世界推介太極拳。在此我也想向太極同仁介紹一下廣府：廣府古城是聞名遐邇的太極拳之鄉，誕生了楊露禪、武禹襄兩大門

派太極拳創始人，並從中衍生了吳式、孫式太極拳，歷代名師輩出。太極拳由廣府走向全國，走向世界，成為中國太極拳研究中心、太極拳聖地。古老城牆，開闊水域，中華民族瑰寶「太極拳」一起裝扮的古城廣府，正吸引著世人的眼光。走進廣府，就走進一種文化；走進廣府，就走進一段歷史；走進廣府，就走進了一份情緣……

天下太極是一家，武、孫太極又同源，故樂之為序。

翟維傳

注：本文作者係武式太極拳第五代傳人、武式太極拳代表人物、永年武氏太極拳社社長，中國武術七段。著有《武氏太極拳》成套音像圖書。

序

　　在江河交匯處升起了一座歷史文化名城——鎮江，她有著悠久的歷史文化。其中有底蘊豐富的六朝文化，品位很高的龍文化[①]，高深神秘的佛道文化，豐富多彩的飲食文化，而且還有獨特的太極文化。

　　鎮江獨特的太極文化主要以孫氏三十六手太極拳為代表。為何這樣說？一是因為這套拳與社會上廣為流傳孫式太極拳不同。二是這套拳傳授的地點在鎮江，受傳的人是鎮江人，流傳的地區也主要是在鎮江。「人無我有」，故我們稱「三十六手」為鎮江的太極拳。

　　據我所知，在民國17年，即公元1928年，7月1日江蘇省國術館正式成立。7月27日鎮江正式成為江蘇省省會。江蘇省國術館於1929年2月19日遷至鎮江辦公，地點在新西門陽彭山北五省會館。名震中外的武術名家孫祿堂老先生任江蘇省國術館的副館長兼教務長。孫祿堂先生愛好《易經》，因為太極拳取名於《易經》。他每到一地，都要遍訪《易》學者。他在鎮江訪得著名中醫陳健侯精通易學，兩人經過一年多的交往，成為知己。陳健侯自幼就愛好武術，練少林拳。孫祿堂見他符合學拳的條件，就收他為徒，閉門授之三十六手太極拳。陳健侯家學淵源。其父陳慶年(1863-1929)，字善餘，號石城鄉人，晚號橫山，是清末民初著名愛國史學家、教育改革家和國家圖書館事業創建者。陳健侯自幼受父薰陶，博覽群書，尤其愛好醫學、易學、佛學，有「三學博士」之稱。解放後，曾

為鎮江市政協委員。

抗戰勝利後，陳健侯先生把拳傳給鎮江拳師張祚玉，張在陳逝世（1969年）後進行公開傳授，於是此拳開始在鎮江一帶流傳開來。

孫氏三十六手太極拳，其一招一式都與易理相合，有著很豐富的文化內涵。學習三十六手，不僅能強身防身，而且能受到傳統文化的薰陶，修養品行，培養堅忍不拔的精神，高尚的情操，鑄成偉大的人格，為國為民獻身。由此可見，學習與推廣這套太極拳，有助於精神文明建設大矣。

我與尤志心老師相識於1986年，當時他剛從外地調回鎮江，在鎮江市教育局教研室任語文教研員，我也是語文教師出身，在中學任副校長。兩人在同一個教育調研組從事調研，經常交流教育改革的觀點，頗有共同語言。從此，我倆一直有交往。尤老師為人耿直誠信，又勤奮好學，著述豐富。近幾年來，又致力於太極文化的研究，頗有所得，在《中華武術》《武魂》《搏擊》《精武》《武當》等雜誌上發表多篇文章，有一定影響。為了發揚鎮江獨特的太極文化，他與孔小安等人編寫了《孫氏三十六手太極拳》一書，並將出版，這是一件很有意義的事。我特寫此短文表示贊許與祝賀。

趙　玨[2]

注：
①龍文化：指《文心雕龍》文化。作者劉勰，長期寄居鎮江。鎮江成立了中國《文心雕龍》研究資料中心。
②趙玨：鎮江市宣傳部常務副部長。

自 序

　　自孫氏三十六手太極拳在雜誌上公開發表後，我收到了大量的讀者的來信，來電，他們一致要求能出書，出碟片。有的不遠萬里，乘飛機到鎮江來學拳，還有一位山西的農民父子，還寄來了錢，想要購這書。現在根據讀者的要求，把書稿交出版社出版。我們對原稿進行了認真的修改，並充實了有關內容。這是我國第一部揭示ㄐ字手功法的書，也是第一部系統整理孫氏三十六手太極拳的書，在讀者中也許會引起一定的興趣吧。

　　陳健侯先師曾說過：「我這拳一定要口授心傳，即使拍千萬照片，也難以表達清楚。」由於此拳動作太多太複雜，當時又沒有錄影，先師這樣說，是有一定道理的。但現代科技的發展，影像技術的進步，這一難關也許不難攻破的。只要讀者能仔細揣摩文字，再反覆對照錄影，是可能學會的。

　　陳健侯先師說此拳可強身、克敵、祛病、延年。但目前學拳的人，大都是為了強身健體，對其技擊作用，可略而不談。這樣學習此拳的困難也許會減少一些。當然如果想學技擊，對書中的技擊內容一定要仔細研讀，也許會從中得到啟發吧。

　　2010年是孫祿堂祖師誕辰150周年，陳健侯先生誕辰

115周年，特以此書獻給二位先師。

　　由於我的功夫不純和水準限制，一支禿筆難以對這套拳的動作一一表述清楚，讀者在閱讀與練習時，若有疑問，希不吝賜教。

　　在成書過程中得到很多名家的支持，得到很多同門的無私幫助，得到讀者的支持。特別值得一提的是湖北一位讀者還對原發表在雜誌上的圖文作了仔細校正。特在此一併表示誠摯的謝意。

尤志心

目　錄

第一章

孫氏三十六手太極拳的來歷

中華民族的太極文化源遠流長，自明代武當山道士張三豐創內家拳「十三勢」以來，太極拳苑五彩繽紛，爭妍鬥奇，蔚為巨觀，形成了陳、楊、武、孫、吳、李、和七大流派。

孫派太極拳的創世人是孫祿堂。孫祿堂（1860—1933）名福全，號涵齋，是我國著名武術家，在國內外均享有「虎頭少保，天下第一手」的盛譽。他曾從李魁垣、郭雲深學形意拳，從程廷華學八卦拳，從郝為真學太極拳。後來他以郝為真太極為基礎，融會互合三家之精髓而創孫式太極拳。

民國 17 年，即西元 1928 年，7 月 1 日江蘇省國術館正式成立。7 月 27 日鎮江正式成為江蘇省省會。江蘇省國術館於 1929 年 2 月 19 日遷至鎮江辦公，地點在新西門陽彭山北五省會館（新中國成立後曾為無線電專用設備廠）。

孫祿堂先生開始被任命為教導主任（教務長），後又任命為副館長兼教務長。孫祿堂先生愛好《易經》，因為太極拳取名於《易經》，其一招一式都與易理相合。所以

19

他每到一地，都要遍訪《易》學者。

鎮江有位晚清民初的史學家、愛國學者陳慶年先生（1863—1929），其公館（橫山草堂）就設在磨刀巷，他與江蘇省省長、國術館長鈕永建是同窗好友。其次子陳健侯（裕業）先生，1895年生，兒時讀私塾，自幼愛好武術，練少林拳，兩腿綁鉛錠，練習輕功，身手敏捷，能手擒過堂雙燕。1911年（辛亥，16歲）畢業於江南高等學堂化學系，後自學中醫，懸壺濟世於磨刀巷。1920年原擬到德國學醫，但在動身之時，父忽中風，天性至孝的陳健侯先生，決定放棄到德國學醫的計畫，決計留下侍奉父親。

1929年有天晚上，陳健侯先生侍奉父親，因聽說孫祿堂先生於鎮江開設國術館，就動了結識的念頭。古人云：「不研易，不可為醫。」「不研易，不足以言太醫。」陳健侯先生家學淵源，在父親指導下，自幼博覽群書，對《易經》情有獨鍾。他利用侍病的時間寫了《「乾卦」爻辭釋義》一文，寄孫祿堂先生教正。

孫師看後非常欣喜，於是與秘書吳心谷一同前訪。一席談話，頗為投機，恨相見之晚。

後來陳又治好了孫師「痰中帶血」的宿疾，孫師既佩服其醫技高明，又視其筋骨柔韌，步履輕捷矯健，學養高，善談吐，舉止溫文爾雅，有儒者風度，通達易理拳理，又有一定的武術基礎。於是對他的秘書吳心谷說：「歷代師承是師傅找徒弟，而不是徒弟找師傅。遇此人不授拳，有負歷代祖師。」

　　因此，孫師決意向陳授太極拳，遂囑吳心谷向陳傳達他的意願。陳欣然點頭說：「蒙孫師不棄愚鈍，我當勉力勤學，決不負孫師厚望。」於是擇吉日遞帖拜師。同時拜門的還有健侯之弟裕武（字漢藩）。

　　孫師對陳說：「跟我學真傳，你原先學的，都要拋棄，一切從頭學起。」他與陳約法六章：①永不叛師；②不得私傳（師傳批准後才能傳人），法不入六耳；③不准要師父教（意思是只有師父想教時，才能教；徒弟不能主動提出要師父教）；④每式所教最多不得超過六遍（六次不會，從此就不教）；⑤與師打鬥，不要怕傷痛；⑥學到真傳，不得隨意傷人。

　　於是孫師開始閉門授拳。每次授拳，不得有第三者在場，即「真法不入六耳」也。先練基本功，包括站樁、走趟子、練卍（萬）字手。卍字手是孫式真傳太極拳的命門與奧秘所在，也是與公開傳授的太極拳有根本區別。所謂卍字手，就是五個手指分別成平、直、橫、環、鉤形，像一個卍字。卍字手把空間劃分八個卦象（乾、坤、震、艮、離、坎、兌、巽），故又名八卦手；又因其變化無窮，故又名萬能手。

　　孫師授陳卍字手，陳在一個月內即練成。孫師非常高興，於是再授孫氏三十六手太極拳套路。此套路共一百多式，不計重複的主式為三十六式，故把些套路簡稱為三十六手。

　　陳健侯經過大半年的勤學苦練，終於學完了形意、八卦、太極、二路炮捶等，並學完了揉手（推手）和散手。

孫祿堂先生親自對他的功夫進行兩次測試，成績出色，非常滿意，於是，囑他找比手。

他曾館內外的一些高手，一一比試過，戰無不捷，人們給他起個綽號——泰山壓頂。

陳健侯先生淡泊名利，業醫濟世，喜樓居。孫師幼女劍雲曾手書「名士多世隱，仙人好樓居」的條幅相贈。

1931 年「九‧一八」事變爆發，國難當頭，人心惶惶，潛心修武的環境悉遭破壞。孫師驟然北上，未及與友人別，獨賜函與陳健侯先生曰：「今我北上，爾我師徒之約，雖未全履（指乾坤日月劍、七星杆等），但我之神意，汝已得之矣。江湖人無戲言，非我誇口，汝好自為之，十年後，天下無敵矣。」

陳得此函，既感師恩浩蕩，但是否應約北上，沉思良久而難決。學孫師的全身武藝，本是自己的心願，如果北上，約要兩載，需大洋二萬塊，這筆開支家庭尚不成問題。但是，父仙逝不久，幾十口人的大家庭靠自己主持，家室之累，加上醫務繁忙，國內環境也已不容安心學武，故遲遲未能成行。

陳健侯先生得孫祿堂大師三十六手太極拳真傳後，懸壺濟世之餘，深居簡出，繼續苦練太極拳，鑽研《易經》與佛學，把易理、佛理、拳理三者融會貫通成一體。他從《易經》和《道德經》中悟出了修煉氣功的法門，煉精化氣，煉氣還神，煉神還虛，沒幾年就達到了很高的境界。他的太極拳得氣功之力，更臻完善，達到了爐火純青的地步。

陳健侯先生不是職業武術家，所以收徒極少。抗戰勝利後，他把拳傳給拳師張祚玉。張祚玉（1906—1984），字潤山，安徽蕭縣人。自幼酷愛武術，1925年先後考入蕭縣武術團和河南省國術館，至1932年畢業。畢業打考時，相讓館長的侄子（第一名），獲得全館學員第二名的優異成績。

抗日戰爭期間，在新四軍季強成部有緣結識了北平、天津一帶有名的武術大家「掃地王」（意為能把別的武術家像掃地一樣一掃而光）、山東國術館長馬方侯，拜其為師，學完了「對太極」（一種可對練的楊太極），餵手、化手，熟練精通。

1946年他自動離職，隨妻回鎮江老家。1946至1949年先後受江蘇省民政廳和建設廳之聘，擔任廳國術教師兼庶務（廳總務處副處長）。回鎮江後，有緣結識了江南名醫、武術名家陳健侯，拜其為師。學習了孫氏太極拳三十六手，包括架子、揉手和散手。

他學成後，技藝大進。他始終遵守「慈孝敬」的師教，尊師愛徒，慈孝仁愛。在陳師辭世後，他公開傳授「三十六手」，以保存這項珍貴的中華武術遺產。

1983年全國開展稀有拳種普查工作，於鎮江市發掘出孫氏三十六手太極拳（又稱孫氏太極拳三十六手）。當時負責拳種普查的鎮江市體委群體科長徐增德，如實向國家體委和省體委作了彙報。國家體委派《體育文史》主編楊亞山先生來鎮調查。

楊主編認為情況屬實，回京後在中國武術協會主辦的

大型叢刊《武蹤》（第 2 期，1985 年 4 月出版）先後刊登了陳登臨的《孫式三十六手太極拳拳理根據淺談》《孫祿堂授拳陳健侯記》等文章，同時發了編者按：

> 孫式三十六手太極拳，為太極名師孫祿堂先生晚年於鎮江所傳。這套太極拳，特別其掌式，與社會上廣為流傳的有明顯不同。對於這套拳，有兩種不同的意見：一曰確為孫氏親授；一曰乃後人由孫太極演化而成。編者認為，這兩種意見分歧並不重要，似不必為此而爭論。只要不是故弄玄虛或毫無意義的編纂，我們就應該認承它的存在，並加以研究之。這是我們介紹此拳給讀者的目的。」

《精武》雜誌（1985 年第 3 期），刊登了張祚玉的高足周德良、孔小安、陳九皋編寫的《孫氏三十六手太極拳圖解》以及陳九皋的《淺析卍字手》。《中華武術》（1986 年第 2 期）、《體育春秋》（1986 年第 3 期）也分別刊登了尤志心的《陳健侯逸事》《我跟岳父學卍字手》等文章。在承德舉辦的民間稀有拳種展覽會上也展出了有關三十六手的資料。2008 年，尤志心、孔小安、盧順生編寫的《孫氏三十六手太極拳詮真》，又於《武魂》《搏擊》連載。於是，此拳開始在全國流傳。

附：孫氏三十六手太極拳的傳系表

張三豐……武禹襄——李亦畬——郝為真——孫祿堂
——陳健侯——張祚玉等

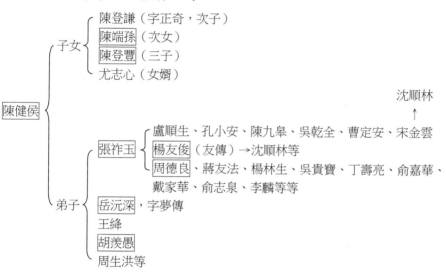

說明：

1. 只有次子陳登謙和弟子張祚玉學完了三十六手全套路。陳登謙原是上海市公安局幹部，20世紀50年代因受潘楊冤獄的牽連，被迫放棄了練拳，故只有張祚玉把此拳傳了下來。

2. 張祚玉的弟子眾多，傳表中順序不分先後，而且難免掛一漏萬。

3. 楊友俊，鎮江著名拳師，從師於吳子造。吳子造是

泰州軍閥李名揚的保鑣，號稱「打遍黃河無敵手」。楊友俊曾跟拳友張祚玉學「三十六手」，但也有人說，楊友俊是跟張祚玉的弟子曹定安學的。楊友俊在鎮江有弟子數十名，個個能散打。2008年去世，享年86歲。

第二章
孫氏三十六手太極拳基本理論

第一節　孫氏三十六手太極拳主要特點

孫式三十六手太極拳有六大特點：

1. 三拳融一

融太極、形意、八卦於一體，甚至把內、外家拳之精華融為一體。

2. 開合活步

進退相隨（邁步必跟，退步必撤）、開合相接（每左右轉身均以開合相接）。

3. 平直圓

這是對太極拳「要領」的高度概括。

4. 卍字手型

5. 螺旋內勁

不只是一般的內勁，也不同於陳式的絲勁。擊出的拳都要求螺旋形前進的。《易經》六十四卦和ＤＮＡ構造對應的一致。ＤＮＡ的構造圖式是雙螺旋圈結構，代表著兩

種糖，即去氧核糖和非去氧核糖；而孫氏三十六手太極拳是以螺旋勁為內核，這不僅僅是巧合吧！

6. 處處上弦

由「身備五弓」，發展為處處為弓，處處上弦，全身似圓球彈簧。五弓分別為身弓、臂弓、腿弓、手弓、腳弓。這五弓與陳式的理解稍有不同，陳式是指身弓加兩腿、兩手之弓。

三十六手的手弓是以手掌為弓把，意貫掌心之勞宮。以手腕與手指為弓梢，前後對稱。手弓備，掌心微懸；後則旋腕；前則活指（成平、直、橫、環、勾之手型），化發自如，是謂前、中、後無一處不上弦。

腳弓以腳掌為弓把，意貫腳心之湧泉。以腳跟與腳趾為弓梢，前後對稱。腳弓備，腳心微弓；後則腳跟穩固；前則五趾抓地，內勁上湧，是謂前、中、後無一處不上弦。

五弓歸於一弓，以身弓為主，四弓相輔，以腰為軸，兩臂、兩手、兩腿、兩腳相隨。一弓張，則四弓俱張；一弓合，則四弓俱合。五弓備，則八面支撐，節節貫串，勁達四梢，處處上弦；弧圈走化，直線發勁，旋動靈活，滔滔不絕。此即所謂起之於腳，縱之於膝，源於腰脊，通於臂膊，形於手指。

以上第一、第二兩個特點，與廣為流傳的 97 式太極拳相一致。其他四點是三十六手所特有的。

第二節　三十六手與傳統
套路之比較

一、兩套路的相同點

1919 年（民國 8 年）孫祿堂先生出版《太極拳學》一書，共 98 式。在江蘇省術館向露天班、師範班學員傳授的太極拳就是這 98 式（並不是孫祿堂親授，而由孫的弟子所授）。在 1957 年出版了孫祿堂原著、孫劍雲整理的《孫式太極拳》（人民體育出版社，1957 年 9 月第一版；繁體字版，台灣大展出版社）。

在孫劍雲寫的《前言》中說：「為了推廣這趟太極拳，我大膽地根據先父的原書改編，內容解說力求通俗，以便初學者練習參考。其中部分動作是按先父晚年的練法編寫的，因此與原書稍有不同。」又說：「在我改寫這本書時，胡席圃師兄給了我很多幫助，謹致辭謝意。」由此可見，現在我們見到的孫式太極拳傳統套路 97 式，是孫劍雲在師兄胡席圃幫助下根據乃父《太極拳學》一書改編而成的，也就是說是由孫劍雲定型的。這一套孫式太極拳就是目前在社會上廣為流傳的套路，被稱為孫式太極拳傳統套路，簡稱為 97 式孫太極。

97 式與三十六手這兩套套路都具有孫式太極拳的特點：上下相隨，邁步必跟，退步必撤，如行雲流水，綿綿不斷，每轉身換勢以「開合式」相接，所以又有「開合活步太極」之稱。「邁步必跟，退步必撤」是八卦拳步法的

特點，而「三體式」是形意拳的根本特點。兩套套路都具有這些特點。

兩套套路都具有郝太極（武太極）的特點：二者的架勢與郝太極不僅有名稱上基本相同，而且在要領上也是相同的，在打拳時要求做到：頭頂虛領、涵胸拔背、沉肩墜肘，舌頂上顎，穀道上提，氣沉丹田等。在走架打手時，都要做到手不離肘，肘不離脅，做到「三直」（頭直、身直、腿直）、「四順」（順頭、順手、順身、順足）、「六合」（外三合——手與足合、肘與膝合、肩與胯合；內三合——心與意合、意與氣合、氣與力合）、「九要」（一要塌，二要扣，三要提，四要頂，五要裹，六要鬆，七要垂，八要縮，九要分明，起鑽落翻的分明），處處中正平穩（故此套路又叫「中正拳」）；在交手時都要以客為主，捨己從人。

孫式傳統套路是 97 式，而孫式三十六手是 115 式。從名稱上說，約有 43 式是相同的。在流程、路數上，二者也是大致相同的。

孫式太極拳傳統套路（97 式）：

1. 起勢　2. 懶紮衣　3. 開手　4. 合手　5. 單鞭　6. 提手上勢　7. 白鶴亮翅　8. 開手　9. 合手　10. 左摟膝拗步　11. 手揮琵琶　12. 進步搬攔捶　13. 如封似閉　14. 抱虎推山　15. 開手　16. 合手　17. 右摟膝拗步　18. 懶紮衣　19. 開手　20. 合手　21. 單鞭　22. 肘底看捶　23. 左倒攢猴　24. 右倒攢猴　25. 手揮琵琶　26. 白鶴亮翅　27. 開手

28. 合手　29. 左摟膝拗步　30. 手揮琵琶　31. 三通背（閃通臂）　32. 懶紮衣　33. 開手　34. 合手　35. 單鞭　36. 雲手　37. 高探馬　38. 右起腳　39. 左起腳　40. 轉身踢腳　41. 踐步打捶　42. 翻身右起起腳　43. 披身伏虎　44. 左起腳　45. 右蹬腳　46. 上步搬攔捶　47. 如封似閉　48. 抱虎推山　49. 開手　50. 合手　51. 摟膝拗步　52. 懶紮衣　53. 開手　54. 合手　55. 斜單鞭　56. 野馬分鬃　57. 懶紮衣　58. 開手　59. 合手　60. 單鞭　61. 右通背掌　62. 玉女穿梭　63. 懶紮衣　64. 開手　65. 合手　66. 單鞭　67. 雲手　68. 雲手下勢　69. 更雞獨立　70. 倒攆猴　71. 手揮琵琶（右式）　72. 白鶴亮翅　73. 開手　74. 合手　75. 摟膝拗步　76. 手揮琵琶　77. 三通背　78. 懶紮衣　79. 開手　80. 合手　81. 單鞭　82. 雲手　83. 高探馬　84. 十字擺蓮　85. 進步指襠捶　86. 退步攬紮衣　87. 開手　88. 合手　89. 單鞭　90. 單鞭下勢　91. 上步七星　92. 退步跨虎　93. 轉角擺蓮　94. 彎弓射虎　95. 雙撞捶　96. 陰陽合一　97. 收勢　（全套中開合手共13次）

孫式三十六手太極拳套路：

1. 起勢　2. **車輪手**　3. 右懶紮衣　4. 左懶紮衣　5. 開手　6. 合手　7. 單鞭　8. 提手上勢　9. **鷂子鑽林**　10. **黑虎出洞**（盤肘）　11. 白鶴亮翅　12. 抱虎推山　13. 開手　14. 合手　15. 左摟膝拗步　16. 手揮琵琶　17. **風輪手**　18. 跟步搬攔捶　19. 如封似閉　20. 抱虎推山　21. 開手　22. 合手　23. 單鞭　24. 肘底看捶　25. 左倒攆猴

31

26. 右倒攆猴　27. 左倒攆猴　28. 右倒攆猴　29. 左摟膝拗步　30. 手揮琵琶　31 海底針　32. 三通背（閃通臂）　33. **退步對捶**　34. **進步對捶**　35. 右懶紮衣　36. 左懶紮衣　37. 開手　38. 合手　39. 單鞭　40. 左雲手　41. 高探馬　42. **盤球**　43. 開手　44. 合手　45. 右蹬腳　46. **盤掌**　47. 開手　48. 合手　49. 左蹬腳　50. 進步栽捶　51. **撇身捶**　52. 蹬腳推掌　53. **盤掌**　54. 右蹬腳　55. 披身伏虎　56. **盤掌**　57. 開手 58. 合手　59. 左踢腳　60. 盤掌　61. 開手　62. 合手　63. 右踢腳　64. 轉身盤掌　65. 開手　66. 合手　67. 斜單鞭　68. 野馬分鬃　69. **提膝分掌**　70. **膝底搓臂**　71. 右懶紮衣　72. 左懶紮衣　73. 開手　74. 合手　75. 單鞭　76. 右通背手　77. 左式玉女穿梭　78. 右式玉女穿梭　79. 左式玉女穿梭　80. 右式玉女穿梭　81. **盤肘**　82. 開手　83. 合手　84. 單鞭　85. 左雲手　86. 雲手下勢　87. 右更雞獨立　88. 左更雞獨立　89. **朝天蹬**　90. 摟膝拗步　91. 手揮琵琶　92. 左懶紮衣　93. 右懶紮衣　94. 開手　95. 合手　96. 右單鞭　97. 右雲手　98. 左雲手　99. 高探馬　100. 十字蹬腿　101. 進步指襠捶　102. 右懶紮衣　103. 左懶紮衣　104. 開手　105. 合手　106. 單鞭　107. 單鞭下勢　108. 上步七星　109. 退步跨虎　110. 轉身擺蓮　111. 彎弓射虎　112. 雙撞捶　113. **雙碰捶**　114. 十字手（陰陽合一）　115. 收勢（全套中開合手共 13 次）

（黑體字表示此式在傳統套路中是沒有的）

在具體架勢上，二者都分低、中、高三種，且大多數架勢基本相同，只是要求不同，一些小動作不同，難度不

同。例如：手揮琵琶一式，架勢幾乎完全相同，不過單練該式時，三十六手要求能站樁半個小時，才算合格。開合手都是13次，動作大致相同，但具體要求上也有所不同。

　　從時間上來說，演練一套的時間以不徐不疾的速度為準，孫式傳統套路是6分鐘，而孫式三十六手是7分鐘，二者時間大致相同。

二、兩套路的不同點

1. 手　型

　　孫式三十六手太極拳有卍字手，而孫式傳統套路無卍字手。

2. 掌　型

　　傳統套路的掌型是：五指自然分開，掌心內凹程度較小。三十六手套路的掌型一般為豎掌，手掌與小手臂成90度。掌型為窩型掌：五指自然併攏，掌心內凹稍大，拇指內扣。

3. 拳　型

　　傳統套路的拳型是：四指自然蜷屈，拇指扣於食指第二節上，並且大拇指扣中指第二節，使拳面略呈螺旋面（《太極拳全書》第42頁）。而孫氏三十六手太極拳除此以外，還有金剛拳和豹拳。金剛拳用於搬攔捶、栽捶、撇身捶等。豹拳用於雙撞捶、雙碰捶。

4. 架　勢

　　在架勢上，孫式三十六手太極拳套路中的車輪手、鷂子鑽林、黑虎出洞、雙按掌（按萬斤）、雙托掌（托千

斤）、風輪手、退步對捶、跟步對捶、盤球、撇身捶、盤掌、盤肘、提膝分掌、膝底搓臂、朝天蹬、雙碰捶等式，傳統套路是沒有的。

在架勢的名稱上即使相同，但在具體動作上或要求上也明顯不同。即使在外表架勢上似乎相同，要求也不相同。下面舉一個例子：

傳統套路的開手：兩手相對，指尖向上，分別向左右分開，開到兩虎口與兩肩相對而止，兩手與肩同寬；微停，目視前方。**合手**：兩手心相對慢慢向裡相合，合至與臉同寬，稍停，目視兩手中間（《太極拳全書》第542頁）。

三十六手為升降開合：開時兩小臂成水平直線，合掌成一垂線；開的時候，指尖先開，掌跟後開，開至兩個乳根處止（如果開大了，就是「散」了），兩手成一個太極；同時左足往下踩勁，右足微虛，身體上升，兩小臂仍為一水平直線，掌與小臂垂直。合的時候，掌根先合，指尖後合，成虛心合掌，兩個手心微凹，合成一個太極；同時，身體向下降（低架子要蹲到底；高架子身體微向下即可）。升降開合時脊柱與地面成一垂線，直上直下，不前俯後仰，不左右搖擺（據陳健侯的再傳弟子說，他當初練成開合手花了好幾個月的時間）。

傳統套路明手多，而三十六手暗手多。例如懶紮衣，三十六手，非但有卍字手，而且一手要從另一手手臂下穿出，兩手成卍字手，並兩手以手腕為軸劃一個立圓（一個圓卍字），化手後隨即發出，其難度是較大的，用的是勁

合併螺旋勁，力量巨大，而且變化無窮，對手往往防不勝防，故有「王手」之稱。

三十六手處處要求平、直、圓，而傳統套路無此要求。

三十六手中有蓋面掌，如如封似閉，用手掌把對方封住後，即以手腕為軸，畫一個立圓，一個蓋面掌打過去。眾所周知，八卦打人一般不用手心面，而多用手背。又如立掌，本來是形意拳的掌法，要求從對面看不到手心，這一點在三十六手中體現得很明顯的。

三十六手中的鷂子鑽林、黑虎出洞、披身伏虎、白鶴亮翅等等，還有在動作過程中出現的「貓洗臉」等，更具有形意的特點。八卦、形意的「九要」，特別是「起鑽落翻」這一條，體現得也很清楚，所以我認為，三十六更明顯地體現了太極、八卦、形意相結合的特點。

三、兩套路各自的作用

二者的目的同中有異：兩套套路都有健身與技擊的作用，二者都把強身健體放在首位。沒有強健的身體，怎麼能奢談技擊呢？這是一個十分簡單的道理。

但傳統套路強調的是：強身健體、修身養性（據孫劍雲和孫叔容的孫式太極拳碟片）；三十六手強調的是：強身、克敵、祛病、延年。

由此可見，三十六手把「克敵」放在比較突出的位置上。它在演練時，強調外示安逸，內裡「上弦」。而傳統套路更強調的是修身養性。我們看過李德印主講的孫式傳

統套路 97 式的碟片,由邱惠芳演練示範,其動作輕靈、優美,確有「修身養性」之功效。我們看過陳健侯先師打的孫氏三十六手太極拳,他動作輕靈、優美,似圓球彈簧,行雲流水,其風采奪人。他的弟子張祚玉先生曾云:「三十六手是對付衣冠禽獸的。練時如旭日徐徐東升,用時如陽光無縫不鑽。」

97 式孫太極拳人人可學,適宜推廣與普及。事實也是如此,由於孫劍雲、孫叔容、李德印等人的共同努力,在國內已成立了 12 個孫式太極拳研究會,在海外成立了 4 個孫式太極拳研究會,其會員數相當可觀。特別是孫劍雲把自己的一生(20 世紀 50 年代從銀行離職後專門從事授拳)都貢獻給了太極拳事業。而三十六手是稀有拳種,會者尚不多。

關於三十六手與傳統套路關係,有人認為三十六手是傳統套路演化來的,這是有道理的。三十六手是孫祿堂宗師晚年所創造的,收式時有「抹鬍鬚」的動作就是明證。但也有人認為,孫祿堂的《太極拳學》是根據三十六手簡化而來,把三十六手中的一些小動作和過難的動作去掉後而成。這兩種意見各有道理,故錄存之,以供研究。

孫祿堂是因材施教的良師,他一生中桃李滿天下,他根據各個學生的特長進行教育,據說,各個弟子所學太極拳也是不盡相同的。他把三十六手只傳給個別悟性特高的人,而把傳統套路用於公開教學。

總之,孫式太極拳這兩套路各有其長,二者有互補作用。據北京的一位網友說,他曾把三十六手演練給孫劍雲

看，她說：「這兩套拳確實相似，你愛練就練吧，可能互補。」筆者現在就是兩套路都練，確實感到有相輔相成的功效。從易理說，36屬震卦，為雷；97屬乾卦，為天。兩卦相重，組成雷天大壯卦（䷡），功力可大增。孫式拳是一個龐大的門類，不僅有形意、八卦、太極拳，而且太極拳也有多種架勢，應該讓它們各放異彩。孫祿堂的弟子遍天下，而且各傳均有所不同，應該提倡與鼓勵他們把自己所知公開出來。「一花獨放不是春，百花齊放春滿園」，我們期待這種局面的真正出現。

第三節　三十六手與《易經》

孫祿堂先生．生愛《易經》，對《易經》有深入的研究，每到一地，都要遍訪善《易》者。他創造的三十六手太極拳，就是根據《易經》的原理創造的。

眾所周知，太極拳的名字就是起源於《易經》。「易傳」「繫辭」中說：「易有太極，是生兩儀，兩儀生四象，四象生八卦。」八卦生三十六手。按理說，八卦生六十四卦，而為什麼說生三十六手呢？聽筆者慢慢道來。

八卦生六十四卦是不錯的。三十六手包涵了六十四卦。陳健侯的四子陳登臨，曾撰文《孫式三十六手太極拳拳理根據淺說》（《武蹤》第2期，1985年4月出版）一文，此文很多人沒有看過，現在我作扼要介紹。

在六十四卦中，每一個卦象可以倒過來看，所看到的卦象就是原來卦象的「反象」。在六十四卦中，有八個卦

象的反象與正象是一致的，也就是說，有八個卦象沒有反象。這八個卦象是：

乾　　坤　　離　　坎　　小過　大過　頤　　中孚

而其他的五十六個卦，都有其反卦，而反卦是成對出現的，所以實際上可用二十八個卦來表現。例如：（蒙）的反象為（屯），可以簡單地表述為

蒙

屯

所以，這二十八卦是：

蒙　需　師　小畜　泰　同人　謙　隨　臨　噬嗑　剝

屯　訟　比　履　　否　大有　豫　蠱　觀　賁　　復

無妄　咸　遯　晉　家人　蹇　損　夬　萃　困　革

大畜　恒　大壯　明夷　睽　解　益　姤　升　井　鼎

震　　漸　　豐　　巽　　渙　　既濟

艮　　歸妹　旅　　兌　　節　　未濟

這二十八個連體卦加八個連體卦象，共三十六個卦象，正好與三十六手相合。這個「合」決不是是巧合或偶合，而是二者有著必然的聯繫。三十六手太極拳共 115式，不計重複的主式是三十六個，它們是：

1. 車輪手　2. 懶紮衣　3. 鷂子鑽林　4. 開合手　5. 單

鞭　6. 提手上勢　7. 白鶴亮翅　8. 摟膝拗步　9. 手揮琵琶　10. 搬攔捶　11. 如封似閉　12. 抱虎推山　13. 肘底看捶　14. 倒攆猴　15. 海底針（吊襠）　16. 三通背　17. 雲手　18. 高探馬　19. 左右蹬腳　20. 踐步栽捶　21. 撇身捶　22. 披身伏虎　23. 野馬分鬃　24. 膝底搓臂　25. 通背掌　26. 玉女穿梭　27. 下勢　28. 更雞獨立　29. 提膝蹬跟（十字擺蓮）　30. 進步打捶（進步指襠捶）　31. 上步七星　32. 退步跨虎　33. 旋手出掌（轉身擺蓮）　34. 彎弓射虎　35. 雙撞捶　36. 陰陽混一（合太極）

　　這三十六式拳架每一式，都是一個卦象。例如，車輪手為坎卦，懶紮衣為乾卦，鷂子鑽林為恒卦，開合手為中孚卦，單鞭為艮卦，提手上勢為小畜卦，白鶴亮翅為風火家人卦……每一手如從觀者的角度來看，有主位與客位的區別，從主位看是一個象，從客位看又是一個象，這就構成了主客位的連體象，與易經的連體象正相合。太極拳理源於《易經》決非虛言。

　　孫祿堂先生既精拳藝又通《易經》，而且會奇門遁甲，他創的三十六手太極拳蘊藏著《易經》卦象，這三十六卦象，如果按易理的「反象」、「對象」、「互象」等進行變化，可以說，是無窮無盡，是一個龐大的系統，由此可見，三十六手也是變化無窮的，「拳無拳，無意之中是真意」，其中的奧妙值得後人深入研究。

　　三十六手與《易經》的關係，還有一個十分巧妙的地方，那就是八卦的八個卦象的筆劃總數恰好是三十六。

太極八卦實用圖

乾	坤	震	艮	離	坎	兌	巽
3畫	6畫	5畫	5畫	4畫	5畫	4畫	4畫

$$3＋6＋5＋5＋4＋5＋4＋4＝36$$

三十六在《易經》中為震卦（☳），用二進制表示為：100100，將其化為十進制：$1×2^5＋0×2^4＋0×2^3＋1×2^2＋0×2^1＋0×2^0＝32＋0＋0＋4＋0＋0＝36$。

震卦（☳）從抽象意義上說，表示運動、有強力的動力、急速、爆發力很強，及有能量施放等；從人體部位上來說，它代表足。它的反象為艮卦（☶），代表手。手足是連動的。所以，練習三十六手太極拳，要求手動腳動，手到腳到，拳家歷來有「手腳齊到才是真」之說。

三十六手又是一個什麼卦象呢？三十六為震，手為艮，震為雷，艮為山，三十六手就組成了一個雷山小過卦（䷽），這一卦的卦形，中間二個陽爻，是鳥身，上下的陰爻是翅膀，鳥飛矯健快徐有度，暗喻拳勢的徐疾有度。

小過屬於「大坎類」卦象，即根據「簡易❶」的原則，相近的陽爻合二為一，相近的陰爻也合而為一，即合併同類項，就成了它的半象坎（☵），坎為水，所以孫祿堂說練拳「應當身形如水流」。

　　還有一個易理，那就是「震艮相遇，以離存在」，這是因為震的序數為 4，艮的序數為 7，兩數相加除以 8，餘 3，3 為離。這與坎的對象為離（☲），是相一致的。離為火。坎與離又組成了水火既濟卦象（䷾），水在上，火在下，才能產生汽化。如果火在上，水在下，就不能產生汽化，就謂「未濟」。

　　練三十六手太極拳，就是把「腎水」往上調，「心火」往下降，「抽坎添離」，透過不斷地「水火既濟」，水火互用，心腎相交，由地天泰（䷊），變成雷天大壯（䷡），再變成澤天夬（䷪），最後變為乾為天（☰），即成為「純陽」之體，也就是所謂金剛不壞之身。這就是三十六手太極拳的「煉精化氣」的過程。由此可見，孫祿堂創三十六手太極拳，是大有深義存焉！

第四節　三十六手的要領——平直圓

　　平直圓是最簡單的幾何線條，一切最複雜的幾何圖形也是由平直圓三要素組成的。推而廣之，世上萬事萬物，也都是由平直圓組成的。「愚者觀其異，智者看其同。」

❶ 簡易：「簡易」又名「易簡」。按現代的語言來說，就是複雜問題簡單化。哲學上叫「抓住事物的主要矛盾」。

愚者只看到，世上事物的千變萬化，而看不到千變萬化中的共同規律；而智者卻從這種千變萬化中看到了它們共同的規律。這是莊子的《齊物論》的思想。

太極拳是一種「內外兼修」的修身運動，也是一種複雜的技擊運動，千變萬化，令人目眩。但這千變萬化中，有著共同的規律。

孫祿堂宗師告之陳健侯說，那就是三個字：平直圓。王宗岳《太極拳論》：「立如平準，活似車輪。」這裡就包含了平直圓的道理在內。

首先，從太極拳的身法來看平直圓。

太極拳運動是由三平一直組成的圓周運動。人之周身，可視為內含三平一直，十字座標的一個大球體。「三平」是指兩肩平、兩胯平、兩漆平；「一直」，是指脊柱直（任脈、督脈直），即從頭頂的百會穴到下身的會陰穴連線中點構成人體的中垂線。太極拳又名「中正拳」，做到「三平一直」後，就能使整個身體中正，重心下降，下盤穩固。肩與胯保持上下對準的垂直線，符合「上下一線」的要求。兩肩齊平（肩的兩端與與大椎穴三點成一水平線），防止在轉動時出現一高一低，破壞身法的端正要求，失去平衡。

練拳時，以四肢各大關節及身體的中軸線為圓心，由腰帶動四肢做弧線運動，同時又以每個局部的中軸為轉動軸自身旋轉，即形成源動於腰，旋腕轉膀，旋踝轉腿，系列的空間螺旋運動。

其次，從對太極拳練習的要領看平直圓。

虛領頂勁

這是對頭部的要求。語出王宗岳《太極拳論》「虛靈頂勁，氣沉丹田。」《十三勢歌訣》：「尾閭中正神貫頂，滿身輕利頂頭懸。」

具體做法：脊椎鬆直，兩肩平穩端正，豎項，頭頂百會略上領起。此外，還要做到：舌頂上腭，耳聽八方，目光專注，全神貫注。虛領頂勁是頭對脊柱的平衡。做到虛領頂勁後，就能「滿身輕利」，全身動作就輕靈、圓活、沉著、穩健，化發自如。這其實是一種圓弧形活動。所以，裡面也含有平直圓的原理。

沉肩垂（墜）肘

這是對上肢的要求。楊澄甫《太極拳十要》云：「沉肩者，肩鬆開下垂也。」「墜肘者，肘往下鬆墜也。」孫劍雲《太極拳總說》云：「兩肩務要鬆開，下垂。否則氣上浮。兩肘要向下鬆垂，兩臂自然彎曲。」

具體做法：①兩肩自然下垂，絕不能上聳，同時兩肩要微扣（裹肩），向下沉勁。但腋下須留有一雞蛋大的空間，兩肩不能緊貼胸脯。「肘不離肋」，又要「肘不貼肋」。肩與胯要成一條垂直線。②肘垂，即肘始終要微曲，並具有下垂勁，即使手臂上舉也要如此，肘尖總是保持對地面的意向。③沉肩垂肘是密不可分的，沉肩是前提，垂肘是後續。只有沉了肩才能做到垂肘。「沉」「垂」中含有一個「直」字；兩肩要平，不能一高一低，這是一個「平」字；沉肩後，肩胛骨自然成圓形，垂肘後，肘骨也自然成圓形。另外，沉肩垂肘後上肢體的活動

就能圓活。所以，沉肩垂肘也含有平直圓的原理。

含（涵）胸拔背

這是對軀幹上部的要求。郝月如云：「心以上者為胸。胸不可挺，要往下鬆，兩肩微向前合，謂之涵胸。」

具體做法：①含胸就是使胸廓微內收，但不能凹胸。②拔背就是脊柱保持正直，背肌自然鬆開，微成圓形。③「含胸」與「拔背」完整一體，能含胸自然能拔背，而含胸必須要拔背。含胸拔背時兩肩也要平準。含胸拔背不僅可以健身，而且可以化勁發勁。對方的力來，我以含胸化之。拔背改變脊柱生理曲線，使背部肌肉有一定的張力。拳譜云：「力由脊發」，「背不圓，力不全」。含胸是圓弧，拔背是直，兩肩要平準這是平。所以，含胸拔背也含有平直圓的原理。

此外，還有「鬆腰斂臀」「縮胯提穀」「膝屈足抓」等，裡面無不隱含平直圓的原理，這裡不一一分析了。

再次，從太極拳的內功來看平直圓。不管何種太極拳，都有一個共同的要求（規矩），那就是氣沉丹田。丹田有上丹田、中丹田、下丹田之分，但一般是指下丹田，即臍下 1.5 寸處，又叫氣海，泛指小腹部位。氣沉丹田就是要實腹。氣沉丹田的動作過程是雙肩鬆弛（切忌聳肩挺胸），小腹隨吸氣而凸起（不要用力過猛）使肺部以下的內臟下沉，騰出相應的空間以使肺部能向下擴張從而吸入較多的氣。

簡單地說，意守丹田，是進行腹式呼吸，使氣歸納於此，自能氣足神旺。瞽拳者，沉氣於此，則屹然不動，不

易撼倒。但是練拳時儘量保持自然，不要有意識地強行向下壓氣。這是道家氣功的修練方法。

氣沉丹田也包含平直圓的原理。下丹田是藏精所在，屬坎，屬水，水要平，不平則下漏。所以氣沉丹田首先要站得穩，這是平。直，屬離，屬火。氣直養而無害，緣督以為經。氣下沉，「氣宜鼓蕩」，就是直養，這是直。氣沉丹田，小腹要自然鼓起，這就圓。太極拳與氣功是相通的，練太極拳到一定境界，小周天、大周天也自能打通。真氣在大小周天運行，這本身就是一個圓。

復次，從太極拳的架勢來看平直圓。

太極拳的每一式的動作軌跡是弧形旋轉，也都要做到平直圓。以懶紮衣（三十六手）為例。動作過程中有「兩手往右（左）平劃一弧線」，兩手變成卍字手，一手從另一手臂下穿出，「兩手以手腕為軸劃一立圓」，兩手推出，一手成立掌，另一手靠手腕處，沉肩垂肘；兩足成丁八字步。全身構成了一個平直圓架勢。傳統套路中的懶紮衣，雖然沒有卍字手，但同樣有平直圓的動作。

太極拳以練拳為體。初學太極拳，一定要做到中正安舒，輕靈圓活，也就是處處要注意平直圓。此是入門的門徑，絕不能急於求成。

太極拳除了有健身價值、技擊價值外，還有觀賞價值。因為它處處符合平直圓的要求，每一架勢都是一個很美的立體圖形。

最後，從技擊來看平直圓。

太極拳以練拳為體，推手為用。無論「四正」推手，

45

還是「四隅」推手，在手法、身法上都要做到平直圓。發、拿、化、打為推手的「四要」。「引勁」是為了使對方失去重心，失去平衡（或出現死彎子），也就是失去平直圓，之後就用「拿勁」將對方拿住，再把對方發出。太極拳講究柔化剛發，即圓化直發。化是圓，發是直。發勁時，首先下盤要平，平則穩，而要平就要塌腰。力起於腳，主宰於腰，形於手指發於脊背。由腳而腿而腰而脊背而手指，完整一氣。所以無論是在推手還是散打，其全過程中，每一個動作都要做到平直圓。也就是說平直圓要貫穿太極拳技擊的全過程，做到立身中正安舒，八面支撐，立如秤準，活似車輪，上下一條線，身隨步走，步隨身換，左轉右旋，進退自如，攻防自主。

孫祿堂宗師對八卦拳提出了「九要」：一要塌（塌腰、塌腕）；二要扣（扣肩、扣膝、扣趾）；三要提（提肛）；四要頂（舌頂上腭、頂頭、頂手、頂膝）；五要裹（裹肘、裹胯、裹膝）；六要鬆（鬆肩、鬆肘）；七要垂（垂肩、垂肘）；八要縮（縮肩根、縮胯根）；九要分明（起鑽落翻的分明）（《孫祿堂武學錄》第129頁，括號中的注釋是孫劍雲所加）孫劍雲把這「九要」又遷移到太極拳中，作為盤架之要（孫劍雲《孫式太極拳詮真》第11頁），這是很有道理的，因為形意、八卦、太極三者是融為一體的。「九要」是三拳的共同規矩。這「九要」是一個整體，做到此，人的身體形態，就能處處符合平直圓的要求，做到外三合（手與足合、肘與膝合、肩與胯合）、內三合（心與意合、意與氣合，氣與力合），就能「意到

氣到，氣到勁到」，盤架如行雲流水，綿綿不斷。

平直圓的理論抓住了主要矛盾，次要矛盾也就迎刃而解，孫祿堂先生說過：「把脊柱豎直，身體中正，其他自然會符合要求了。」六十四卦，經過「卦變」（連續兩次「連互」）只剩下四個基本卦（乾、坤、既濟、未濟）。對太極拳的諸多要求，經過合併同類行，只剩下平直圓三個基本要求，這只有對武術和《易經》有很高造詣的人，才能有這樣高度概括的能力。

從易理上講，平為坎，坎為水，水要平，才不下漏。坎為腎，腎水足則氣旺神足。老子云：「玄牝之門，是為天地之根。」所謂道者，就是走向首。精滿則溢，所以要把精水提升到百會穴，這就是煉精化氣。直為離，離為火，火上炎，性直。氣直養而無害，緣督以為經。所以練功時，脊柱要直，水才沿督脈而上，達到煉精化氣的目的。圓為乾，為大腦，是指揮中樞所在地。大腦由無數神經元組成，而每一個神經元，又有兩萬多條線路與全身相通。由煉精化氣，煉成乾之純陽之體，鑄成金剛不壞之體，這是平直圓的深刻的養生哲理所在。

第三章

怎樣學好三十六手

一、學習目標的定位

中華武術源遠流長，從它一誕生起就是中華文化的一部分。「武」字由「止」和「戈」組成。「戈」是古代一種武器，動干戈，就是打鬥，就是戰爭；「止」是停止，就是不要動武。由此可見，「不要動武」是武術精神的底蘊。也就是說，武術追求的最高境界是「不戰而勝」，是儒家的「致中和」和道家的「無為無不為」。

我國的武術歷來分少林與太極兩大派，相傳太極拳為武當山的丹士張三豐所創，經幾代相傳，傳到了河南陳家溝的陳氏門中，河北永年縣武禹襄到陳家溝學到了太極拳，他又把此拳傳給李亦畬。李亦畬又把此拳傳給郝為真。郝為真經過多年精心鑽研，從武式太極拳中演練出自成一家的郝氏太極拳。太極拳歷來有大架、中架、小架之分，以小架為最厲害，也最難學，郝氏太極屬小架子，是太極拳中最了得的一種。

民國 3 年（1914），太極拳巨擘郝和（字為真，

1849—1920）到了京師，因患痢疾而落難客棧，當孫祿堂獲知郝大師這一消息後，就親自前去探望，把他接到自己家中（1910 年孫祿堂先生已舉家從保定遷移北京）。孫祿堂親自為他請大夫，為他買藥、煎藥、餵飯，甚至倒便壺，「甚為殷勤」。前後不離左右服侍一個多月，郝為真身體終於得到了康復。郝知道當時的孫祿堂已是名聞遐邇的武術大師了，對他如此體貼、照顧，真使他非常感動。兩人一比手，郝確實知道孫具有非凡的武術才具。

　　太極拳歷來授拳的規矩是「得人則教，不得人則不教，即使自己的子女也不例外」。郝於是決定把郝氏太極的真傳口授心傳給孫祿堂。太極拳講究修身養性，不許好勇鬥狠。孫祿堂先生少壯時，以拳術聞名北方，北京、天津兩地，曾有數十家拳技教習場被孫打翻而倒閉。但自學太極拳後，聽從師傅的教誨，重視自身修養，再不好勇鬥狠了。並在郝太極拳的基礎上，吸收了形意、八卦的長處，創建了自成一家的孫氏太極拳。

　　孫祿堂先師一再告誡陳健侯先生學習三十六手，意在強身、克敵、祛病、延年。不能「好勇鬥狠」。孫老先生的武術觀由早年的強調技擊，到晚年的強調修身養性。他曾對人說過：「要健身跟我學，要學技擊另請高明。」這是因為他的師父程廷華先生（八卦高手，義和團總教練）於 1900 年死於八國聯軍的火器之下，給他很大的震動。他認識到功夫再好，也經不住火器的攻擊。所以，他後來的教學就更注重拳術的教化功用。他的三本武術著作《形意拳學》《八卦拳學》《太極拳學》，隻字不講技擊法，

只講修身養性。

我們明確了這一點，在學習三十六手時，一定要把修身養性放在主要的位置。當然，由於社會的發展，在改革開放的洪流中，技擊的重要性又顯現了出來，保鏢、武警等等行業又稍然興起，學技擊的人（特別是年輕人）又多起來了。所以，我們可以把學習目標分解成兩個方面，一是強身健體，修身養性；二是防身克敵。這二者是密不可分的。

但各人的目標可能有所側重，有的側重於健身，有的側重於技擊。側重健身的是大多數，側重技擊的則是少數人。學技擊者，年輕人居多；學健身者，中老年人居多。各人根據自己的需要與可能（體質等），選擇適合自己的學習目標，然後根據定位的目標而努力達到之。

二、良好的武德——慈孝敬

學武要有良好的武德，學習三十六手對武德的要求是「慈孝敬」。

慈、孝、敬是儒學與佛學的重要內涵與範疇，是中華傳統美德。

慈的基本義是上愛下，父母愛子女。《詩·大雅·皇矣》：「克順克比。」毛傳：「慈和徧服曰順。」孔穎達《疏引·服虔》曰：「上愛下曰慈。」《說文解字》：曰「慈，愛也。」長輩對晚輩的和藹、親切、崇高的愛。

由「慈」的基本義，可引申出多種含義。從慈的構造來說，從心茲聲。是從心裡發出的一種真心的愛，要有平

等感，要愛人愛物。對學拳的人來說，首先要有一顆慈心，即慈悲之心。為人慈仁篤厚。對人要講慈愛，仁慈愛人。拳學成後，絕不能仗著自己的武功好勇鬥狠，隨意傷人。與人比武要仁慈謙讓；對於別人的不禮貌行為，要慈忍，慈愛忍辱。要以慈悲之心度人，如航船之濟眾，使脫離生死苦海，給人快樂；悲天憫人，對人關懷，富有同情心。從愛人進一步引申出愛物，珍惜萬物，愛護生態環境。

從佛學角度來看，慈悲有兩層含義，一是「與樂」，二是「拔苦」。所謂「與樂」，就是愛護眾生，給予歡樂；所謂「拔苦」，就是憐憫眾生，拔除苦難。習武人要以慈悲為本，道功為根。「酒、色、財、氣」是修練人之大忌。孫祿堂先生常告誡弟子：「學武之人，要常念一個佛字。」

「誠於中而形於外」，在練拳的時候，內心的仁慈之心，要從表情上流露出來，一副仁慈和藹的臉容，給人和藹可親之感。練太極拳要講究鬆柔，內緊外鬆，給人一種慈祥、柔美之感。

孝的基本含義是孝順，善事父母。《左傳・隱公三年》：「君義、臣行、父慈、子孝、兄愛、弟敬，謂六順也。」孝也是對尊親敬老等善德的通稱。子曰：「夫孝，德之本也，教之所由生也……身體髮膚，受之父母，不敢毀傷，孝之始也。立身行道，揚名於後世，以顯父母，孝之終也。事親，中於事君，終於立身。」儒家把孝作為德的根本，以孝統眾善。遵守以孝為本的理法規範。

首先要有一顆孝心，即對父母師長有孝敬的心意和誠

心。要有孝敬父母的德行。《周禮・地官・師氏》：「教三行：一曰孝行，以親父母；二曰友行，以尊賢良；三曰順行，以事師長。」孝的核心是一個「順」字，原指愛敬天下之人、順天下的人之心的美好德行。現指盡心奉養父母師長，順從父母師長的意志。「天地親君師」，五者是並列的，對授拳的老師，要表示孝心和敬意，在授拳時，老師願意教才教，不能要老師教，一切要順從老師。用你的所有，用你的心靈去照顧師長。

其次，要有所表現。孝不是空洞的，要有具體的行動。對父母與師長，要有所孝敬，有所表示。

最後，要做到孝睦：孝順長輩，敦睦親屬。也就是說，師兄弟之間，要和睦相處，互相尊重友愛，決不能互相忌妒。

敬的基本義是尊敬、尊重、恭敬。《易・坤》：「君子敬以直內，義以方外。」孔穎達疏：「內謂心也，用此恭敬而遠之以直內。」弟子對師父而言，要做到以下幾點：

首先要尊敬師長，不能有不利於老師的言行，忠於老師，「一日為師，終身為父」，永不叛師。對師長要尊敬而信任，平時要恭敬奉事，敬慎處事。對師父所授拳術要恭而敬之，要專心學之，不能見異思遷。

其次要敬身：敬重自身。《禮記・哀公問》：「公曰『敢問何謂敬身？』」《孔子家語・大婚》：「是君子無不敬，敬也者，敬身為大。」古代往往重文輕武，練武人要自重，不能自己看不起自己；不能做違背人類良知與道

德的事；待人要恭敬謙讓。

再次要敬物。敬物後才能惜物，不浪費資源，一草一木，一粥一飯，都要愛惜。

最後要敬養。師長一旦年老體弱，弟子就有奉養、贍養的義務。

李玉琳是孫祿堂的愛徒之一。他學歷不高但為人忠厚，慈孝敬的楷模。年少時從郝恩光習形意拳，並得師爺李存義親授，形意夫功甚深。郝恩光去世後，李玉琳，變賣家產，將郝的遺體由東北運回河北任邱故里安葬。在安葬禮上，孫祿堂先生說：「郝恩光收你這個徒弟沒有收錯。孝敬師父，沒有辜負師父對你的培育。這樣的弟子，我倒願意收下來。」當時孫祿堂已享有盛名，師兄弟叫李玉琳趕快拜師，但李想為師父的安葬已變賣了家產，哪裡還有拜師禮金。事後師兄弟們，湊足了禮金，才正式拜孫祿堂為師。孫師平時很少親授，但對李卻親授較多。以後李隨孫老南下江南，任上海儉德武術會會長，並在南方開創了基業。李玉琳對孫氏形意、八卦、太極、武當劍、楊式太極等均有較深的研究，晚年尤嗜太極拳，終成為一代武學名師。

從這一個事例說明，過去授徒特別注重弟子的品行，特別是對慈孝敬的考察。

陳健侯本人對慈孝敬身體力行，對父母百般孝順，在鎮江是一個有名的孝子。對孫祿堂老師也孝順有加，他悉心為孫師治病，還把老師接到家中來居住，諦聽老師的教導，對老師的教導，牢記在心，並篤行之。兩人訂下的

六條師徒協約（見前文），他一輩子沒有違背。兩人情同父子，孫師離鎮回京後，兩人還有書信往來。他擇徒甚嚴，收張祚玉為徒，是為因張的武德高尚。張祚玉對老師一貫尊敬。每次進門，都要在樓下大聲說：「老師，我是祚玉，求見老師。」陳在樓上回答說：「可以！」他才上樓拜見。老師說話，他都畢恭畢敬地站在一旁諦聽。新中國成立前有一次「國軍」隊伍欲占住陳府，陳心煩夜不能寐。當時張在省建設廳任庶務，即後勤，於是在陳府大門貼上「江蘇省建設廳宿舍」字樣，隊伍看了就沒有來占住，這樣便保全了陳府。陳在1969年，「文革」中仙逝，張冒著風險前往弔唁、送殯，可見師徒兩人之情。跟他學健身的弟子胡羨愚、王絳，晚年弟子周生洪等均已皈依佛門，一貫行善積德。

總之，慈孝敬是儒家的正統思想，也是中華民族的傳統美德。儒家提倡「仁者愛人」，慈孝敬是愛人的具體表現。每個弟子都要認真地多學一點儒學，讀些《論語》《孟子》，知道它的大概意思。

武德作為英雄主義、意志主義的表現形式，也是一種熱切的愛國主義。武德者無不輕生死而重名譽。

太極拳是一種武術，特別是實戰性很強的真傳，具有很強的技擊功能，如果傳授不當，會對社會造成很大的危害。所以太極拳的傳授歷來有「八不傳」的行規，「八不傳」的第一條就是對「不忠不孝之人」不傳。

慈孝敬不僅是學武應有的基本道德，而且是做人的基本道德。在當今社會，應該大力弘揚慈孝敬文化，發揮這

種文化的獨特作用，以加快和諧社會的建設。

三、堅強的意志與毅力——堅貞恒

學習「三十六手」，必須具有堅強的意志與毅力，做到「堅貞恒」。堅貞恒是對學武的意志與毅力的要求。

堅：堅的第一義是堅決不改變，堅不可摧，堅忍不拔，始終如一。堅的第二義是堅強不屈，有堅勁。堅的第三義是堅貞不渝，節操堅定不變。堅毅，堅定有毅力。堅，就是要有堅心，堅心是朝夕如斯，年年如斯，不及不離，無一日不在此處。也就是孔子所說「造次必於是，顛沛必於是」（論語·里仁）。它不同於熱心，熱心是發憤忘食，銳氣一過，仍自輟息，一曝十寒，等於不練。要防止對老師信仰不堅。

貞：操守堅定不移，忠貞不二。貞是《周易》中的常用語，其義為正，含有「貞正堅固」之旨。《師》卦《彖傳》云：「貞，正也。」用「學拳」譬喻，「貞」字猶言守正，心志堅固，拳必學成。故《易·乾》卦《文言傳》云「貞者，事之幹也」，「貞固足以幹事」，意思是說：堅持正固的節操就可以辦好事務（學拳）。元亨利貞。

貞還有這樣一些意思。第一，從心志方面說，具有貞心，即堅貞不移的心地。貞志，即堅貞的心志。貞至，即堅貞高尚的道德修養。貞介，即方正不阿，正直不阿。貞性，即堅貞不移的稟性；貞烈清白的志節。貞良，意即忠良，忠正誠信。貞恬：志行高潔，淡薄名利。

第二，從行為來說，具有貞苦，即堅貞刻苦，學拳練

拳要有刻苦精神。貞行，即行為貞潔；貞潔的操行。貞勁，即堅貞剛勁。貞厲，即守持正道，惕厲戒懼，不失常節。貞獨，即潔身自好。正如《孟子》所說的「窮則獨善其身‧達則兼善天下。」貞厲，即守正，以防危厲。貞疾，守正防疾，可保持長久不滅亡。

《升》卦六五爻的《小象傳》：「貞吉升階大得志也。」意思是說，守持正固可獲吉祥，於是沿著階級步步上升。在學拳練拳過程中，只要堅持「貞」，就能使武藝步步上升。

恒，是六十四卦之一。《易‧恒》：「《象》曰：恒，久也。剛上而柔下。」恒，長久，固定。意為「恒久」，即教人立身處世要有「持之以恆」的精神。卦辭以「亨通，無所咎害，利於守正，利有所往」，極力讚美恒道可行。「恒」的核心思想是守「正」處「恒」，「人貴有恆」。荀子說：「鍥而捨之，朽木不折；鍥而不捨，金石可鏤。」（《勸學》）

在學拳的時候，首先要有恒心。即有持久的心志。《恒卦‧上六》：「振恒，凶。」振，動也。引用到學拳上，就是要專一，不能見異思遷，對老師所授之拳，信仰不堅。今天想學這個，明天又想學那個，朝三暮四，其結果必然是「凶」，一樣也學不成。其次，要恒固，即有持久不變的不怕吃苦的精神。再次，順而動為恒。「順」，規律的意思。「順而動」就是按規律來練拳，不能急於求成，急躁冒進。否則，就欲速則不達，一事無成。最後，還要有恆德恒操，即恒久不變的德行，一貫的操守。恒以

持之，漸以進之。

陳健侯先生原來學的是少林拳（小紅拳），已有十幾年的功夫，身手敏捷，能手摘過堂雙燕。跟孫祿堂學拳時，孫師對他說：「你跟我學，原先學的都要忘掉。」陳健侯毅然放棄原來所學，一心學孫師所授之拳，對老師的武功堅信不疑。跟孫師學拳一年多，真學只有九個多月多，即學了形意、八卦、太極（三十六手太極拳）、二路炮捶，並學了推手與散打。

有一次，進行散打訓練時，孫師一個劈掌，無意中正中陳的左手拇指和食指上，兩個手指上的指甲被擊碎濺飛在地上。當時陳感到一陣的鑽心疼痛，但仍忍住未形於色，卻對老師說：「師父，小傷無妨，自備傷藥可治，師可無虞，放心授拳，不必介懷。」陳敷以傷藥，仍日不間斷往國術館侍教。陳常講：「唯有堅貞恒，方能進孫拳門階。」

三十六手太極拳的基本手法是卍字手，要練成極其不容易。一般人，見之即卻步。只有能吃大苦耐大勞的人，才有可能練成。陳健侯曾一再告誡他的弟子說：「沒有堅貞恒，真傳學不成。」他的弟子岳沅深，字夢傳，吃的苦也最多，練卍字手練得手不能拿碗筷，苦練一年多，終於練成了卍字手。

筆者曾看過他練的卍字手，完全符合平直圓的要求，真是漂亮已極。三十六手，陳親教到野馬分鬃，後面的是向師兄張祚玉學的。他打拳的形態酷肖如師。陳師對他的評價是：品德好，架子最像，但形似而神韻不聚。可惜在

「文革」中，被醫院誤治而英年早逝。

四、具體步驟和做法

首先，要對三十六手的來龍去脈有所瞭解，樹立對這一套路的信心。孫祿堂先師傳授給陳健侯三十六手時，曾要求他把原先所學全部忘記，然後一心跟他學。在傳授時，不得有第三者在場，謂「法門不入六耳」。陳健侯毅然放棄原來所學，一心學孫師所授之拳，對三十六手堅信不疑。現在我們當然不再如此要求了，但對這三十六手的堅定信念是必須具有的。沒有信念，也就不會有毅力，不會有堅強的意志。有了信念，才能做到「造次必於是，顛沛必於是」。

其次，紮紮實實練好基本功，特別是站好卍字樁，練好卍字手。孫祿堂不肯親自授人，是當時的武林界人所共知的事。孫祿堂平時是不親自授拳的，只有他高興時，才會教你一招。他的學生，往往因為孫師曾對他指出「你這手臂應這樣放」而感到驕傲。孫存周曾受同門慫恿，問孫先生有什麼訣竅，孫先生說我以為你懂拳了，看來還是不懂。言下之意就是拳術沒什麼訣竅，就是一個練字。

再次，學好套路。對照圖文，參照碟片，反覆研讀，反覆惴摩。三十六手有「三難」，一為難打，二為難看，三為難學。所謂難打，是說整個套路的動作難度較大；所謂難看，不像楊式那樣舒展大方，而是動作緊湊，在沒有練成之前，繩捆索綁，動作造型不美（一旦練成動作就很美了）。所謂難學，難度大，小動作多，暗手多，要求

嚴，不是一朝一夕能練成的。為了克服這「三難」，就要一招一式地學，一招一式地練，認認真真練，踏踏實實練，一絲不苟地練。根據太極拳的要領（如；平直圓，「九要」等）力求姿態準確無誤，一招一式不能絲毫馬虎。有時為了練好一個架式，往往要練千遍萬遍，歷時一年半載也不算多。熟練盤架子，姿勢正確，像模像樣，克服自身的硬僵勁，做到輕靈自如。

如果練拳為了修身養性、延年益壽，開始階段做到這一步也就可以了。以後逐步學會「文練」，動作緩慢，大鬆大軟，然後把意念、呼吸與動作速度有機結合起來，「內煉一口氣」，練氣化精，達到舒筋活血，調節陰陽，練出丹田內氣，強身固本的目的。拳家有云：「丹田練就長命寶，萬兩黃金不與人。」

如果你學三十六手是為了技擊，就在走架時，不僅動作快徐有序，而且要求「上弦」，要求帶著「敵情觀念」。所謂「上弦」，並不是一味剛強，而是要做到「勁氣內藏」，全身似「圓球彈簧」，挨哪處哪處即發力，外力越大，反彈越強。這種「勁氣」並不是全靠肌肉發出的，而主要是靠筋腱發出的，是從腰脊上發出的。整個身體好比上緊弦的一張弓，蘊藏著巨大的爆發力。正如拳論所說：「蓄勁如張弓，發勁如放箭。」拿鬆肩來說，要先裹肩後鬆肩。塌腰也先束腰後塌腰。先裹後鬆，先束後塌，這都是辯證的。如果一味鬆，豈能發勁呢？

當代太極名師王培生說：「『弓』要用時先要上弦，這在練拳也是一樣，必須『上著弦』，不能儘量放鬆，否

則就沒有彈性了。」陳、武兩家的太極拳也有「一身備五弓」的說法，所以對「用意不用力」這句話要具體分析，這裡所說的「力」是指拙力、死力，而「上弦」所用的力是活力、巧力。練套路的目的，是為了疏通體內的勁路，伸勁拔骨，「節節貫通」，以便內勁能快速傳遞。陳健侯先生曾說過，開始學時，是「繩捆索，偏柔偏剛」，練到後來是「圓球彈簧，勁氣內藏」。

三十六手太極拳和其它拳術一樣，本質都是技擊的。所謂套路，是技擊動作的誇張化、系統化、連續化。「外練筋骨皮，內練一口氣」，「外練筋骨皮」靠武練，「內練一口氣」靠文練，練到最後要把文練與武練結合起來，「道本自然一氣游，空空淨淨最難求；學來萬法皆無用，身形應當似水流」。

拳家有句話叫：「練功不練打，功成自能打。」要正確理解這一句，這裡的「練功」是指在武練後的文練，也就高級的文練。不經武練而能擊人者，只有在文藝作品中才能見到。沒的力量與速度，是談不上技擊。何況在學會套路後，還只是一個開頭，還要懂得用手，還要練推手，懂勁，聽勁，最後是散手。散手前，要由師父餵手。餵手後，再進行對抗性訓練。「找比手」，在與高手對打過程中提高自己。一個成功的武術家，哪個不是身經百戰的呢？

最後，要有名師指導。太極拳歷代師承強調「口授心傳」。《十三勢歌訣》說：「入門引路須口授，功夫無息法自修。」沒有良師的教導，是很難入門的。在武術史上

不乏從師艱難的故事。同樣的一招一式，有多種練法，有多種要求，有一些難以言傳的「規矩」，這些「規矩」一定要靠師傅口授身傳。特別進入推手和散打階段，更是離不開師傅的指導了。

　　古往今來，學拳千千萬萬，但能入門的卻寥寥無幾，其原因之一，是因為沒有良師的引導。

第四章

三十六手基本動作原理

第一節　三十六手特有的手型原理

三十六手太極拳的掌型要自然分開，掌心內凹，名曰窩形掌。其拳型，四指自然蜷曲，拇指扣於中指第二節，使拳面略呈螺旋面，這是一種自然拳型。這種手型與97式相同的。除了相同的手型外，三十六手還有自己所特有的手型。

一、卍字手

卍字手，卍讀萬，故也可寫作「萬字手」，因其功能多，變化無窮，故又稱「萬能手」。它是孫式太極拳三十六手特有的掌式。所謂卍字手，就是五個手指分別成平、直、橫、環、鈎形，像一個卍字。（圖4－1、4－2）

卍字手的簡便練法

腳成丁八步，兩手並胸前，手心朝上，兩肘緊靠乳頭，沉肘裹肩，含胸拔背；塌腰，下肢微蹲（圖4－3）；兩手相對（圖4－4），成下卍字形（又稱陰卍字手）：大

拇指朝前平指；食指挺直下垂；中指平橫向內，與食指成
直角，無名指微環，小指微鉤（圖4－5）。這樣五指成
平、直、橫、環、鉤形，猶如「卍」字。然後，兩掌上旋
成豎掌（立掌），手心相對，成抱球狀，像太極。豎掌與
小手臂要成直角（圖4－6）。這為一次。兩掌再下旋，
成下卍字手，再上旋，成立掌抱球……這樣週而復始，循
環往復，周轉不停地練習，次數視自己的體力而定。

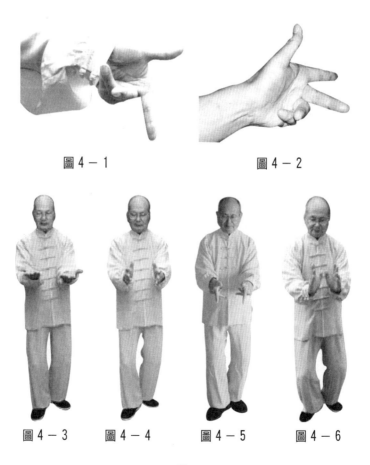

圖4－1　　　　　　　　　圖4－2

圖4－3　　　圖4－4　　　圖4－5　　　圖4－6

【要領】

在練習卍字手的整個過程中都要做到虛領頂勁，舌頂上腭，含胸拔背，沉肩墜肘，氣沉丹田，穀道上提。處處要做到平、直、圓。

【說明】

練卍字手的勁路是：力起於腳，發於腰，形於手指。由腳而腿而腰而手指，完整一氣。所以要循序漸進，不能急於求成。不要用拙力，不能逆勁路而行，以免手腕受傷。手腕上可以塗一些松節油或活絡油。內部曾流傳一個秘方，那就是用樟木片熬成熱水，用此薰手腕，邊薰邊練。據說，有著效。

據筆者所知，筋骨特好的，個把月即能練成；筋骨一般的，要一年左右才能練成；筋骨稍差的，只能練到七成。由於本人年事已高，圖中的抱球沒有到位。請諒。

關於卍字手的進一步練習請見「卍字手」一章。

二、其他手型

1. 金剛拳

在形意拳中也名「螺絲拳」。拇指壓住食指第1節，而中指又壓住拇指第1節，無名指和小指緊握，成一個完全封閉的體系。食指第2節明顯突出，像一個錐子（圖4－7）。

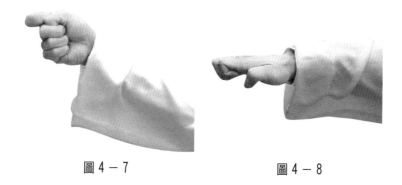

圖 4 － 7　　　　　　　　圖 4 － 8

2. 豹　拳

拇指彎曲內扣，第一節與第二節成 90 度夾角；其餘四指併攏彎曲相扣，第三節與手背平（圖 4－8）。

3. 刁　手

五指第 1 節自然捏攏，屈腕。卍字手上舉至耳邊或後擺至身後，也可叫刁手。

第二節　三十六手的主要步型

1. 丁八步

其步型是：一腳在前，一腳在後，前腳後跟靠後腳脛骨（**內踝處**）之處，兩腳成 45°角。右腳在前為右式丁八步，左腳在前為左式丁八步（圖 4－9）。

圖 4 － 9

　　所謂左右式都是以前腳為準。這種步型可以根據需要靈活地進行虛實變換：前腳實，則後腳虛；前腳虛，則後腳實。虛中有實，實中含虛，進攻防守，落步呈「丁八」。

2. 八字扣步

　　兩膝微屈，兩腳尖內扣，腳尖相距約二三寸，兩腳跟外撇，成一個八字形扣步（圖4－10）。

3. 勾八步（錯綜八字步）

　　左（右）腳在前，向左（右）外擺成45°，右（左）腳在後，向右（左）外擺成45°，兩腳成一錯綜八字步（圖4－11）。

圖4－10　　　　　　圖4－11

4. 橫襠步

兩腳左右開立，同弓步寬，腳尖皆向前；一腿屈蹲，膝與腳尖垂直，另一腿微屈（或自然伸直）（圖4-12）。

這種步型又叫側弓步。非弓非馬，似弓似馬，可以靈活地變化，或馬步，或左弓步，或右弓步。

圖4-12

第三節　三十六手的基本功

三十六手的基本功甚多，這裡僅介紹幾種主要的基本功。

一、樁　功

每一類拳術都有自己獨立的樁功。「四兩撥千斤」「後發先至」是太極拳的技擊特點。要做這一點，靠的是兩條：一條是穩如泰山，一條是迅如脫兔。

孫氏三十六手太極拳想透過樁功調增強腿部的力量，並養成氣沉丹田的習慣。

1. 無極式（樁）

「無極」又叫「太易」「太素」等。道家學說，認為「無極生太極，太極生兩儀，兩儀生四象，四象生八卦」。《太極拳論》曰：「太極者無極而生，陰陽之母也。」「無極」是「宇宙最原始的無形無象的本體」。無極狀態是一種混混沌沌的狀態，也就是大腦處於無所思、無所憶的朦朧狀態。「空」「無」兩字是無極的特點。用現代的話來說，無極狀態是一種零狀態。

【練法】

面向南方，兩足開立成 90°（也可以兩足開立與肩同寬），身子豎直，兩手自然下垂，全身自然放鬆，手足無動，目無所視，耳無所聞，心無所思。嘴虛合，舌頂上腭。自然呼吸。（圖 4－13）

【要領】

兩肩要平，脊柱要直，背要圓（涵胸），心要靜。上部鬆直，是關鍵。

【說明】

無極式是太極拳的根基，是修身養性的基本功。《內經》說：「恬淡虛無，真氣從之，精神內守，病安從來？」心定則氣和，氣和則血順，血順則袪病強身。

無極式站長了就成了一種樁功，成了一種立式氣功。開始只是數分鐘，漸

圖 4－13

漸增多，達半小時左右。一般說來，時間長短可以根據需要與可能而定。無極式的外形最簡單，但要做好可最難。孫祿堂引詩云：「道本自然一氣游，空空淨淨最難求。」要真正做到「空空淨淨」的入靜狀態，是不容易的。數週後才能初見功效，先是腳心（湧泉穴）和手心（勞宮穴）發熱，手腳發脹，全身有一種氣感。久之，口中生水（唾液），可咽下。還會出現腹鳴等現象。再久之，眼前會出現山水美景等幻象，此時，你不要去管它，絕不要去刻意追求它。一切聽其自然。

最後出現如站立於沙漠上，或如站立在水波上的感覺，「體酥、心融、樂融融」，達到了「天人合一」（與大自然渾為一體）的境界。這時無極功才成矣！

2. 三體式

三體式原是形意拳的樁功，又叫「三體手」、「三才式」，因孫太極是三拳合一的拳，故有時也把它作為太極拳的樁功。

(1) 接無極式。右腳不動，左腳以腳跟為軸向右扭轉45°，同時身體半面向右轉。

(2) 兩臂左右偏前展開，身體下蹲成半蹲姿勢，兩手成虎抱頭狀。即左前臂經體前向上提起，左手停於胸前（偏左），手心向下，手指向前，右前臂也隨之向上提起，右手蓋在左手背上（右手食指對準左手中指），兩肘微屈；眼平視前方（圖4－14）。

(3) 左腳前進一步，兩腳腳跟前後相對，相距約小腿

長（兩腳長），兩腿屈膝，重心偏於右腿（前三後七），腳趾抓地。

(4) 兩手徐徐分開，左手往前推，右手往後拉，兩手如同撕棉之意。左手直出，高不過口，伸到極處為度；同時左掌前伸，成窩形立掌，高與胸齊；右手後撤落於腹前，拇指根節緊貼肚臍，手腕向下塌。眼看左掌食指（圖4－15a、圖4－15b）。

【收式】

兩腳不動，右手沿身體右側劃圓，同時，左手上舉，兩手外展稍前偏。目視右掌（圖4－16）。右腳跟進，與左腳併攏；同時，兩掌同沿胸前落下，收到腹前變拳（圖4－17）。最後，身體徐徐站立，兩拳變掌，分別垂於體兩側，還原成無極式。

【要領】

前手平胸，後手正肋，肘不離肋，手不離心。虛領頂勁，含（涵）胸拔背，舌抵上腭，穀道上提，氣沉丹田。步穩身正，圓活自然，當以「九要」規範身體姿勢。

【說明】

三體式，又叫三才式、三體手。三體者，頭、足、手。三才者，天、地、人。卦象的三根爻，上爻為天，中爻為人，下爻為地。三體式是一個火水未濟卦（☲☵），未濟卦為六十四卦的最後一卦，與既濟卦（☵☲）是形爻上下相反的「綜卦」，也是陰陽完全相反的「錯卦」，虧而盈，滿而損，完成為未完成的終結，同是，也是另一次未完成的開始；既與未，相互交錯作用。故孫祿堂云：「萬

法皆出於三體式，此式乃入道之門。」

　　窩形立掌，是孫式三體式的特點，一般三體式為三圓掌（手心圓、手背圓、虎口圓）。三體式有左右兩式，左

圖 4 — 14　　　　　圖 4 — 15a　　　　　圖 4 — 15b

圖 4 — 16　　　　　　圖 4 — 17

腳在前為左式，右腳在前為右式。站樁時，左右兩式可交換進行。即左式還原成無極式後，再變成右式。如何做到塌腰鬆胯，我們的體會是，要有腹似乎貼向腿的意識。

三體式，有高、中、低三式，一般人練中式，老年人練高式，年輕且學技擊者可練低式。練習時間。可以根據需要與可能而定，開始為二三分鐘，漸延至十來分鐘，繼則個把小時，或更長時間。久而久之，內勁自生。

據說，孫祿堂令他的學生齊公博，站三體式達三年之久，「站至胸腹空空，手足相通」，「一通百通」，拙勁變成了整勁，所以後來齊公博的武功不凡，內勁特大。

當然對於老年人來說，由於關節老化，時間過長，會影響關節，我們的體會，老年人站樁一般不要超過10分鐘，以適度為宜。

三體式，重在神意，而不重要形。有一次，國術館弟子在一起站三體式，孫先生來視察，問：「諸君試評誰之架勢為佳？」眾皆裕武（字漢藩，健侯之弟），以其姿態美也。孫師曰：「否也，其兄之架勢雖拙於形，但其神意無及之者，斯為第一。」

3. 開合樁

(1) **預備式**。左丁八步站立（*左腳在前，右腳在後，左腳跟貼右腳腳弓凹處*），兩手立掌相合，抱於胸前，兩肘與地面平行。兩眼向前平視，舌頂上頜，下頜微內收，虛領頂勁，沉肩墜肘，立身中正，後腦勺、後背、後臀、右腳跟在一條垂線上（圖4－18）。

(2) **吸氣開掌**。緩緩吸氣，並隨吸氣，兩掌在胸前徐徐平行分開至兩乳跟（掌指先開），兩肘與地面平行向左右撐頂。神貫於頂，百會穴微向上頂，身體保持中正，後腦勺、後背、後臀、右腳跟在一條垂線上（圖4－19）。

(3) **呼氣合掌**。緩緩呼氣。隨呼氣，兩膝前送，徐徐下蹲，兩前腳掌著地，腳跟抬起，重心落於兩腳掌；同時，兩掌從兩乳跟平行相合於胸前（掌跟先合），兩肘與地面平行。神貫於頂，百會穴微向下壓，身體保持中正，後腦勺、後背、後臀、右腳跟在一條垂線上（圖4－20）。

(4) **吸氣開掌**。緩緩吸氣。隨吸氣，兩膝徐徐升起，成丁八步。同時，兩掌在胸前徐徐平行分開至兩乳跟（掌指先開），兩肘與地面平行向左右撐頂。神貫於頂，百會穴微向上頂，身體保持中正，後腦勺、後背、後臀、右腳跟在一條垂線上（同圖4－19）。

圖4－18　　　　圖4－19　　　　圖4－20

(5) **呼氣合掌**。緩緩呼氣，隨呼氣，兩膝前送徐徐下蹲，兩前腳掌著地，腳跟抬起，重心落於兩腳掌。同時，兩掌從兩乳跟平行相合於胸前（掌跟先合），兩肘與地面平行。神貫於頂，百會穴微向下壓，身體保持中正，後腦勺、後背、後臀、右腳跟在一條垂線上（同圖4－20）。

【要領】

始終立身要中正，百會穴與會陰穴、右腳跟三點成一直線。

【說明】

如是一呼一吸，動作循環往復。吸氣時氣貼脊背，呼氣時氣沉丹田。須徐徐行氣，呼吸深長。時間15分鐘至30分鐘。

本椿一是開胸肋，擴大肺活量（內勁的大小與肺活量往往成正比）；二是增大腿步力量。

4. 丁八椿

(1) 兩腳成丁八步，左腳跟靠右腳內側，腳尖外展。兩手肘至腕緊靠，雙手成卍字手，以食指丫與中指丫口抵住下巴（圖4－21）。

(2) 身體徐徐下蹲，後腳跟離地，以前腳掌著力，與此同時十個腳趾抓地，屈膝，至汗毛落地，而皮不著地（圖4－22）。

圖4－21

圖 4 - 22   圖 4 - 23

(3) 然後再站起來，如圖 4 - 21；再下蹲，如圖 4 -
22……如此循環往復，直至力竭。

【要領】

腰杆一定要直，穀道要上提。之所以用手卡住下巴，
就是為了嚴格控制身體的垂直上下。

【說明】

久練則腿力大增。次數由少到多，可視體力而定。老
年人不適宜練此椿功。

5. 獨腳椿

(1) 直立，左腿支撐，腳趾抓地，右腿平舉，兩手均
成立掌，平行推出。左掌護右掌根（圖 4 - 23）。

(2) 此勢不動，徐徐下蹲，至極點（圖 4 - 24）。然後

慢慢上升，還原成圖4－
20。

如此反覆練習，左右
腿可以交換練習，直至力
竭。

【要領】

下降時頭要上頂，尾
要收住；上升時，頭往上
盡力頂，尾骨往上收，而
意專注於穀道上提。無論
上升還是下降，絕對不能翹屁股。

圖4－24

【說明】

增加腳力和腿力。但老年人不適宜練此樁功。

6. 拔　蔥

(1) 兩腿成90°下蹲，由於重力關係人會倒，所以要以
右手扶住一個牢固物體，人使身體不後倒（圖4－25）。

(2) 穩住後速鬆右手，速遞左手扶住牢固物（圖4－
26）。

如此交替，循環往復不已，至竭力，兩腿發抖為止。

【要領】

尾閭一定要中正，千萬不能翹屁股，只有這樣兩腿才
能得到最正確、最強勁的鍛鍊。上身要放鬆，一隻手只是
指尖用點力扶著。

圖 4 — 25　　　　　　　　　圖 4 — 26

【說明】

此樁增強腿力，提高自己的穩定性，與人交手時，不易被對手推倒。老年人不適宜練此樁功。

以上幾種樁功，凡欲技擊者，應認認真真練；凡僅是為健身者，特別是中老人，只要選練無極樁、開合樁即可。

二、其他基本功

1. 走趟子（結合「風輪手」）

(1)面西而立，左腳在前，右腳在後，成丁八步。立身中正，虛領頂頸，舌頂上腭，含胸拔背，斂臀提縠，兩腿稍屈，身體稍蹲。兩手抱球（右手在上，手指向前，手心向下；左手在下，手指向前，手心向上）置於胸前（圖4－27）。

(2)左腳向前擺步邁出。右手向前伸，手心轉向上；

左手向後縮下按，左手心轉向下；兩手似在盤球（圖4－28）。

(3) 接著，右腳向前擺步邁出，同時，左手從右手肘下向前穿出，手心向上，右手向後縮下按，手心向下，兩手似在盤球……（圖4－29）。

如此，一直向前走，視場地大小而定。到盡頭時，轉身180°，然後向回走，……如此循環往復。

圖4－27　　　　圖4－28　　　　圖4－29

【要領】

立身要中正，手與腳要協調一致。

【說明】

此式一手引進，一手進攻，同時練身法的靈活性。

(1) 關於邁步，要兩腳趾抓地，行步如貓行，力起於腳，主宰於腰，形於手指。腰胯一定要協調地活動起來，

不要只是手腳在動。脊柱要直，兩手要平，穿掌搓球動作要圓。兩腳虛實要分清。關於盤球（搓球）的技擊作用請看卍字手專章的「搓球」一節。

(2) 關於轉身，有大小轉身兩種。小轉身：前腳扣步，然後以腳跟為軸後轉。大轉身：後腳向前扣腳，轉身。

2. 走圈子（結合「八字扣步」和丁八步）

(1) 面南而立。左腳在前，右腳在後，成丁八步。立身中正，虛領頂頸，舌頂上腭，沉肩含胸，斂臀提穀，兩腿稍屈，身體稍蹲。兩手成陰陽手：左手在前，手心向上；右手在後，手心向下（圖4－30）。

(2) 左腳向右前邁出，腳尖內扣，兩腳成八字扣步，右手從左手肘臂上向左、向前穿出成卍字手，手心向下，

圖 4 － 30

79

刁手向右、向後經右腰際翻轉成掌，掌心向上，向左、向
前、向右劃一平圓；在右手向前穿出時，左手成卍字手，
手心向下，刁手在右手肘臂下向右、向後經右腰際翻轉成
掌，掌心向下，向左、向前、向右劃一平圓，手心向下平
附於右肘旁。兩手刁手劃平圓時，右腳向右前方擺落，兩
腳成勾八步（圖4－31）。

（3）接上動，左腳向右前邁出，腳尖內扣。兩腳成八
字扣步，兩手陰陽互變，刁手向右、向後經右腰際翻轉成
掌向左、向前、向右劃一平圓，右手手心向上，左手心向
下平附於右肘旁。兩手劃平圓時，右腳向右前方擺落，成
丁八字步（圖4－32）。

如此，一直向右側走圈（似八卦走圈）……如此循
環。然後，向左側走圈，左右和手法、步法相互交替。

圖4－31　　　　　　圖4－32

【要領】

兩手做到平、直、圓，兩腳起步、落步，擺步、扣步與身體轉動、兩手動作協調一致，勾八步形成與兩手向右（左）平擺一起到位。

【說明】

此式又名「刁落平手」，採用的是八卦掌中起、落、擺、扣的步法。隨著身形的轉動，左腳扣步進襠，右（左）手採住對方右（左）腕，左手採住對方右（左）肘，向右（左）側劃一弧圈平帶，當對方重心被向右（左）牽動時，左（右）手將對方右（左）肘向右（左）前送出，使之跌仆。若對方已悉先機，則右（左）腳擺步扣住對方右（左）腳踝，並以右（左）小腿和膝向前側下擠壓對方右（左）腿脛骨；同時在採住對方腕、肘，兩手盤掌，一手外旋，一手內旋，捌、靠對方胸肋，使之失重。

3、平化掌

(1) 馬步站樁，兩腳尖內扣，似八字扣步。兩小臂起至與地面平行，兩肘離肋一拳，兩手掌平展，成陰陽手，一手心向上，一手心向下，相距 30 公分左右（圖4－33）。

(2) 身體快速向左或右扭轉，兩手同時向左或右後甩出。跟隨轉體，兩手掌陰陽互變，即左手心向上，右手心向下。當身體後轉至右手至身體中軸線時，左手相對伸直送出，大拇指下翻，（圖4－34），隨即向右或左轉（圖4－35）……如此左右循環往復。

圖 4 − 33　　　　圖 4 − 34　　　　　　圖 4 − 35

【要領】

開始以手帶動腰，逐步過度到以腰勁來帶動手的轉動。

【說明】

主要練腰勁和甩勁。此式有大小平化掌之分，圖中所示是大平化；所謂小平化，是指兩肘下垂不動，只是小手臂轉動。大小平化都有轉 180°或 270°之分。次數應由少到多，一次能練至轉 300 回，不覺累才算合格。年事已高者，不宜練此功。

為了加大功力，在甩手時，也可以兩手先畫一個圈，然後再甩出，這樣甩勁更大。

第五章

卍字手

卍字手是孫氏三十六手太極拳，所特有的手型，特有的功法。凡欲技者，應認認真真，學習這一章，紮紮實實練好所介紹的功法。

第一節 對卍字手的認識

一、卍字手的來歷

至於孫祿堂的卍字手從何而來，說法不一。有人說，郝為真傳給孫祿堂時就有卍字手，它是門內人的標誌；還有人說，是孫祿堂根據武式太極的手型，自己創造出來的；還有人說，卍字手可能是峨眉山上的高僧傳給孫祿堂的，因為卍字手是佛家手法，而孫與峨眉山上的高僧有往來；還有人說，浙江小開門拳種也有卍字手，它是從民間拳種移植過來的。

雖然說法不一，但有一點可以肯定，那就是孫祿堂密傳給陳健侯的，筆者曾親聽陳健侯說過此事。

我查過《武術書籍總匯》，所有出版過的武術書上都沒有談到卍字手，可想卍字手傳承的機密性，謂之「法門不入六耳」。

卍字手是一種基本手，可以用於各式套路上。孫式拳一般用於形意拳與太極拳。下面是孫祿堂的一張照片：

此照片複製於《孫祿堂武學錄》（孫祿堂著　孫劍雲編，人民體育出版社，2001年1月第1版，2003年3月第3次印刷，第40頁。我想《孫祿堂武學大全》和《形意拳學》上也會有這張照片）。卍字手常用於形意與太極，孫祿堂這一手是用於形意拳。

二、卍字手的含義

從佛學的角度看，卍是古代的一種符咒，護符或宗教標誌，通常被認為是太陽或火的象徵，在古代印度、波

斯、希臘等國家中都有出現，婆羅門教、佛教、耆那教等都使用。在西藏原始宗教中，卍字（g.yung drung）是「永恆不變」的象徵，由於藏傳佛教中使用的轉經筒都是從左向右轉，所以都寫作「卍」。 西方語言中卍字稱為 swastika，這源於梵語。卍字是佛的三十二種大人相之一，稱為吉祥海雲相。『卍』僅是符號，而不是文字，它是表示吉祥無比，稱為吉祥海雲，又稱吉祥喜旋。因此，在《大般若經》第三百八十一卷說：佛的手足及胸臆之前都有吉祥喜旋，以表佛的功德。卍字已經成了佛教的一種象徵。在佛教不論右旋、左旋，卍字均係用來表徵佛的智慧與慈悲無限。旋回表示佛力的無限運作，向西方無限地延伸、無盡地展現，無休無止地救濟十方無量的眾生。

　　所以有人分析說，卍字手，是佛家的手法，不知是誰把它遷移至太極拳的套路中來的。它不僅有強大的殺傷力，防身克敵作用，而且有很好的修身養性作用。有人說過：「在修煉方面講，類似佛家手印的作用。」

三、卍字手的作用

1. 卍字手的健身作用

　　從易學角度看，太極拳的理論基礎就源於《易經》。卍字手的「平」為坎，屬水；「直」為離，屬火，一平一直表示「水火既濟」，腎氣充足，則能百病消除，延年益壽。「橫、環、鉤」為圓，是一個太極。太極無法，動即是法。生命在於運動。

從醫學角度看，中醫理論認為，手上穴位特別豐富，有手太陰肺經、手少陰心經、手厥陰心包經；手太陽小腸經、手陽明大腸經、手少陽三焦經，這「六經」經過手掌，也就是說，經過這「六經」把手與五臟六腑聯繫了起來，手一動，五臟六肺也就動了起來，一動百動，全身都動。練手也就練了全身。持之以恆地練卍字手，可做到勁氣內藏。內兄陳登臨從中醫的角度解釋道：「所謂勁氣內藏是指體內生理功能得到強化，這就是強身祛病的功效。」（陳登臨《孫祿堂授拳陳健侯側記》，《武蹤》第2期，1985年4月出版）人的一切行為都是由大腦指揮的。「欲健身先健心」，心就是大腦。練卍字手時強調「心到意到，氣到力到」，就是用大腦來指揮練卍字手，不能用拙力，而是用意念力，把手練成卍字形，大腦功能自然得到了加強，同時，手又是「第二心臟」，俗話說「十指連心」，練卍字手心臟功能也自然得到加強，所以人的精氣神就會旺盛起來，身體的抵抗疾病的能力也就大大增強，從而達到永葆青春的目的。

現代醫學認為，人類雙手能作複雜而靈巧的捏、握、抓、夾、提等動作，有極其精細的感覺。手的這些複雜功能與其解剖結構有密切關係。手上神經特別豐富，手部主要由正中神經、尺神經、橈神經組成。手的結構精細複雜，具有許多功能，拇指對捏、握最重要。手掌，尤其是指腹區皮膚感覺最敏感。捏、握動作主要由正中神經支配，能進行精細活動的手內在肌由尺神經支配，伸腕、伸指由橈神經支配。手部活動以第三掌骨頭為中心，屈指縱

軸集中於手腕舟骨結節。掌指關節是手指運動的主要關節。手的掌面皮膚有較厚的角化層，皮下有較厚的脂肪墊，有許多垂直的纖維小梁，將皮膚與掌腱膜，腱鞘及指骨骨膜相連，使掌側皮膚不易滑動，有利於捏、握動作。手上的肌腱有屈肌腱、伸肌腱，拇指有拇長伸肌及拇短伸肌，分別附著於遠節指骨及近節指骨的基部。手內肌包括骨間肌、蚓狀肌及大、小魚際肌。掌側骨間肌使手指內收，背側骨間肌使手指外展。骨間肌與蚓狀肌協同能屈曲掌指關節，伸展指間關節。手部供血主要來自橈動脈、尺動脈及掌側骨間動脈。手部的靜脈分深淺兩層。手掌的深靜脈多與動脈伴行，回流至尺、橈靜脈或手背靜脈網。

　　手的解剖結構如此精密，所以仿生學，把這種結構稱為「手性結構」，用之於高科技。我國的太極拳家，早就對手在拳擊中的作用有清晰的認識。他們認為，在手、眼、身、步的要求中，把手放在第一位，可見手型在太極拳中的重要地位。

　　太極拳的一般掌型分「坐腕立掌型」的「伸直型」兩大類。坐腕立掌型，又分立掌、正掌、平掌、俯掌、反掌；伸直型又分垂掌、直掌、側掌、仰掌等。但卍字手卻稀有人傳，正如一位網友所說，「知之者甚少」。卍字手是孫式太極拳三十六手特有的掌式，是孫祿堂先生於江蘇省國術館時密傳給著名中醫陳健侯先生的，絕不輕傳，在陳去世後，他的弟子張祚玉才公開傳授。

　　練卍字手其實是一種全身運動，手動腳動，全身肌肉、關節都動起來，使氣血流暢，從而促進肌體的新陳代

謝。不僅使手、腰、腿、腳都得到鍛鍊，而且對筋骨、肌腱、心肌、血液循環也進行了鍛鍊。又因為練卍字手要結合呼吸，類似氣功，起著調身（姿勢）、調息（呼吸）、調心（神經）的自我鍛鍊作用。

關於卍字手的健身作用，下面舉幾個典型例子：

胡羨愚，因發育時手淫過度，見色漏精，骨瘦如柴，動則氣喘。20 歲結婚，不能行魚水之歡，夫妻分居，妻子氣得赴京城打工。此時經人介紹，拜鎮江三學（佛學、易學、醫學）博士陳健侯學拳。陳曉之以清心寡慾之理，並教之強身手法。

他想學孫式三十六手太極拳。先教他練卍字手，年餘還不合格。陳師對他說：「學拳，你的筋骨是不夠的。如果卍字手不合格，就教你套路，那是違反師訓的。我教你一個手法，保你終身健康。」這個手法就是直卍字手。他聽從師訓，天天練直卍字手，數年後，臉色紅潤，身體健康，夫妻和好。最後皈依佛教，亦長念師恩。去年病故，享年 80 歲。

宋金雲，40 歲時因患氣管炎，兩肺出現陰影，紋理模糊，這時想到了學拳。他與張祚玉（陳健侯傳人）兩人原來都在江蘇省建設廳總務處工作，張祚玉是他的上級。張的拳藝很好，經常與廳長董贊堯推手。他知道張不大肯收徒，特請張的朋友介紹，才收他為徒。張先教他開合掌，練了一年，氣管炎全好了，肺上陰影消失。後來練卍字手，學孫氏三十六手太極拳套路，三年才學完。1983 年退休，堅持練拳。2005 年兩腿因血栓而行動不便，3 月 21

日跌倒地上，經鄰居送醫院搶救才癒，現已不能打拳，但還坐在床上練卍字手，現年 84 歲，尚能生活自理，皈依基督教。

曹定安，少年時即從師張祚玉學孫氏三十六手太極拳，後又從師陸振春學楊式太極拳，自己又把兩式融合起來，自成一體，手手都帶有卍字手，他的學生稱他為曹式。天天在伯先公園練拳教拳，桃李滿天下。《鎮江廣播電視報》記者曾採訪他，在報上發了《民間太極曹定安》的專訪。近年來因患關節炎，起居不便，但仍坐床上練卍字手，現年已 94 歲。

2. 卍字手的技擊作用

孫祿堂曾對陳健侯說過：「太極拳有卍字手，猶槍膛內有來福線，引弦上有箭，持恒漸進，必然勁氣內藏，運之發之，銳不可當。」（陳登臨《孫祿堂授拳陳健侯側記》）師祖的話非常深刻，不是一般人能體會到的。

岳父陳健侯在授我卍字手時，對我說：「卍字手中包含八個卦限。卍字手互為直角的拇食中三指，就是空間直角坐標系的三個坐標軸。三個坐標軸形成三個平面，三個平面將空間切割成八個卦限。這好比，將一塊豆腐平放分三刀切，第一刀水平切開，第二刀垂直切開，第三刀與第二刀垂直相交再垂直切開，這樣一塊豆腐便被三刀切成八小塊，每小塊代表一個卦限，就是八個卦限：乾、坤、震、艮、離、坎、兌、巽。這八個卦，變化無窮。」

陳健侯的大弟子張祚玉曾說過：「會拳與不會拳的，

會拳的是活手；有卍字手的與沒有卍字手的，有卍字手的為活手。」何為「活手」？張祚玉的高足陳九皋的理解是：「卦限的作用在於確定運動物體的坐標，從而隨時隨地依據坐標的變化而變化，具有隨機性。相互垂直的三指所構成的三個平面，就像房間裡的地面和兩個相互垂直的牆面，構成三個坐標面，組成一個卦限，通常稱第一卦限。物體雖然在房間裡做複雜的曲線運動，但其運動的瞬時速度和方向，都能從其在坐標面上的投影或與坐標面相接觸而得到反映。旋轉著的卍字手，能及時捕捉活動目標，置於卦限之內，這就是接手；然後，根據其運動方向，借其力凝而發之，這就是發手。當卍字手沾黏對方後，隨彼力而化，化手靈活；借彼力而發，發手犀利。」

「在揉手時，卍字手相互垂直的拇食中三指，形成了六個自由度——三個沿三指線的移動和三個繞三指線的轉動。一旦手指敏感觸覺對方來力，立即隨對方手法的變化而迅速變化，以一定的方向部位，化解並借用來力，以達到『四兩拔千斤』的效果。車輪手和懶紮衣手所以在稱為手中之王，正因為其手型都是卍字手，要領都符合『平、直、圓』，發手都是化勁。化勁，化了就進。進的手法多為掌進、指進、肘進、錘進。進的方向部位，或為進正門，或為進旁門，或為正門旁門一起進，具體要根據對方重心及力的方向隨機應變。」（陳九皋《卍字手淺析》，《精武》1985 年第 3 期）

最近，《鎮江廣播電視報》記者江寧採訪陳健侯的學生周生洪（武術名家、2006 年國際內家拳武術比賽形象

大使，國際內家拳比賽冠軍）後寫下了這麼一段文字：

「卍字手很難學，這是事實。世上的好東西哪一樣不是難學的。不經一番寒徹骨，怎得梅花撲鼻香。吃得苦中苦，才能有真功夫。」他站起來，一邊說，一邊示範，「我的體會，卍字手在推手與散打時起很大作用。例如，在推手時，會卍字手的人，用食指與中指就把對方手腕切住了，對方無法反抗，一将就可把對方發出去。而不會卍字手的，要用五個手指抓住對方的手腕将，迅度慢，而且對方可以反抗。」（《訪問國際內家拳比賽冠軍周生洪》，（《少林與太極》2006 年第 3 期）

「太極網論壇」曾對卍字手進行過專題討論。有位網友叫陳太極的說：「只看師傅用過，很厲害！殺傷力大，變化多。」

還有位網友叫李銘洋的說：「在修煉方面講，類似佛家手印的作用。聽師父講：卍字手型，從技擊方面看，無論從那一個方向，總是有一指碰著對手。」

筆者的膚淺體會是，練卍字手首先是練手指的力量，一舉手就能力貫指端，像鋼針一樣，可以用於點穴。練卍字手不久，手上就會有一種強烈的氣感。其次是練手腕的八塊骨頭的靈活性。卍字手又俗稱「腕子手」，可見卍字手是練腕子的。練成卍字手的手腕的靈活性是無與倫比的。拳家都知道，鎖腕是擒拿常用的的手法，練成了卍字手，就不易被人鎖住，反而能鎖住對方的手腕。

再次，練習手掌的觸覺的敏感度，提高「聽勁」能力。據說，卍字手上乘的高手，他手背上的汗毛根根豎

起，像雷達一樣，能及時捕捉對方的資訊。

復次，練卍字手也是練內勁的一種有效功法。練卍字手，初則「繩綁索綁」，明勁剛勁，久而久之，則「圓球彈簧」，勁氣內藏。要用意念把手掌拉成 90 度的立掌，意念力就能產生，久而久之，內勁自生。

行家都知道，看一個人學沒學過拳，有沒有內勁，只要看他的手腕外側（靠近橢圓關節）有沒有隆起的一塊筋。筋隆得越高，其內勁越大。拳家云：「筋脈長一分，力長千斤。」而凡苦練過卍字手的人，手腕處都有一塊隆起的筋。最後，卍字手的在使用上，變化無窮。卍字手有平、直、橫、圓、交，五種基本形式，在用法上有左旋、右旋，上旋、下旋，內旋、外旋等，處處強調螺旋勁（與陳式太極拳中的「纏絲勁」不同）。

我岳父曾對我說：「你看螺絲釘，多厲害，不管多堅硬的東西都能鑽進去。」卍轉動起來，像一個法輪，使對方感到處處是手，防不勝防。

由此可見，卍字手作為一種掌法，是有獨特的技擊作用的。俗話說：「擰挨十拳，不挨一掌；寧挨十掌，不挨一指。」孫祿堂、陳健侯等先師的卍字手都是與氣功相結合的，手指所指，往往點中對方的穴位，所以對方往往難於招架。陳健侯在 1936 年曾用含有卍字手的「懶紮衣」（稱為王手），把江邊碼頭大惡霸齊德厚，跌之丈外。（見拙作《陳健侯逸事》）陳健侯的大弟子張祚玉也以卍字手，聞名滬寧線上。

這裡要說明的一點是，卍字手是一種基本功，是有一

套專門練習的方法的。下面對其進行專門介紹。對技擊有興趣的人，可以認真研究，根據自己的需要與可能擇善而練之。

第二節　卍字手的專門練習

最近有位叫趙克的網友說：「孫式太極拳的核心精髓，是『卍字手』，『卍字手』既是基本功，也是孫式太極拳發勁的真義，不練成『卍』字手，孫式太極拳和其他的太極拳分別並不大，而練成了『卍字手』，孫式太極拳的威力就真正顯現出來了。」

他還說：「但是可惜的是，『卍字手』非常難練……孫祿堂曾經說過，要練成孫式太極拳（卍字手版），心志、筋骨、悟性、學養都非要是上上等不可。」

一、卍字樁功

學習孫氏三十六手太極拳必須練卍字樁。這是一種操手樁，練法有多種形式，這裡介紹兩種最基本的練法。

第一種

腳成丁八步，兩手併胸前，手心朝上，兩肘緊靠乳頭，沉肘裹肩，含胸拔背，塌腰，下肢微蹲（圖5－1）；兩手相對，成下卍字形（又稱陰卍字

圖5－1

手）：大拇指朝前平指；食指挺直下垂；中指平橫向內，與食指成直角；無名指微環；小指微鈎。這樣五指成平、直、橫、環、鈎形，猶如「卍」字。成下卍字手（圖5－2），這是第一步。

圖5－2

然後身下蹲（可視體力而定，體力好的年輕人可儘量下蹲，以增強功力），左右兩卍字手從身兩側同時向下畫弧，此時兩肩不能散開，而仍要沉肘裏肩，含胸拔背。接著刁腕向上舉，拇指向外，兩食指朝天，高度與目齊，兩手背要緊貼，中指與手心向兩側，食指與小指分別環、勾。這動作叫「朝天一燭香」，也就是上卍字手（陽卍字手）（圖5－3a、圖5－3b），這是第二步。

第三步是，兩手向內翻轉，由胸前推出（這動作為圓卍字手），兩手成豎掌（立掌），手心相對，成抱球狀，像太極。豎掌與小手臂要成直角。（圖5－4a、圖5－4b）這樣週而復始，循環往復，周轉不停地練習，次數視自己的體力而定。練習要配合呼吸，卍字手向裡向上時要吸氣，向外向下時要呼氣。

【作用】

增加指力與腿力，活腕，增內勁，提高觸覺。

【要領】

在練習卍字手的整個過程中都要做到虛領頂勁，舌頂上腭，含胸拔背，沉肩墜肘，氣沉丹田，穀道上提。處處

要做到平、直、圓。穀道上提，頭上頂是關鍵的關鍵。蹲下後起身，不是靠腿力，而是靠穀道上提時的意氣，力是隨氣而生。

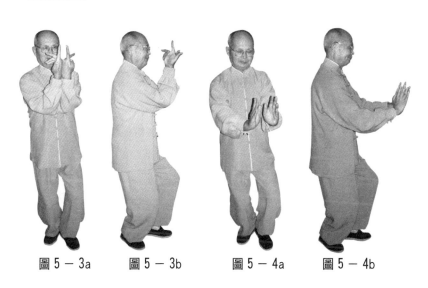

圖 5 — 3a　　圖 5 — 3b　　圖 5 — 4a　　圖 5 — 4b

【說明】

卍字手樁有高、中、低三種架子。體弱者選高架，體強者選低架，一般人選中架。練卍字手的勁路是：力起於腳，發於腰，形於手指。由腳而腿而腰而手指，完整一氣。所以要循序漸進，不能急於求成。不要用拙力，不能逆勁路而行，以免手腕受傷。手腕上可以塗一些松節油或活絡油。內部曾流傳一個秘方，那就是用樟木片熬成熱水，用此薰手腕，邊薰邊練。據說，有著效。

據筆者所知，筋骨特好的，個把月即能練成，筋骨一般的，要一年左右才能練成；筋骨稍差的，只能練到七

成；年紀大的不宜練。本人年過七旬，練的是高架，卍字
手沒有完全練到位。圖5−中所示，只是示意而而已。

附：低架子卍字手照片（圖5−5～圖5−8）。

圖 5 − 5　　　　　圖 5 − 6a　　　　　圖 5 − 6b

圖 5 − 7a　　圖 5 − 7b　　圖 5 − 8a　　圖 5 − 8b

第二種

(1) 預　備

左丁八步站立（左腳在前，右腳在後，左腳跟貼右腳腳弓凹處），兩手成卐字手（大拇指伸直向前、食指伸直向下、中指橫直向裡側、無名指成環形、小指成勾狀，大拇指、食指、中指分別成90°角）垂於身體兩側，兩眼向前平視，舌頂上腭，下頜微內收，虛領頂勁，沉肩墜肘，立身中正，後腦勺、後背、後臀、右腳跟在一條垂線上。（圖5－9）

圖 5－9

(2) 吸氣搓臂轉掌

吸氣。隨吸氣，兩卐字手轉手心向上、向外，兩手背相靠（大拇指向前、食指向上、中指橫向左右兩側、無名指成環形、小指成勾狀，大拇指、食指、中指分別成90°角），經腹部、胸前向上徐徐穿搓，至面前時，兩卐字手內旋平行分開至兩手背向左右兩側，兩臂屈肘，手心相對（大拇指伸直向內、食指伸直向上、中指橫直向對、無名指成環形、小指成勾狀，大拇指、食指、中指分別成90°角），兩手腕平肩，距肩約15—20公分。神貫於頂，百會穴微向上頂，身體保持中正，後腦勺、後背、後臀、右腳跟在一條垂線上。（圖5－10）

(3) 呼氣車輪手

呼氣。隨呼氣，兩膝前送徐徐下蹲，兩前腳掌著地，腳跟抬起，重心落於兩腳掌。同時，兩卐字手徐徐向前、向下直臂旋轉 270°，至體兩側（大拇指向下、食指向後、中指橫向左右兩側、無名指成環形、小指成勾狀，大拇指、食指、中指分別成 90°角）。神貫於頂，百會穴微向下壓，身體保持中正，後腦勺、後背、後臀、右腳跟在一條垂線上（圖 5－11）。

(4) 吸氣搓臂轉掌

吸氣。隨吸氣，兩膝徐徐升起，成丁八步；同時，兩卐字手由體側轉手心向上、向外，兩手背相靠（大拇指向前、食指向上、中指橫向左右兩側、無名指成環形、小指成勾狀，大拇指、食指、中指分別成 90°角），經腹部、胸前向上徐徐穿搓，至面前時，兩卐字手內旋平行分開至

圖 5 － 10

圖 5 － 11

兩手背向左右兩側，兩臂屈肘，手心相對（大拇指伸直向內、食指伸直向上、中指橫直向對、無名指成環形、小指成勾狀，大拇指、食指、中指分別成 90°角），兩手腕平肩，距肩約 15—20 公分。神貫於頂，百會穴微向上頂，身體保持中正，後腦勺、後背、後臀、右腳跟在一條垂線上（同圖 5－10）。

(5) 呼氣車輪手

呼氣。隨呼氣，兩卍字手徐徐向前、向下直臂旋轉 270°，至體兩側（大拇指向下、食指向後、中指橫向左右兩側、無名指成環形、小指成勾狀，大拇指、食指、中指分別成 90°角）。同時，兩膝前送徐徐下蹲，兩前腳掌著地，腳跟抬起，重心落於兩腳掌。神貫於頂，百會穴微向下壓，身體保持中正，後腦勺、後背、後臀、右腳跟在一條垂線上（同圖 5－11）。

如是一呼一吸，動作循環往復。吸氣時氣貼脊背，呼氣時氣沉丹田，須徐徐行氣，呼吸深長。時間 15 分鐘至 30 分鐘。

作用與要領同上。

【說明】

卍字手樁與開合樁，可以合起來做，名曰「丁八步樁」，簡稱「丁八樁」（這是另一種丁八樁，與前面介紹的丁八樁有所不同）。

二、活腕功

人體有 206 塊骨頭，可分為顱骨、軀幹骨和四肢骨三

部分。全身各骨連接成骨骼，構成人體的支架。在人體中骨與骨相連能活動的部位叫關節。練武者須使關節靈活運轉，不生滯澀，方能實現起落、升降、屈伸、跳躍、環轉、扭旋等各種動作。孫氏三十六手太極拳，對此，特別對腕關節和手指關節有獨特練法。俗話說「手活於腕」，「三年拳不及一年跤，三年跤不及一年手腕子」。活手腕的方法有：

1. 立圓卍字手

(1) 內　旋

自然站立（亦可以兩腿微屈，成高馬步），上鬆下緊，不滯不僵，「人如立於沙漠之上」。兩手前小臂上舉與肩寬，齊頭平，兩手心內向內，五指成卍字手，拇指向上，食指向前，兩中指相向，無名指與小指分別環、勾，二手從小拇指起，以腕為軸，無名指、中指、食指、大拇指順序內旋（按順時針方向旋），即往下轉圈，還原於起勢（圖5－12、圖5－13）。

【作用】

主要是訓練腕關節的靈活性，並增加手腕立旋的內勁。

【要領】

上鬆下緊，即上體要放鬆，手腕要放鬆；下體要緊，兩足腳趾抓地，站得穩。氣沉丹田，穀道上提。

旋轉時雖以腕為軸，但每個手指下行時，要細心體會指尖部位感受到的風的阻力。筆者的體會是，指內面自覺在壓一個均力而適力的彈簧，自覺此彈簧是緊緊黏住手指

圖 5 - 12

圖 5 - 13

的，不鬆勁。在此情況下，手腕的轉動是穩而沉，並能扭轉而到位。

【說明】

腕關節，或稱橈腕關節，為典型的橢圓形關節，由橈骨和尺骨頭下方的關節盤形成關節窩，舟、月、三角骨近側面構成關節頭，關節囊鬆弛，周圍有韌帶加強，完成屈、伸、展、收，旋轉活動。轉指腕，可以提高腕關節的靈活性。旋轉次數由慢到快，由少到多，意在活腕。次數多少視自己的體力而定。

筆者的體會是：每日練習由少到多，逐步能增加到每次練到 100 轉－500 轉。不要操之過急，一定要循序漸進，以免手腕受傷，但也不要過怠，只轉幾十次就了事。凡基本功都是很單調的，一定要做到堅貞恒。

(2) 外　旋

自然站立（亦可以兩腿微屈，成高馬步），上鬆下緊，不滯不僵，「人如立於沙漠之上」。兩手前小臂上舉與肩寬，齊頭平。兩手心內向外，成反手卍字手，即拇指向前，食指向上，兩中指相向外（左右），無名指與小指分別環、勾，二手從小拇指起，以腕為軸，無名指、中指、食指、大拇指順序內外旋（按逆時針方向旋轉），即往下轉圈，還原於起勢（圖5－14、圖5－15）。

圖 5 － 14

圖 5 － 15

【作用】同內旋。

【要領】同內旋。

【說明】同內旋。

2. 平圓卍字手

（1）內　旋

兩手置於腰間，手心向下，成卐字手，拇指向前，食指向外，中指向下，無名指、小指分別環、勾。動作開始，一邊走步，一邊兩卍字手畫平圓內旋（內旋時手掌以小指領勁，拇指隨合順纏，由外向內向下旋轉；簡單說來按順時針方向旋轉為內旋）（圖5－16）。

【作用】

主要訓練腕關節的靈活性並增加手腕內旋的力量。

【要領】

走步與手的動作要協調一致，要氣沉丹田，深肩墜肘。其作用要領與立圓卍字手相同。

【說明】

同立圓卍字手。

（2）外　旋

兩手置於腰間，手心向上，成卐字手，拇指向前，食指向內（指向肚臍），中指向上，無名指、小指分別環、勾。動作開始，一邊走步，一邊兩卍字手畫平圓外旋（外旋時，手掌以拇指領勁，小指隨合逆纏由內向外旋轉。簡單說來右掌按逆時針方向旋轉為外旋）（圖5－17）。

【作用】

主要訓練腕關節的靈活性並增加手腕外旋的力量。

【要領】

走步與手的動作要協調一致，要氣沉丹田，深肩墜

肘。其動作、要領與立圓卍字手相同。

【說明】

同立圓卍字手。

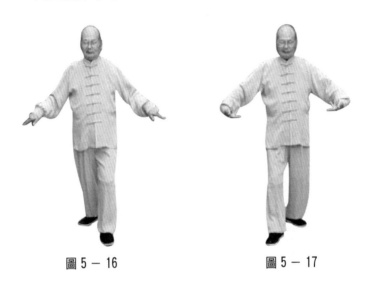

圖 5 — 16   圖 5 — 17

3. 黏轉手

太極拳的技擊特點是沾、黏、連、隨、靠，而「黏」字尤為重要，在技擊過程中，只有「黏」住了對方再實行攻，這才是太極拳的風格。如何做到「黏」？孫氏三十六手太極拳有其獨特的練法，即黏轉手。介紹如下。

自然站立（亦可兩腿微屈，成高馬步），上鬆下緊，兩手舉於面高，大臂與地面平，小手臂與大臂成 90°角。兩掌心向對，兩手掌根相靠，手指全部如蓮花狀分開（圖5－18）。

兩手拇指部相合相靠，從指尖到指根不用力的隨靠，並在運動中黏靠在一起（圖5－19）。

隨運動兩手臂順靠著下移，至臂放直，此時順下移，逐步兩掌背內翻成為兩腕外根部相靠，兩手指分別盡力外展（圖5－20）。

隨動不停，以兩手腕背相靠為軸，右手由外往左，左手由內往外，扭轉（圖5－21）。

隨動不停，舉臂，同時扭轉到齊喉部（圖5－22）。

隨動不停，扭轉不止，至兩手還原（圖5－23）。

以上為一遍。

【作用】

意在活腕外，還在於練習沾黏連隨。

【要領】

練習時兩手臂須鬆直，兩手黏靠不丟不頂，以肩帶手順帶腰部，並適當順應呼吸，練後會有舒服之感。

圖5－18　　　　　圖5－19　　　　　圖5－20

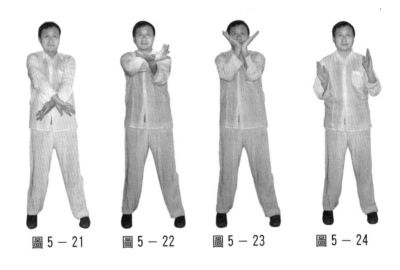

圖 5－21　　　圖 5－22　　　圖 5－23　　　圖 5－24

【說明】

每日練習由慢到快，由少到多，逐步能增加到每次練到 100 遍～ 500 遍。單練後，再練習雙人推手，就能做沾、黏、連、隨，不丟不頂。

三、轉肘功

除了套路中的盤肘功外，還有專練肘的轉肘功。其方法是：自然站立（亦可兩腿微屈，成高馬步），上鬆下緊，兩手上舉齊肩，以肘為固定軸（圖 5－24）。

兩手同方向下行（圖 5－25、圖 5－26）。

以肘為軸放到底後再上行（圖 5－27）。

【作用】

練肘的靈活性，不讓對方控制自己的肘。

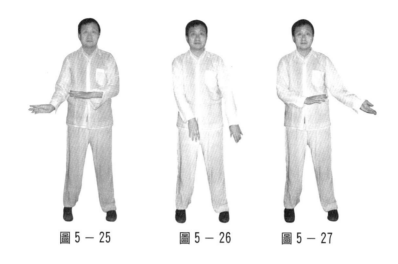

圖5－25　　　　圖5－26　　　　圖5－27

【要領】

轉前手臂的過程須上鬆下緊，十指鬆直，但要有微微的暗勁留住，由慢到快，快時兩肘不能離肋，須隔一拳遠，左右每次的次數相等。

【說明】

次數由少到多，達每次500圈，兩手臂練到如長魚（黃鱔）一般滑，使對方抓不住，方能與人交手。

四、搓球功

此為形象動作，亦即套路中的風輪手也，可以在套路中練，也可以單練。

兩腳成三體式步，上鬆下緊，兩手如抱著一個球，右手在上，左手在下，掌心相對（圖5－28）。

似推球在轉，右手往前伸，左手往後縮（圖5－29、

圖 5－30）。

　　待右手伸到極限，左手縮到極限，兩手同時返掌，變換上下（圖 5－31、圖 5－32）。

　　直至成左手在上，右手在下，成抱球狀，推球（圖 5－33）。

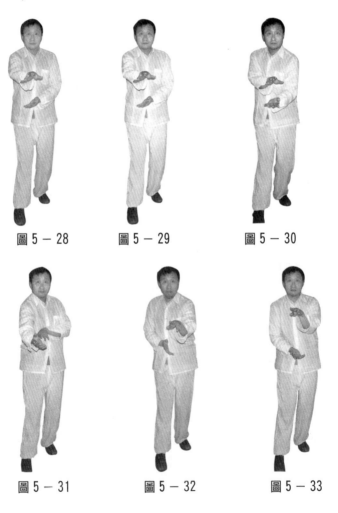

圖 5－28　　　　圖 5－29　　　　圖 5－30

圖 5－31　　　　圖 5－32　　　　圖 5－33

上下變換為一圈，反覆練習至上千次，步伐可固定不變，也可以在行進中變換雙手。

【作用】

練引勁、搓勁與發勁。

【要領】

此動作似形意拳之橫拳，只是直對中線，自己的身體不偏。在技擊實用中為順對方來勁，左手往回領的同時，右手直指插入對方肋腹之間。此時，有兩大關鍵，第一，己方的腿要穩；第二，丹田要能沉住。不然，反為對方攻入，傷及自己。所以在練習中一定要沉腹，表面上看是兩手一前一後地在動，練久了，其實是兩邊胯骨在一前一後地動。由手帶臂，臂帶肩，肩帶後肋骨；最後由兩胯為原動力，帶動肋、肩、臂、手，這就是所謂「暗勁」了。所以在練此功時，要沉穩而實，切忌快而輕飄。

【說明】

開始練習，兩手可捧一個球（或籃球或足球或排球）練，熟練後，空手練，但心裡始終要想著似有一個球在手上搓。

五、螺旋手

1. 小螺旋手

自然站立（亦可兩腿微屈，成高馬步），上鬆下緊，兩腳趾抓地，頂頸提穀，兩手屈肘於臍平，手心向上，猶如托一盤子。

右手先動，即小指、無名指、中指、食指、大拇指的順序由內往外旋轉，肘不動，以腕為軸轉一圈（圖5－34）。

當右手腕轉到前面時，左手同右手要求一樣開始轉（圖5－35）。

當左手轉到一半時，右手還原到原來的位置（圖5－36）。

當左手轉到正面時，右手同時已轉到下後了（圖5－37）。

兩手如此反覆，在腹前轉圈。

【作用】

螺旋手主要練自身的螺旋勁，久練勁自生，可以貼著對方的手臂螺旋式前進，一推就進身，又像蛇身住對方，越越緊，使之無法脫身。

圖 5－34

圖 5－35

圖 5－36　　　　　　　圖 5－37

【要領】

此式即如兩手在腕底分別畫圓，關鍵在手指要按順序用適當的力，猶如手指在炒黃豆。

【說明】

此式開始階段，要練半小時以上。起先是兩手腕在動，練三個月後自覺胯、腹動，奇妙自生，慢慢地自覺整個腹胯部在動作，此處感到特別的清暢舒服，長久練習，腹腔不會有病，而螺旋手自成。

2. 大螺旋手

自然站立（亦可兩腿微屈，成高馬步），上鬆下緊，兩腳趾抓地，提項頂頸自然站立（亦可兩腿微屈，成高馬步），上鬆下緊，兩腳趾抓地，頂頸提穀。右手由前往後

（圖5－38）。

左手以掌內面與掌根往前，挑打擊出（圖5－39）。

動作不停，右手由後經過外再往前回時，左手收向內，經胸腹部，由內向身體左手之後以肘為軸內旋（圖5－40）。

動作不停，當左手已回入身後時，右手已轉入身前，以掌內與掌根往前挑擊出（圖5－41）。

如此反覆進行。

【作用】

此式在整個太極拳練習中至關重要。人的用力習慣與動物並無不同，一般都是整進、整退。而練此式可以改變這種用力習慣，而為半進半退。即對方重力來攻時，我以半邊身體引進後退，另半邊身體變為進攻，可變化無窮。

圖5－38

圖5－39

人的用力還有個習慣，當遇到重力來攻時，喜歡後屈身，從而造成被動，而練習此式也可改變這種習慣，變為攻守兼施，有守有攻。

【要領】

手法與身法要協調一致，其餘同小螺旋手。

【說明】

大螺旋手與小螺旋手的區別，主要表現在動作的大小上。大螺旋手動作大，小螺旋手動作小。即小螺旋手以腕為軸，大螺旋手以肘為軸；小螺旋手以腹腔之力帶動手，大螺旋手以整個背帶動肩和手。

此式與八卦掌的第四掌相似，只不過不提膝而已。此式練習時，可快可慢，次數越多越好。若堅持長期練習，身體會變得靈活無比，周身活動，妙不可言。

圖 5 - 40

圖 5 - 41

六、手指功

孫氏三十六手太極拳強調黏貼隨靠，勇敢放敵入身，以卍字手接觸並管住對方的腕、肘、胯，使對方被裏後不能脫身並失重，從而實施進攻。這時己之兩手，成為進攻的首選武器，抓拿、點刺成為主要的進攻方式。因此，兩兩手既要軟如棉花，又硬似剛針。所謂遇剛則柔，遇柔則剛也。孫氏三十六手太極拳練指掌功夫有其獨特的方法，簡介如下：

1. 指功（桶內練指法）

先在桶內盛上大豆（或大米、小麥，可隨機而選），運氣後，用手指插入，先是五指插入，後練四指插入，再練三指插入，最後分練二指和一指插入。每天 2 次，每次由少到多，逐步增加。一個月後，改點插石砂，二個月後改點插鐵砂，百日後改點木人。

【要領】

要氣沉丹田，力貫手指。

【說明】

插入次數由少到多，要循序漸進，決不要操之過急，一般以一百次為度。用力也不要過大。切忌把手指插傷出血。萬一插傷，要消毒後，灑上雲南白藥，包紮好。痊癒後才能再練。此法近似紅砂手、黑砂手的練法。

2. 指功（撐地練指法）

先用五指撐地，一月後用四指撐地，二月後用三指撐地，三月後用二指撐地，四月後用一指撐地。

【要領】

氣沉丹田，力貫手指。儘量把重力放到手指尖上。

【說明】

要循序漸進，量力而行。時間長短可視自身的體力而行。孫氏三十六手太極拳不僅用拳、掌擊人，而且常用手指擊人。拳家云：「寧挨十拳，不挨一掌；寧挨十掌，不挨一指。」以上兩法，日久功成，可用於點刺對方穴位。

3. 抓功（抓沙袋法）

將一個長沙袋放於齊腰高的桌子上，自己馬步站樁，兩手以五指逐節抓捲沙袋，捲緊並捲腕，然後放鬆，再捲緊，如此反覆不已，直至兩手酸軟無力。

【說明】

意貫手指，抓時吐氣，捲時納氣，要特別注重手指第一關節的抓扣。久而久之功到自然成，就能對敵實施分筋錯骨了。

4. 擰功（擰竹筷法）

取一紮竹筷，將方圓兩頭對半插勻，中間紮緊。自己三體式站定，兩手同時上擰並上舉，送出時呼氣，舉至手臂極限，兩手就往下擰按；擰按時吸氣，擰按至初始動作

位置。然後再上撐舉，再下撐按……如此循環不已，直至兩手酸軟無力。

【要領】

意念要專注，撐動時沉、穩，提穀收尾。五趾抓地，兩手儘量握緊竹筷，不使其發出響聲。久練成功。

【說明】

此手法專用手撐裏對方手臂，一旦抓住對方手腕肘，一撐便成功。

七、提手功（卍字提手練習法，近似提手上式、鵲子鑽林）

右腳在前，左腳在後，前虛後實。左胳膊靠著身子，右手成卍字手，手背靠近自己的太陽穴，手心向右，拇指向上，食指向前，中指向左，無名指與小指分別環、勾。同時，左手也成卍字手，左手的魚際穴（在手拇指第 1 掌指關節後凹陷處，約當第 1 掌骨中點橈骨中點橈側，赤白肉際處）與右手肘尖相對，相距約二寸，手心向內，拇指向右，食指向下，中指向內，停在左腹下股溝處（圖 5－42）。

1.右手變掌，掌心向下急速採出（圖 5－43、圖 5－44）。

2.隨即扭小臂內旋並上挑（舉）至原來位置，此時掌心向右儘量扭出（圖 5－45）。

3.左手變掌，從右肘下往上托上穿，掌心隨身體向左撐轉，經頭面至左太陽穴處停止，成卍字手，手心向右，

拇指向上，食指向前，中指向右（圖5－46）。

　　與此同時，左手托轉時，右手外旋裹肘向下穿插，隨身體向左擰轉，經胸肋至左腹下股溝處停止，成卍字手，手心向內，拇指向左，食指向下，中指向內（圖5－47）。

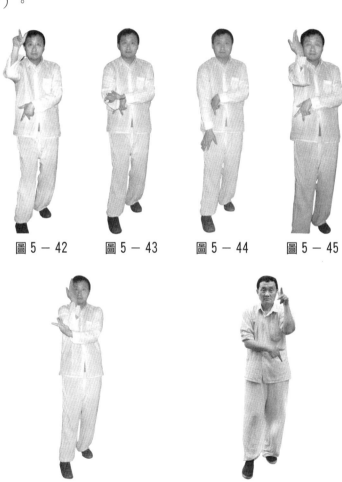

圖5－42　　圖5－43　　圖5－44　　圖5－45

圖5－46　　　　　　圖5－47

圖 5−45、圖 5−46 兩個動作是同時進行的。圖 5−47 與起始動作同，只是左右手交換了一下。

此為一遍，如此反覆練習，久練成巧，至成習慣，在與人推手或交手時，以此手法管住對方的肘部。

【作用】

管住對方的肘部，用提手把對方發出。

【要領】

關鍵是一個「提」字，要把提勁體現出來。

【說明】

在練習時，左右式也可互換。左腳在前，右腳在後。左右手也相應互換。

【小結】

透過上面的卍字手的系列練習，內勁自生，手腕靈活無比，手指柔如棉，堅似鋼，然後練套路，練推手，練散手，在實戰中學會卍字手的運用。

太極拳與人交手主要在於聽勁，以柔克剛，「四兩撥千斤」。聽勁不是用耳朵聽，而是一種觸覺功夫。手指是人體的偵察部隊，猶如動物的觸角，五個手指五個方向，一旦管住對方的肘腕關節，對方的用力方向和變化，即被這一觸鬚偵得，就如同在對方身上按上一個萬能測力器，其作用是無窮的。

在平時推手或散打中，如果雙方功力大致相等，會卍字手者必勝。這是真傳孫太極的獨具手法，這也是孫祿堂先生對太極拳運動的重大貢獻之一。

第六章

孫氏三十六手太極拳拳勢圖解

一、起 勢

1. 八字靜立

演練者面南背北而立，兩腳成90度並立，身體中正安舒，下頷微收，上下成一直線。舌頂上腭，穀道微提（以下各式，也要做到這樣，下文不再重複）。兩手自然下垂，雙肩鬆沉。兩目先微閉，心無所思，意無所動，目無所視，若處在一種混混沌沌的入靜狀態。全身放鬆，從上到下，從內到外，都極力放鬆。身體像站立在水波上，隨波上

圖 6－1

下，宛如達摩「一葦過江」。呼吸自然，意守丹田，任身上真氣在全身自然流動。稍後，兩眼睜開，見天見地。由無極而太極，太極生兩儀（陰陽），兩儀生四象（太陽、太陰、少陽、少陰），四象生八卦，八卦生三十六手（圖6－1）。

2. 轉體合膝

接前勢，重心移向左腳，右腳跟稍提，以右腳前掌為軸，右腳後根向右扭扣，與左腳並行，同時，身體左轉45°，兩膝微合（指一種合勁，並非兩膝相靠），面向東南（圖6－2）。

3. 卡子手

前勢不停，身體下沉。兩手微展，兩手由兩胯側向下、向後內旋（順時針方向旋轉，叫內旋。內旋時手掌以小指領勁，拇指隨合順纏，由外向內向下旋轉；逆時針方向旋轉，叫外旋。外旋時，手掌以拇指領勁，小指隨合逆纏由內向外旋轉。以後不再說明）（圖6－3）。然後，兩手從兩側由下，向前、向內、向上托起，手心向上，與兩肋腳踩地，成右丁八步。（此姿勢，左腳踩地與兩手托起同時完成，形成八面支撐之勢）（圖6－4）。

圖 6 － 2　　　　圖 6 － 3　　　　圖 6 － 4

【要點】

(1) 手動腳動，上下連貫，一氣完成。

(2) 腳踩手發。即腳一踩，力通過腰部傳之於手，手乘勢發出，用的是全身的整勁，其力無窮。

(3) 做到「三平一直」。「三平」是指兩肩平、兩胯平、兩膝平；「一直」，是指脊柱直（任脈、督脈直），即從頭頂的百會穴到下身的會陰穴連線中點構成人體的中垂線。太極拳又名「中正拳」，做到「三平一直」後，就能使整個身體中正，重心下降，下盤穩固。肩與胯保持上下對準的垂直線，符合「上下一線」的要求。兩肩齊平（肩的兩端與與大椎穴三點成一水平線），防止在轉動時出現一高一低，破壞身法的端正要求，失去平衡。練拳時，以四肢各大關節及身體的中軸線為圓心，由腰帶動四肢做弧線運動，同時又以每個局部的中軸為轉動軸自身旋轉，即形成源動於腰，旋腕轉膀，旋踝轉腿，系列的空間螺旋運動。

【說明】

(1) 動作1是先無極式後太極式。王宗岳說，「太極者，無極而生」（《太極拳論》）。所以學者首先必須站好無極樁。拋開一切雜念，做到心靜專一，為練功作準備。入靜其實是一種氣功態勢，真氣在全身流蕩，手腳會有熱感、膨脹感和針刺感等，即進入「得氣」狀態後，就可以開始練拳。一般來說，在練套路之前，已有站樁的絜基功夫，所以在演練無極式時，只要心一靜，身體一放鬆，即能有氣感。

(2) 先師陳健侯是佛教徒，在起勢時，要閉目誦大悲咒。筆者現要練習時，也學先師如此，體會到這樣做，有利於陶冶情操，淨化心靈，有利於集中注意力。

(3)「一葦過江」：據傳說，達摩過江時，無舟船，所以隨手撕下一葉葦葉，自己站在葦葉上過江。顯示了達摩的卓絕輕功。

(4) 動作2關於以前腳掌為軸轉體45°屬於一種碾腳功夫。「碾腳」，又稱「碾釘」，太極拳旋轉的一項基本功。有時以腳跟為軸，有時以腳尖（前掌）為軸，碾擰旋轉，需要反覆練習，才能熟練掌握。

(5) 動作3，是從八卦掌鳳凰展翅式演變來的。難度較大，要反覆練習，才能練成。

(6) 先師陳健侯在教這一式時，根據不同對象，採用了不同的姿勢。他在教自己的兒子陳登豐這一式時，因為他胸部動過大手術，去掉三根肋骨，體較弱，所以採用簡化的動作：右腳尖翹起，以腳跟為軸，半面向左轉，與左腳成45°；同時身體微向左轉，面向左前方；兩眼平視前方；兩臂慢慢向上挑托，高與肩平。中老年人不妨採用此簡式。

【技擊含義】

當對方來攻時，我左轉體，兩手內旋展開，似鳳凰展翅，用卍字手把對方手腕先夾住卡住（故叫卡子手），使之不能動，用腰間掌向上托起，拔根，使對方失去重心而跌仆。

二、車輪手

1. 蹲身下捋卍字手

接起勢,兩手內旋成手心相對,然後蹲身下捋,即兩臂稍屈,掌心斜相對,兩掌隨腰的轉動,由前向後畫弧捋回,身體屈蹲(低架子一直要蹲到底;中老年人,練高架只要稍蹲即可),重心前移,兩腳掌著地,腳跟、尾閭、後腦勺成一條直線。兩手下捋至腰兩側,手心相對,成下卍字手,即兩拇指朝前,食指下垂向下,中指平伸,無名指環起,小指勾起(圖6-5)。

2. 跟步前推

卍字手從兩腰際向前推出,兩手仍成下卍字手,兩拇指朝前。同時,左腳向前邁出一步,右腳跟步,左腳實,右腳虛(圖6-6)。

【說明】

(1) 車輪手一式最早見於明代武當派名師張松溪創造

圖6-5　　　　　　　圖6-6

的內家拳。此拳「拳起於易，理成於醫」。孫祿堂宗師吸收了這一式的特點，自創車輪手一式。因為整個動作，像人蹲下，手握兩個車柄，然後把車子推起向前，故名。

(2) 兩手下捋（向下畫圓），身體同時下蹲，當圓畫至兩肋時，腳踩手發，右腳一踩，左腳向前邁出一步，右腳跟步，足尖著地，離前左腳二三寸處，停止。左腳實，右腳虛。同時，兩手乘勢似推車輪，向前推出，兩手仍成下卍字手，兩拇指似鋼針直刺對方。整個動作要求做到平直圓，完整一氣。

(3) 在「97 式」中，也有車輪手的影子，只是簡化成兩手相對抱球畫一個圓，無卍字手。

(4) 張祚玉曾用車輪手擊敗一惡霸。鎮江有個惡霸叫杜三九，身高一米八五，體壯如牛，精武術，在地方上欺行霸市，欺壓百姓。大家苦不可言，決計請鎮江拳師張祚玉出來教訓這一惡霸。張欣然答應，約杜三九在伯先公園演講廳見面。杜一見面，就撲向張祚玉。張一蹲，一個車輪手，即把杜摔了一個大跟斗。杜狼狽而逃。杜三九在新中國成立後被槍斃。

【技擊含義】

(1) 對方進攻我，我兩手旋轉成卍字手，畫弧，托住對方之肘送出。若對方身穩體正，未被我送出，我即摱住對方兩手往下捋，把對方捋出。對方後退欲走，我即用卍字手卡住對方腰胯，向前擠推，發出對方。

(2) 對方用左手擊我，我右手虎口卡住對方左手腕，左手成卍字手扶住對方肘部，齊力一回一送，將對方的

中節鎖於腰部。我右手後三指與左手後三指同是緊扣對胯部，即封住對方，此時，對方已入套，腰胯功夫再好也無法動彈了。

三、右懶紮衣

1. 轉體擺掌

接前勢，左腳以腳尖為軸，右腳腳跟為軸，向右轉體135°，轉至面向西，成三體式步。同時，兩卍字手隨身體右轉變掌平擺，右手在前，手心向上；左手在後，置於右肘內側，手心向下，成右陰陽手（圖6－7）。

2. 穿掌卍字手

前勢不停，左手從右手臂下穿出，在穿出同時兩手變成卍字手，左手食指對準右手拇指（圖6－8）。

3. 立圓卍字手

前勢不停，即以兩手手腕為軸劃一立圓向前，兩手成

圖6－7　　　　　　　　圖6－8

側立掌，右掌在前，掌心向左，左掌在後，掌心向右，左手尖緊挨右手掌根，兩手蓄於胸前（圖6－9）。

4. 跟步按推

前勢不停，兩手乘勢向前推出，兩臂略彎曲，兩手成側立掌，前手臂要平，左手尖離右掌根一二寸處。同時，右腳向前邁出一步，左腳跟步，成右丁八步，重心在左腳，坐身塌腰（圖6－10）。

【說明】

(1) 懶紮衣拳勢，最早見於明朝戚繼光的「三十二長勢」。古人穿長袍，與人搏擊時，把長袍隨手懶洋洋地捲起來，有蔑視對方的意思。太極拳往往以懶紮衣為首勢，作為第一手，它是母勢，其他各式都是由此勢變化而來的。孫祿堂先生曾於民國三年，跟郝為真學武式太極拳。孫式的懶紮衣，目標都是攻擊對方的胸口（膻中穴），重創對方。本勢右腳右手在前，故名右懶紮衣。

圖 6 － 9　　　　　　　圖 6 － 10

(2) 動作 1，轉身 135°有多種轉法。還可以左腳跟、右腳尖為軸，身軀向右旋轉 135°；或者以左腳尖、右腳跟為軸，身軀向右旋轉 135°。也可以分兩步，先左腳扣步，與右腳成八字扣步，後以右腳跟為軸轉體擺掌。一般習慣於哪一種就用哪一種。

(3) 動作 4，「跟步」與「按推」要完整一氣，做到腳踩手發，兩手要稍下沉後，向前往上推進，發的是整勁，其威力無窮。太極拳主要是練手，身和腳都是為手服務的，要做到手隨意動，手領身動，手動腳動，上下完整一氣，作螺旋運動，有圓活之趣。

(4) 三體式步，原是形意拳中的基本步型。一腳在前，腳尖向前；另一腳在後，斜對前腳跟，兩腳相距約自身小腿長的距離，重心偏於後腿，一般是前三後七，故此步型又叫三七步。

(5) 動作 4 推按至極處時，左腳踩實，右腳微虛，重心落於後腿，要做到沉肩墜肘，含胸拔背，尾閭中正。

(6) 這一式很好地體現了「九要」中「起鑽落翻」的要求。右手立掌，左手從右手臂底下鑽出，這就是「起為鑽」，一個圓卍字手，落下，擊出，就是「落為翻」。做到了「起鑽是穿，落翻是打，起亦打，落亦打，打起落」。

(7) 此式與孫式 97 式的懶紮衣基本相同，只是 97 式沒有卍字手，沒有穿掌、立圓等小動作而已。

【技擊含義】

卍字手的主要用法，是控制對方的手腕，或肘，或胯，而懶紮衣可以控制對方的手腕和肘，然後根據對方的

拳勢，實施掤、捋、擠、按、採、挒、肘、靠八法。故其用法變化無窮，被譽為「王手」、「太極第一手」。下面只是舉例。

(1) 對方若抓住我一手，我另一手則用穿掌法把對方之手抹掉，順則翻腕一頂，用腕擊對方。若對托住我腕，我則一個圓卍字手，把對方發出。發出時一定要做到腳踩手發，而且方向從下向上，才能無往而不勝。

(2) 對方抓住我右手腕，我左手緊靠手臂一伸，左手一縮，同時右手旋一下，對方手指必扭傷（**此法也可用於對方肘部**）。當對抓住我手腕時，若我指頭有功夫，我指頭一迴旋，可壓傷對方的手腕回脈。

(3) 對方從右方來我擊，我用右手接住對方，用掤勁把對方掤出。若對方接住我右手，我右手旋即變成卍字手，脫腕，使對方落空，左手從右臂下穿出（**暗手**），兩手一個圓卍字手，畫圓推出，加大了推出的螺旋力量，攻進對方要害處——膻中穴，發勁擊出，使對方倒地。

(4) 右懶紮衣側面接手，右手掤，順勢穿入對方腋下，左手卡其手，架樑使對方向身後跌出。

(5) 若對方從正面進攻，我也可以從正門直擊而出。如對方用左拳向我胸部或面部擊來，我右臂屈肘外旋斜掤化解來力，左掌護胸防其右拳進擊；同時，弓步進身，右掌前撲對方面部，左掌下按其胸，雙掌合勁，把對方發出。

(6) 若對方拗手捉我右腕，我即以右手扣定其左臂彎處，使不得前後移動，同時左手內合，左腕內翻，可彆折其拇指，接著合掌前推。

(7) 時賢吳文翰先生有詩云：「左右『懶紮』走連環，掤挒擠按相機用；開合揉堵繼按發，採挒肘靠寓其中。」

懶紮衣的變化和運用，「八法」隨機運用，必須口授身傳，絕非筆墨所能形容。

四、左懶紮衣

1. 轉體擺掌

接前勢，右腳以腳尖為軸，左腳腳跟為軸，向左轉體180°，轉至面向東，成三體式步。同時，兩手隨身體右轉變掌平擺，左手在前，手心向上；右手在後，置於左肘內側，手心向下，成左陰陽手（圖6－11）。

2. 穿掌卍字手

前勢不停，右手從左手臂下穿出，在穿出同時兩手變成卍字手，右手食指對準左手拇指（圖6－12）。

圖6－11　　　　　圖6－12

3. 立圓卍字手

前勢不停，即以兩手手腕為軸劃一立圓向前，兩手成側立掌，左掌在前，掌心向右；右掌在後，掌心向左，右手尖緊挨左手掌根，兩手蓄於胸前（圖6－13）。

4. 跟步按推

前勢不停，兩手乘勢向前推出，兩臂略彎曲，兩手成側立掌，前手臂要平，右手尖離左掌根一二寸處。同時，左腳向前邁出一步，右腳跟步，成左丁八步，重心在右腳，坐身塌腰（圖6－14）。

圖6－13　　　　　圖6－14

【說明】

(1) 當初孫祿堂祖師傳陳健侯時，只傳右懶紮衣，他要陳師舉一反三，自己把它演變成左懶紮衣。現在的97式，沒有左懶紮衣。

(2) 左懶紮衣主要對付左方之敵。

【技擊含義】

右懶紮衣技擊含義，也適用於左懶紮衣，只是左右相反。

五、開　手

身體右旋轉90°，兩手相合於胸前。左腳跟靠向右腳脛骨處，成左丁八步，面向南。兩手心相對，立掌向左右兩側開掌，如抱氣球，球中之氣向外膨脹，兩手開至乳根處，微停。兩肘成一平線，肘尖向左右，兩掌與手臂成直角。開掌時掌指先開，掌跟後開。兩腳左實右虛，左腳暗含踩勁，右腳微向上平提，身體微升（圖6－15）。

六、合　手

接前勢。兩手往心口處合掌，掌根先合，掌指後合，如抱著氣球，往回縮小之意。同時，兩腳變成右實左虛，右腳向下平踩，身體下沉，左腳微向上平提（圖6－16）。

圖 6 － 15　　　　　　　圖 6 － 16

131

【說明】

(1) 開合手又稱開合掌，體現了孫式太極拳的主要特點，孫式太極拳亦稱開合活步太極拳。

(2) 關於開合手的練習，筆者有這樣的體會：兩手立掌，手指自然伸展，成圓弧形，開掌合掌兩小臂須成一水平直線。開掌，好像有氣向外擴張，掌指先開，掌跟後開。開的時候必須運用背肌之力，兩拇指開至兩個乳根處止（如果開大了，就是「散」了），兩手成一個太極，兩手像捧一個大氣球；同時左腳往下踩勁，右腳微虛，身體上升；兩小臂仍為一水平直線，掌與小臂垂直。合的時候，掌根先合，掌指後合，背肌要展開，胸肌要含合，成虛心合掌，兩拇指相靠，兩個手心微凹，合成一個太極球型；同時，身體向下降（低架子要求蹲到底；高架子身體微向下即可）。升降開合時脊柱與地面成一垂線，直上直下，不前俯後仰，不左右搖擺。做開合手，手腳開合與身體升降，呼吸要自然一氣，不能有勉強之處（據陳健侯的再傳弟子說，他當初練成開合手花了好幾個月的時間。低架子，目前只有個別人練了）。整個動作體現了平直圓的要領。練開合手，最易犯的毛病是僅僅兩手在動，而胸肌與背肌沒有運動，身體也沒有上升下降，即沒有運用整體的勁力。

(3) 三十六手的開合手與 97 式的開合手基本相同，只是要求不同，最明顯是兩手開合的大小不同，詳見前文《三十六手與傳統套路之比較》。

【技擊含義】

(1) 一般認為，它的作用有三：一是轉換銜接作用。孫式太極拳以開合手作為動作轉換銜接的基本方法，每轉身換勢以開合相接，它像「門戶樞」，起著承上啟下的連貫作用；二是技擊作用。先師陳健侯說「太極拳如圓球彈簧，觸哪裡，哪裡就能觸發，開合手就如此。」孫劍雲《孫式太極拳詮真》中說：「開合手，若對方自身後突然抱住我雙臂，我即用肘撐住對方雙臂，速往下按，並順勢向左轉身或向右轉身。」這也就是先師所說的「轉身走」。此外，若對方用雙拳向我頭部或胸脯擊來，我速用雙掌分開，隨即上前一步，腳踏中門，雙掌推擊對方的頭部或胸脯。三是主要用於開「三肋」，有特殊的健身醫療作用。

開合手也體現了「天人合一」的思想。天地氣化是有開有合的，從季節來說，春夏是開，秋冬是合；從十二時辰來時，子——午時是開，午——子時是合。我們練拳養生，就要與大自然的氣機一樣有開有合。學習自然，跟隨自然，順天而行，這就叫做「天人合一」。

(2) 先達有詩云：「太極奧妙開合中，一開一合妙無窮」。開合手是孫式太極拳至高的絕門功法，它的功用是由練呼吸，擴大肺活量。人的力量的大小與肺活量成正比。肺活量越大，血液流量就越大，力氣也就越大；反之，力則小。兩肺為胸骨所包裹，要擴大肺活量，一定要擴展胸骨，而孫式的開合手是專練擴展胸骨的，練久了可能有效地提高自己的肺活量，提升自己的身體素質。

(3) 開合手在實戰中與單鞭結合進行。俗語說:「開合擴胸脯,單鞭抹去灰塵土。」即兩手順對方手臂左右抹開,抹到稍後,用卍字手實施抓拿。此招非卍字手練得熟練不可。

七、單　鞭（橫襠步平抹）

接前勢,兩手腕往外扭旋,兩手從心口橫平著,如抹竹竿往左右徐徐分開到極處,兩掌側立,掌心向外,手指與眼相平,兩眼餘光看兩手。同時,左腳向左橫邁一步,成橫襠步（兩腳左右開立,同弓步,腳尖皆向前。右腿屈蹲,膝與腳尖垂直,左腿微屈）。面向南（圖6-17）。

【說明】

(1) 單鞭一勢,因兩臂左右分展,形如一條舒展自如的單鞭,故名。左腿屈膝,右腿微屈（或自然伸直）的叫左單鞭。右腿屈膝,左腿微屈（或自然伸直）的叫右單鞭。本式為左單鞭。

圖 6 - 17

(2) 單鞭兩手要平,做到體直襠圓,以意運氣,下注丹田。

(3) 這一式與97式的單鞭大致相同,但有二點不同:其一、此式兩眼以餘光顧兩手,而97式的單鞭「眼看右

手」；其二、此式兩腿成橫襠步，而 97 式的單鞭是「左足向左橫邁一步，腿微屈，右腿微蹬」（孫劍雲《孫式太極拳詮真》），沒有明確說明是橫襠步。

【技擊含義】

(1) 單鞭主要對付左右兩側之敵，故兩眼要顧兩手。若對方右手來擊我左方，我兩腳變成左弓步，即用左手順其右手勁路引領，以卍字手化解，使其身體稍前頃，乘機反守為攻，以左手撲其面。

(2) 若對方左手來擊我右方，我兩腳變成右弓步，即用右手順其左手勁路引領，以卍字手化解，使其身體稍前頃，乘機反守為攻，以右手撲其面。

(3) 若對方以兩手進我正門，我即以兩手掛接對方掌腕，左右分擊之。

(4) 若左右都有敵，我要用兩眼餘光顧左右，用卍字手化解進攻之力，根據敵之遠近，或用掌擊，或掤，或捋，或用肘頂，或用肩靠，或用腳蹬其膝。

(5) 若對方從前方，以右沖拳擊我面。我左側閃進，右手用卍字手卡住其手腕，左手穿掌，至其腋下；同時左腳上步封住其腿，左臂發勁把其摔倒。

(6) 先達有詩云：「單鞭一勢最稱雄，左像箭來右似弓。鬆肩沉肘擋四面，鋼鞭一擊追人魂。近得身來勁變捌，或推或按任君施。左顧右盼迎頭打，進退從人莫相違。」

八、提手上勢

1. 接　手

接前勢，左手往下劃一圓弧線，胳膊靠著身子，左手畫弧至右手內側形成卍字手，手心向上，拇指朝前，食指向右，中指向上，無名指與小指分別環、勾（以下提到的卍字手，無名指與小指都是如此，故不再重複）（圖6－18）。

2. 提　手

前勢不停，左手卍字手向上經面部至左太陽穴處停止，手心向右，拇指向上，食指向前，中指向右。右成卍字手，向下畫弧經腹部至左腹下股溝處停止。手心向內，拇指向左，食指向下，中指向內，同時右腳靠向左腳脛骨處，成左丁八步（圖6－19）。

圖 6 － 18

圖 6 － 19

【說明】

(1)「提手」是指提對方之手，如提重物狀，故命。

(2) 動作 1，左手是從左下到右上畫一圓弧，動作要圓活自然，至左太陽穴時，要有上提之勁。

(3) 動作 2，右卍字刁手從右到左下劃一圓弧，至左下股溝時，要有內裏之勁。左右卍字手形成上下呼應之勢。身要直，腰要塌，兩目注視前方。

(4) 這一式與 97 式大致相似，只是多了卍字手。

【技擊含義】

(1) 若對方用右拳，向我面部擊來，我用左卍手接拿其右腕，左旋上提，使對方失重，同時右卍字手接拿其右肘，以內旋之裏勁擊向其右肋部。

對方以拳擊我面部，我以卍字手接拿，體現了孫祿堂先師的技藝高超。一般人只會躲讓，不會卍字手的武人，也只能用手接住，但以手接住，談何容易！而卍字手以虎口或中指與食指的 V 字口來接引，這是多麼巧妙啊！

有一練法：取一二尺長紅線，釘於門楣之上，下垂一小鈕扣，齊眼高。每日空時，即以左右中指輕彈，彈起後，鈕扣落下，我用手指接住，並彈出……如此循環往復。用心練，久練即眼到手到，與人較技時，就能準確、快速接住對方的手。

(2) 若對方出左手抓我衣領，我左手卍字手卡住其左手腕，使其手不得動；我右腳進一步，插入其檔部，用右肘擊對方胸部，對方必重創倒地。

(3) 若對方接住我右手，我即用卍字手化解，上步，

用右肩靠對方，使其跌出。

（4）若對方握住我兩手，我兩手一上一下，用卍字手化解，乘勢提膝擊對方襠部。

（5）先達有詩云：「遇敵推撲雙手合，垂肘鬆肩往下沉。蹲腿含胸能蓄勢，聳面一提見奇功。下勢先從左手掤，右手直探敵襠中。待他左手抵防後，左搬右提分外凶。提手本含上下式，全憑起伏建奇功。氣發腳跟勁到腕，管教強敵滿天紅。」

九、鷂子鑽林（托上穿卍字手）

接前勢，右手從左肘下往上托上穿，隨身體向右擰轉，經頭面至右太陽穴處停止，成卍字手，手心向左，拇指向上，食指向前，中指向左；右手托轉時，左手外旋裹肘向下穿插，隨身體向右擰轉，經胸肋至右腹下股溝處停止，成卍字手，手心向內，拇指向右，食指向下，中指向內。同時，右腳往前邁一步，腳尖上翹，腳跟著地，成左實右虛的後坐步（圖6－20）。

【說明】

此式是從形意拳的「鷂子入林」、八卦拳的「鷂子鑽天」和趙堡太極拳的「鷂子翻身」演變而成。鷂子，是一種兇猛的鳥，樣子像鷹，比鷹小，像鳥之束翅頻頻而飛，故名。

圖6－20

孫祿堂祖師說：「鷂形者，有束翅之法，又有入林之能，又有翻身之巧；在腹內能收內臟之氣，在拳中即能束身縮體。」武式太極拳創始人武禹襄曾到趙堡跟陳清平學習太極拳，武禹襄傳拳李亦畬，李又傳拳郝為真，郝又傳拳孫祿堂。孫祿堂創造孫式太極拳，不僅與武氏太極、形意、八卦有關聯，而且與趙堡太極拳也有某種因緣。

這一式 97 式無。

【技擊含義】

(1) 鷂有鑽林之巧，翻轉側翅穿天之技，束翅之法。鷂形重在挑撲二勁，身手速起速落，靈活多變，令人防不勝防。其多以托肘、抹肘、裹肘動作控制對方肘關節，繼以肘臂攻擊對方，恰如鷂子鑽天，先速降低身子而後側身，鑽天一般而起，身子從低猛向高，用渾身整體勁催動手肘打人。鷂在羽鳥之中可稱多姿多彩者。它時而斜行飛舞，時而展側收縱。孫祿堂祖師把它列入形意十二形和八卦中，是讓門下弟子仿效鷂的獨特功效，在技擊中出現意想不到的奇蹟。兩手成卍字手，左右上下翻轉，靈活無比，既能防止對方的進攻，又能尋機攻擊對方要害部門。

(2) 對方若用右手擊我頭部，我用腰勁一扭，左手卍字手架住對方的手腕，同時護住自身的太陽穴；右手護脅，管住對方左手，順勢把對方向右擠出。若對方未倒，我即用右手一提，拔對方之根。

(3) 對方若右手托我左肘，我用右卍字手擒拿對方右手，左肘內裹解脫，然後可用左肘橫擊或用左臂上撩。

(4) 對方若用左手托我左肘，我用左肘內裹下帶，然

139

後用右卍字手攻擊對方左太陽穴。

(5) 對方若用右手托我左肘，我用右卍字手擒拿對方左腕下頜，然後用右肩擊打對方肘關節。

(6) 對方若用右手攻擊我頭部，我可用右卍字手領開對方右手，然後向右側身，用左肩靠打對方。

(7) 鷂子鑽林還有一個轉身，是要帶肘的。如果對方從右側向我進攻，我迅速右轉身，先用卍字手化解對方的進攻，隨即一個右橫肘把對方擊倒。

十、黑虎出洞

1. 托 肘

接前勢，右手卍字手變掌外旋，經面部向左、向下畫弧，擺落至左肘上，手心朝上；左手卍字手變掌外旋，托於右肘放下，手心向上，兩手交叉於胸前，右手在上，左手在下（圖6－21）。

2. 抹 肘

前勢不停。兩手同時穿肘翻轉、抹肘，兩手心轉朝下，復轉朝上，兩手心向上相迭，右手在上，左手在下，同時，兩肘頂向左右兩側（圖6－22）。

【說明】

這一式是八卦掌中的「黑虎出洞」化裁而來。本式把兩手喻之為「黑虎」，可想其兇險。

這一式 97 式無。

【技擊含義】

這一式，也可稱為盤肘，是孫門太極所獨有的一項基

圖 6 - 21　　　　　　　　圖 6 - 22

本功。要反覆練習，才能熟能生巧。

　　對方按我雙臂，我抽手，用托肘抹肘動作化解，並以兩肘向左右兩旁撞擊對方。

　　這一式，也可與下面的白鶴亮翅連用。

十一、白鶴亮翅

1. 按　掌

　　接前勢，兩手背從胸部下按至小腹部。兩手臂要直，兩手掌要平，與手臂成直角（圖6－23）。

2. 雙托掌

　　前勢不停，兩手手心向上，同時往上托與胸齊，身體重心微

圖 6 - 23

向後移。這一手又叫托千斤（圖6－24）。

3. 翻手下按（雙按掌）

前勢不停。兩手同時內旋翻轉，轉至兩手心向下，下按到腹部，兩手臂要直，與手掌成直角，同時身體重心前移，成右弓步。這一手又稱按萬斤（圖6－25）。

4. 雙手亮翅

前勢不停，兩手成卍字手內旋，兩手從下往上，向前劃一弧線，至兩手心朝上，稍寬於肩，與頭平，身體重心後坐（圖6－26）。

【說明】

(1) 此式分展兩臂，身脊中直形如鳥翼，狀如白鶴亮翅而得名。我們觀先師演練此式，確如白鶴在亮翅，漂亮已極。

圖6－24　　　圖6－25　　　圖6－26

(2) 白鶴亮翅有兩式，一為單展式，二為雙展式。本式為雙展式。先師陳健侯教三子陳登豐健身半套太極拳中的白鶴亮翅用的是單展式，與 97 式相似。而本套路用的是雙展式。也可以單展與雙展兩式連做。本套路中雙展式已融入八卦拳中的「龍形平托掌」的功法。主要是插入對方腋下，提起拔根，把其發出。

(3) 雙展前有一個螺旋動作，以加大雙展時的發勁力量，發勁時要快、脆、有力。

(4) 白鶴亮翅式最能體現孫太極的高妙之處，其他太極拳均以四指與拇指「沾」住對方，而孫太極以卍字手來「沾」住對方，即以三指（拇指、食指、中指）靈活切換來「沾」住對方。白鶴亮翅是練習「沾」勁的最好方法。

【技擊含義】

(1) 若對方從身前用雙手擊來，我左手向左側用卍字手沾住對方的右手，右手用卍字手向上往右側沾住對方的左手，然後兩手上展「亮翅」把對方摔出。或者我進一步，插襠，用迎門靠，把對方跌出。

(2) 若對方抓我手，我用盤肘法，把對方手抹掉。再向上托（托千斤），再向下按（按萬斤），再向前推，或向上一分，亮翅，對方必倒無疑。這一抹一托一舉，鮮有人能逃脫者。

(3) 若對方用右拳自上而下擊我頭部，我左手上揚擋住，使其落空，拔根，我右手旋轉而上擊其胸口，把其擊倒。或者，我迎其勢，束身而上，使其右拳從我右臂外滑脫，身體前俯失重，我順勢猛擊其背部，使其跌出。

(4) 若對方在左側向我進攻，我用左手由其腋下穿提上展，右手下按，使其仰面而倒。

(5) 此式即能顧左又能防右，左顧右盼，腰杆平轉，至靈至速，變化無窮。若對方在左側擒我左腕，我即仰腕後撤到左胯旁，同時右掌擊其左耳，其必倒下。如果我繼以左掌擊其右耳，其必重傷。這兩手叫左右「展翅」。

(6) 對方用左手擊我太陽穴，我用右手架格；如其用左手擊我腹部，我則用左手向下往下採開，同時起左腿踢其襠部。

(7) 我用提手式將人打出，如對方外功甚大，手勁有練抓力，用左手或用右手自上抓來，我遂進身上步閃過其手，再往上將右膊抬起托其肘處，往外掤勁將其打出。

總之白鶴亮翅一式的使用，變化無窮。有口訣曰：「海底撈月亮翅變，挑打軟肋不容情。」

十二、抱虎推山

1. 虛步化掌

接前勢。兩手成卍字手，同時往下畫一立圓，下落到胸前，成側立掌抱於胸前，似抱虎狀，兩拇指相對，兩食指下垂，兩中指向內。左腳屈膝後坐，右腳跟著地，腳尖上翹（圖6-27）。

2. 跟步推掌

前勢不停，兩手向前推出，與胸平，在推的過程中，兩掌成側立掌，兩手心相對，掌緣向前，兩胳膊似屈非屈，似直非直。兩眼看前方，停止。同時，右腳往前邁

圖 6 — 27　　　　　　　圖 6 — 28

步，左腳跟步，成右丁八步（圖6－28）。

【說明】

(1)「抱虎推山」，當抱敵時，敵思遠遁，即乘勢用手前推之。此式可能是形意拳中的虎形變化而來。又名「抱虎歸山」者，視敵為一虎，抱而擲之。「虎」喻敵，「山」喻敵之強大穩重。「抱」應作廣義理解，不只是「摟抱」的意思，而是有束縛、控制的意思。「推」，撼動、擲放之意。此外，「山」還有一解，就是指鼻根。據《易經》，艮為山，而鼻屬艮，鼻根，又稱山根。所以抱虎推山，又有擊打其鼻根的意思。「抱虎歸山」，虎為艮，山也為艮，抱虎歸山就是把虎放到應放的地方。

(2) 在做這一式時，關鍵是要把「抱」和「推」兩個動作做好，不能做成「如封似閉」。「推」出這一動作，兩手先上提蓄勢再推出，推出時兩掌暗含向下、向上、向

前的旋轉推力。切勿直推直出。

(3) 推出時有兩個力，一個是推力，一個是按力。即在接觸對方時，先用五指按住，然後用掌根發力，把對方推倒。

【技擊含義】

(1) 若對方以雙手直擊我胸，我即以兩手上提，架住，用手腕之力把其拳撥開，然後突然下沉，使對方失重，我即上步，乘勢把對方推倒。

如何接手，要看對方的拳勢而定。若來勢低，我即用摟法；若來勢高，我即用掛法。此法稱為「低摟高掛法」。

(2) 若對方雙拳擊我，我用卍字手接住，向上一分，卍字手一轉，向下一翻，向兩旁分開，然後腳踩手發，向前一推，便使對方跌出。要推得有力，關鍵在腳踩手發。

(3) 若對方用左手來擊，我亦用左手截之，我速再用右膊拗抱敵人之身腰擒起，摔倒在地，好像如壯士捉虎推山之勢。

(4) 若對方用右手來擊，我亦用右手摟截應之，而發左掌貫擊其右耳或山根（鼻根）。

(5) 若對方從後方來擊，我先用右手掤接其手，隨即反手按其襠中，而以左掌推擊其胸或頭部。

十三、開　手

動作與第五式「開手」（圖6－29）。

十四、合　手

動作與第六式「合手」（圖6－
30）。

圖 6 － 29

十五、左摟膝拗步

1. 轉掌抱球

接前勢，兩手同時旋轉抱球，
轉至至兩掌相對。左手在上，手心
向下；右手在下，手心向上；兩手
相距為本人兩乳根間的距離（圖6－31）。

2. 扣步接手

前勢不停，右手從左手下往右劃一平圓，至身體右側
稍低於肩，手心朝上。右腳同時以腳尖為軸，腳跟外扣，
成扣步，腰要塌住（圖6－32）。

圖 6 － 30　　　圖 6 － 31　　　圖 6 － 32

3. 提腿摟膝

前勢不停。提左腿，腿與腰平。同時，左手摟膝（手掌平展，手心向下，繞膝畫弧），至左胯旁，拇指與食指張開，呈半月形，肘尖稍向前方（圖6－33）。

4. 跟步推掌

前勢不停，右手變卍字手，螺旋形由右側腰際經胸脯向前推出，成側立掌，手臂似直非直，似屈非屈；左手拇指、食指撐開成半月形，到大拇指離胯二三寸處停止，掌心向下，肘尖微向前。與此同時，左腳往前左邁步，右腳跟步，成左丁八步，面向東（圖6－34）。

【說明】

(1) 拗步就是左腳在前，推右掌；右腳在前，推左掌。本式為左摟膝拗步，即左腳在前，推右掌。

(2) 動作1，手不離抱球，是這套拳的特點。意念中所捧之球不是虛幻的，而是實在的充氣的有力度的彈性之球。

圖 6－33   圖 6－34

(3) 動作2，「扣步」與「接手」要同時完成。手要平，腰要直，尾閭正中，不能前俯後仰。

(4) 動作3、動作4，右手前推與跟步要一致，完整一體，要有圓活之趣。左手摟膝至左腰際，停止，手如叉腰狀，肘尖要稍朝前向（肘尖向前是為了對付來犯之敵）。整個動作，處處要做到平直圓，成型時，要有八面支撐之感。

(5) 這一式是97式大致相似，但在細膩之處頗多不同。

【技擊含義】

(1) 提腿摟膝：提腿是在對方踢我時，我先躲。躲的關鍵是速度要快，遲了就被對方踢中。如何練習快？以一重物約一二斤重，掛在我腳上，每日成百上千次地提，久練必快。摟膝，就是對方在踢我時，腿到的一瞬間，我以手掌側骨急力下斬對方腳腕。

(2) 若對方從右側打來，我扣步接手，左手接其手腕，右手接其肘部，然後以卍字手將其擊出。

(3) 若對方從左方用拳腳進攻我中下兩盤，我上步順手下摟膝直接化解對方攻勢，包括用手摟（撥開），提腳可避、可踩，此為防守也。同時，我跟步用右手擊其心口或面部，此反攻也。所以說，「摟膝拗步攻且防」。

(4) 我用順手摟對方時，如果對方臂外逃上轉來擊我頭部，我即隨沾其臂，向內扣合，仍用摟手摟開，繼用右掌推擊之。

十六、手揮琵琶
（退步搓球）

接前勢。兩手五指自然伸直，手心相對，虎口向上，兩手作搓球狀，左手往前伸，伸到極處；右手往回拉，附於肘部。同時，右腳往後退一步成虛步，左腳回撤，至右腳前，腳尖點地（圖6－35）。

圖 6－35

【說明】

(1) 本勢一前一後，隨同身體右轉左旋，下落上翻，外揮內合，故名「手揮琵琶」。

(2) 鬆腰胯。鬆胯，即鬆左腿，同時右手有下按回收控制作用，左手掌有向上向前搓之力。上述動作必須一氣完成，頭直身直，不偏不倚，重心下降，神氣穩定，腹內鬆靜，周身輕靈。整個動作過程以錯勁為主貫穿。先師在日，稱此勢為太極樁。

(3) 先師在教授此式時，單練要求站半小時以上，名曰手揮琵琶樁功。

【技擊含義】

(1) 若對方用右手來擊我胸部，我右手往裡收合，以黏貼對方手腕，往右側下採，左手向上收，前穿以掌，腕黏對方的肘間，像懷抱琵琶一樣。此式靈活多變，首先是一個上下相合的勁，我一手管住對方的肘，一手管住對方

的腕，上下一合，對方走化不及則被拿。其次是一個前後相搓的勁，左捯右採伺機應用，可折對方手腕和和臂肘。

(2) 對方以強大之力拳擊我胸腹部，我以卍字手切變對方手腕後，另一手在對方力已稍現改變時即斷其臂。所以掌握準時機非常重要。此外，做到這一招的關鍵在於自己的腰腿功夫要好，自己的腹部要經住對方打。學習打人先要練被打，自己抗擊能力加強了，才有自信心。

(3) 對方握我右腕時，我右手向懷內後撤，以揉化其力，以左手指點戮對方胸脅等部位。

(4) 對方用拳向我迎面擊來，我以左手尺骨一側黏住對方，手變卍字，向左下圓轉勾掛開，同時，以右手擊其咽喉。

(5)「手揮琵琶縛敵臂」，我用雙手捋採對方右臂，使他突然前傾，同時釋右手，用掌或拳，猛擊其面。

十七、風輪手

1. 左進步盤球

接前勢，右手從左手肘下平直穿出，左手同時往回抽，兩手如手心抱著一個氣球在盤旋。同時，左腳左擺步，成錯綜八字步（圖6－36）。

2. 右進步盤球

前勢不停。兩手一穿一抽盤旋半圈，轉至右手在上，左

圖 6 － 36

手在下，兩掌心相對。同時，右腳上步往右擺，成錯綜八字步（圖6－37）。

圖 6 － 37

【說明】

(1) 兩手上下盤轉穿掌如風輪在轉動，故名「風輪手」。孫祿堂宗師在《八卦拳學》中說：「巽卦，風象也。風輪掌者，拳之式也。」楊汝霖先生傳下來的八卦掌中也含有風輪掌法。李傳義傳的武當門器械三十六劍，其中有風輪六劍。孫祿堂先生把風輪手引入太極拳，良有以也。

(2) 盤（轉）掌抱球。抱什麼球？不是排球也不是籃球，而是以腰胯功夫扭轉對方手臂。

(3) 動作1、2，其實是走趟子的架勢。會走趟子的，很容易完成。穿掌用是形意拳中的橫拳動作。

【技擊含義】

(1) 盤掌前進，一手穿掌，直擊對方胸腹以上部位，或上托對方來手；另一手因應對方手勢黏住對方腕部向下搬之。

(2) 風輪手可與手揮琵琶混用，只不過是以己手指直搗對方軟肋部位，關鍵是手指上要有功夫。練法：每日以手指擊打手紙，直到能把一疊手紙戳穿，才算練出功夫。

風輪手單練是極好的健身方法，它與「走趟子」結合練習，練久了有強化中樞神經的作用，產生骨、意、氣的

連合運動，助長內勁。

十八、上步搬攔捶

1. 平花掌一小圈

　　兩手成下卍字手，手心相對，由前向右、向內，經胸腹部向左劃一小平圈（圖6－38）。

2. 平花掌一大圈

　　前勢不停。兩手完成一小圈

圖 6－38

後，再劃一大平圓，左掌心向上，右掌心向下，從身體左側，再向前，向右平，至左手在左胸前，右手在右腰側（圖6－39）。

3. 上步搬

　　前勢不停。上左步，左手內旋，掌心向內；右手外旋，握拳翻轉，拳心向上，似有把來拳搬開之意（圖6－40）。

圖 6－39

圖 6－40

4. 翻掌攔

前勢不停。左手翻掌，手心朝下，提於胸腹前，含往前攔之意（圖6－41）。

5. 跟步捶

前勢不停。右腳跟步，成左丁八步。右手成拳（金剛拳），內旋經左前脅向前、向下鑽捶擊出。目視右食指中節。同時，左手握拳，拳心向下，貼於右手肘臂部（圖6－42）。

圖 6 － 41　　　　　　　圖 6 － 42

【說明】

(1)「搬攔捶」又叫「板攔捶」。武式太極拳作「搬攬捶」，僅一字之差。孫式的「搬攔捶」，是由武式與少林拳小紅拳的「下栽捶」演變而來。

(2) 平花掌一小圈，是把對方引進；平花掌一大圈，是用手外側擊削對方之頭部或頸項。由於兩個圓圈像巨

風形成的旋渦，螺旋前進，威力無窮，被擊者必然倒地立斃。故此掌不能輕用。

(3) 此「捶」名列「太極五捶」之首，可見這是一招極為兇狠的招勢。從拳勢的名稱已可看出，該勢的技擊特點是：一搬二攔三捶，三招連環招法加進步。「上步」是連續，以適應「搬、攔、捶」掄臂搬化，護中攔截，遠拳捶擊，「一打就是三下」技擊三步曲的步法連續逼插、進套、跌打的需要。

(4) 此勢之「搬」，腰臂連運，化中有打；此勢之「攔」，臂隨腰出，手上還有一個「上掤下按」的小動作，追、封、截、打；此勢之「捶」，順勢進步跟上，捶擊胸脅。「搬攔捶」三招連環，環環緊扣，一氣呵成，瞬間出擊，防不勝防。

(5) 三招要一氣成，前後勢要銜接得天衣無縫。右拳擊出要有摔旋之意，螺旋前進，無縫不鑽。此招可反覆單練，熟能生巧。

(6) 搬攔捶之「捶」，進步跟上，順勢擊拳，捶擊之謂。其出拳、收掌、弓腿要一氣呵成。動作失調，拳勢也就散亂。出拳捶擊亦不宜直臂遠伸，出拳太過，易失重心，勁力也會僵澀中斷；出拳亦不宜過高，過高易落空，宜在心窩胸肋間。

【技擊含義】

(1) 沈壽《太極拳體用全訣》說：「進步搬攔捶胸脅，搬攔得法顯技藝。」「搬、攔」雖是短打拳法中攻防兼備的運作，但在三招中還是處於從屬的地位，是為最後

的「捶」擊，重創敵人服務的。而最後的「捶」，必須在「搬攔得法」，引出對方頂抗性的反作用力，正門洞開，胸脅暴露的情況下，才能充分發揮「捶」之犀利的前衝直擊的作用。所以有「搬攔得法顯技藝或顯神奇」的說法。

(2) 對方用右拳向我進攻，我以右手接其右腕，向右一滾一壓，謂之「搬」。繼以左掌順對方小臂上邊向前推出，或推其大臂，謂之「攔」。若對方抽回右手，我乘勢以右拳直擊其胸，謂之「捶」。

(3) 對方用拳當胸擊我，我順手向內搬開。對方想避之，我用左手攔之，乘機用右手擊其胸。

(4) 搬攔捶有上、中、下、左、右、前、後七種，招法大致相似，可隨機應變。或推手搬攔，或提手搬攔，或騰手搬攔，或截手搬攔，或削手搬攔，或劈手搬攔，變化無窮。有詩云：「當中直去在中脘。左右斜開主肋下，上打咽喉下丹田。步下往來分進退，遲速封閉認機關。」

十九、如封似閉

1. 托 肘

接前勢。左手往右下穿托，手心朝上；右手成掌，手心朝上，左右右兩手十字交叉，右手在上，左手在下（圖6－43）。

2. 抹 肘

前勢不停，兩手同時抹肘，翻轉，兩手心均朝下，兩手相合，右手在上，左手在下（圖6－44）。

圖 6－43　　　　　圖 6－44　　　　　圖 6－45

3. 退步蓋掌

前勢不停。兩手同時向左右兩邊分開，右手與右肘平，左手與左肘平，掌心向下。兩手向前、向下蓋掌至腹前。同時，右腳後撤（圖6－45）。

4. 翻掌收步

前勢不停。兩手掌往下經小腹，向內、向上、向前翻掌，手心向上。同時，身體重心後坐成左虛步，目視前方（圖6－46）。

圖 6－46

【說明】

(1) 古代的大門有兩扇門組成，每扇門上有一環，關門之用。「如封似閉」就像兩手拉住兩個門環把門關起來那

樣，故得名。封閉意為關閉，不讓對方進攻我。

(2) 托肘抹肘是「三十六手」特有的一種動作，要反覆練習，才能熟練完成。雙方較技時，控制對方的肘，和保護自己的肘不被對方控制，是戰勝對方的重要一招。而三十六手的托肘抹肘，既可以護自己肘，又可以控制對方的肘。

(3) 蓋面掌，是八卦掌中常用的掌法。孫祿堂把它引進到太極拳中，豐富了太極拳的內容。

(4) 所有動作要完整一氣，尾閭正中，整個動作符合平直圓的要求。

【技擊含義】

(1) 兩手成下卍字手，手掌如兩扇門，擋住對方進攻之手，稱為「如封」，屬防守法；繼而沉肩垂肘，兩掌微收向裡引進，以化解敵力，分後即合，上步向前按出，以閉勁擊其乳根穴，似關閉門戶，稱為「似閉」，屬進攻法。可見「如封似閉」一勢，是由「如封」的防守法，及「似閉」的進攻法兩者合成的。是先防後攻，防後反攻，是「引進落空合即出」的典型拳勢。使用此招，手要靈巧，身要先到，手到腳到，近身擊人。沒有內勁，無法把對方堅實的身體發出。

(2) 我用搬攔捶時，對方以右腳在前，用左手推我右拳，我右拳速抽回。同時含胸鬆胯，坐在右腿，左手在自己右肘下穿出，向敵人左手腕格去黏住，放在對方之左肘上，左手即翻轉，速弓左腿，雙手向前按去，使敵不得走化又不得分開。

（3）假設對方按我右臂，我用托肘抹肘動作化解，退步，一個蓋面掌反擊對方，我趁其不穩之時，進步以兩手擊其胸部，對方必跌出無疑。

（4）前人有詩云：「如封似閉更出奇，採挒推按四般施。不像他家憑猛力，開弓發箭準相宜。雙推雙撲勢更凶，好似猛虎入羊群。謹防剛勁剎不住，偶然過量即成空。」

二十、抱虎推山

同十二式，唯面部向東（圖6－47a、圖6－47b、圖6－48）。

圖6－47a　　　　圖6－47b　　　　圖6－48

二十一、開　手

同第五式（圖6－49）。

二十二、合 手

同第六式（圖6－50）。

二十三、單 鞭

同第七式（圖6－51）。

二十四、肘底看捶

圖6－49

1. 扣腳握拳

接前勢。扣右腳，右掌放平，手心朝下，內旋，即一個平卍字手，改成握拳。眼看右拳，拳心向內（圖6－52）。

2. 進步肘底看捶

前勢不停。右拳經小腹部往左肘裡側捶擊，拳眼對左肘尖，拳心向裡，貼置於左肘下，猶葉底藏花。目視前

圖6－50

圖6－51

方。同時，右腳跟步，靠向左腳脛骨處（內踝處）裡側，成左丁八步，面向東，目視前方（圖6－53）。

3. 退步肘底看捶

前勢不停，右腳往回退一步，重心後移，左腳隨著右腳同時後退一步，仍成左丁八步。兩手保持不變（圖6－54）。

【說明】

(1)肘尖下垂處，叫「肘底」，「看捶」有兩層意思，一層是「看守」，看守好肘底，保護肋部，以靜觀動；另一層就是吃我一拳的意思。所以「看」字，寓以靜待動之勢，寄伺機乘隙，蓄勢待發之態，氣勢呼之欲出，有畫龍點睛的作用。此式是從武式的肘底看捶和八卦中的「葉底藏花」演變而來。

(2) 扣右腳，要用腰之力帶動內扣，要有圓活之趣。

(3) 身要直，上身隨步移動，身體不能前俯後仰，要保住中正安舒。

圖6－52　　　　圖6－53　　　　圖6－54

161

【技擊含義】

(1)《各勢白話歌》說：「肘底看捶打腰間」；《全體大用訣》說：「肘底看捶護中手」；《太極拳體用全訣》說：「肘底看捶纏繞黏，乘隙一拳莫失機。」充分說明了「肘底看捶」式的體用。寓用拳看守於肘底，以靜待動，伺機乘隙，蓄而後發之義。以拳橫撇敵之胸、脅、腰等中部為主，兼或乘隙捶擊腹、襠等下部，或直沖頭面上部，乃太極「五捶」之一，因其兇險而要謹思慎用。

肘底看捶是近身擊打，力從何出？腰出也。沒有強大的腰勁，無法使用此招。

(2) 對方以右順拳擊我前胸，我用左手搁住對方來手向上搁，小臂稍向裡一裹，握住對方右手，轉腕上托，同時右手下擊其脅。

(3) 對方以左順拳擊我前胸或面部，我左小臂屈肘外搁，緊接著以左臂內旋，左掌堵其肘部，向我左側捋化，同時右拳向其左肋進擊，左腳蹬其脛骨。

(4) 我以左手由我右外方纏採對方手臂，如果被對方隨手擒握，我即滾腕外翻推擲，其擒手自脫而跌倒在地。

二十五、左倒攆猴

1. 轉掌抱球

接前勢。兩手同時旋轉抱球，右手在下，手心向上；左手在上，手心向下，兩手相距兩乳間的距離，如抱球狀。面朝東（圖6-55）。

圖 6 - 55　　　　　　　圖 6 - 56

2. 扣步接手

前勢不停。右手從左手下往右劃一平圓，至身體右側稍低於肩，手心朝上。右腳同時以腳尖為軸，腳跟外扣，成扣步，腰要塌住（圖6-56）。

3. 提腿摟膝

前勢不停。提左腿，腿與腰平。同時，左手摟膝（手掌平展，手心向下，繞膝畫弧）（圖6-57a、圖6-57b）。

圖 6 - 57a　　　　　　　圖 6 - 57b

4. 跟步推掌

前勢不停。右手變卍字手，螺旋形從胸口向前左推出，推至胳膊似直非直，似屈非屈，食指梢與口相平，目視右掌。左手拇指、食指撐開成半月形，到大拇指離胯二三寸處停止，掌心向下，肘尖微向前。與此同時，左腳往前左邁步，右腳跟步，成丁八步，面朝北（圖6－58）。

圖 6 － 58

【說明】

(1) 總的要求要手腳一氣貫穿，處處要做到平直圓。成型時，要有八面支撐之感。

(2) 顧名思義，猶如人猴相搏，我退步以誘其深入，然後乘勢襲擊其頭面胸肋，將其攆走，故名。此勢原名「倒捲肱」或「倒捻紅」。 肱者，臂也，皆因其手臂向側後方連續回環倒捲的動作而得名。武式太極拳把它定為「倒攆猴」。「倒」，是退步的意思；「猴」喻敵之機警強悍；「攆」是趕走、驅逐之義。「倒攆猴」意為：若敵連續猛攻，我卻戰卻退，以避其鋒，但守中有攻，退中有進，走中有黏，化中有發，以抑挫其攻勢。邊退邊打，左右連環探撲按擊，抓閉藏撈，挽扳挑擔，敏捷機智，發勁沉著通透，出手見紅。

【技擊含義】

(1) 同左摟膝拗步。

(2)「左右倒攆猴」是連續退步，以守為主，以守為攻，邊退邊打，閃展騰挪的經典拳勢。《體用大全訣》說：「退行三把倒轉肱，墜身退走挽扳勁。」可見此勢之奧妙在於發沉勁，腰鬆胯落，墜身挽扳。勁起於腳，而腿而腰而脊而達於手，對方受沉勁頓挫，必失其握力，乘隙探撲按擊，必建奇功。

(3) 若對方從我左方用拳擊或腳踢，我用左手下摟以格攔之，同時以右手迎擊其面部或胸脯。若對方連續進逼，我以退為進，後退時攆化去對方的勁，退步引對方深入，我以沉勁鬆其腰胯，翻左掌向上向左後撤臂退步，與此同時，在對方跟進的一刹那之間，我速翻右掌向對方左胸部按擊，在此一退一進之際，如進軍之突然受阻，使其措手不及，而我勝之。

二十六、右倒攆猴

1. 扣步接手

前勢不停，左手往前伸，至身體左側與肩平，手指朝北，手心朝上；同時，右手往胸口拉，與左手在同一面上，手心向下，指尖向北。左腳同時以前腳掌為軸，腳跟外扣，成八字步，腰要塌住（圖6－59a、圖6－59b）。

2. 提腿摟膝

前勢不停，提右腿，腿與腰平，同時，右手摟膝（手掌平展，手心向下，繞膝畫弧）（圖6－60）。

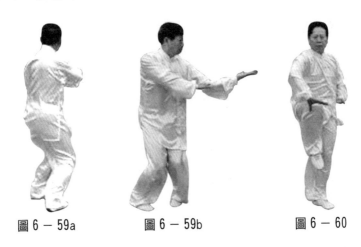

圖 6－59a　　　　圖 6－59b　　　　圖 6－60

3. 跟步推掌

前勢不停。左手變卍字手，螺旋形從胸口向前推出，推至胳膊似直非直，似屈非屈，食指梢與口相平，目視左掌。右手拇指、食指撐開成半月形，到大拇指離胯二三寸處停止，掌心向下，肘尖微向前。與此同時，右腳往前右邁步，左腳跟步，成丁八步，面朝南（圖6－61）。

【說明】

左右倒攆猴，以腳為標準，左腳在前稱左倒攆猴，右腳在前稱右倒攆猴。

【技擊含義】

(1) 同右摟膝拗步。

(2) 若對方從我右方用拳擊或腳踢，我用右手下摟以格攔之，同時以左手迎擊其面部或胸脯。若對方連續進逼，我以退為進法，後退時攆化去對方的勁，退步引對方深入，我以沉勁鬆其腰胯，翻右掌向上向右後撤臂退步，

圖 6－61　　　　　　圖 6－62

　　與此同時，在對方跟進的一剎那之間，我速翻左掌向對方右胸部按擊，在此一退一進之際，如進軍之突然受阻，使其措手不及，而我勝之。

二十七、左倒攆猴

　　同二十五式，但無「轉掌抱球勢」。（圖6－62、圖6－63a、圖6－63b、圖6－64）

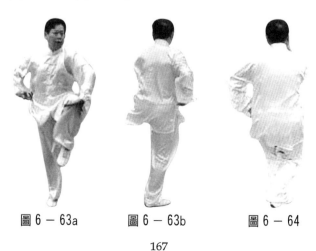

圖 6－63a　　　　圖 6－63b　　　　圖 6－64

二十八、右倒攆猴

同二十六式（圖6－65、圖6－66、圖6－67）。

【說明】

左右倒攆猴可以反覆做多次，但一定要成雙。

圖 6 － 65　　　　　　　圖 6 － 66

圖 6 － 67

二十九、左摟膝拗步

同十五式（圖6－68、圖6－69、圖6－70、圖6－71）。

圖6－68

圖6－70

圖6－69

圖6－71

三十、手揮琵琶

同十六式（圖6－72）。

三十一、海底針

1. 調襠抱球

接前勢。左腳後收半步，腳尖點地，調襠（斂臀提穀，襠部圓鬆，臀部微前送），同時，左手往胸前內旋，轉掌心朝下；右手往胸前外旋，轉掌心朝上，兩手相對，相距兩乳根間的距離，如抱球狀（圖6－73）。

2. 左手平圓、右手立圓

前勢不停。左手向右、向前、向左劃一平圓，至大拇指左胯約二三寸處，拇指撐開為半月形。同時，右手向下、向右、向上、向左、向下劃一立圓，至左膝約二三寸處，拇指撐開為半月形（圖6－74a、圖6－74b）。

圖 6 － 72

圖 6 － 73

3. 右手向下、探身按掌

前勢不停。右手經左膝前，儘量往下按掌，至左腳背部。身體同時下探，重心下移（圖6-75）。

【說明】

(1)「海底針」的命名含義歷來不同。有人說，其式如伸向海底摸取珍珠之意；但也有人說，「海底」是一個穴位，即腋下的極泉穴，或下肢內踝尖下的照海穴。我們同意穴位說，但穴位並不指極泉穴、照海穴，而指襠部氣海之底的會陰穴。

武術的「海底」是借指，相當於這一穴位高度的襠部，因技擊時實際攻襲的要害部位乃是男子的腎囊，即睾丸。海底針的「針」指的是指法，以針喻指，四駢指像鋼針似地插點敵方的襠部要穴，故此勢名「海底針」。

(2)調襠又作吊襠。調整襠部，使之圓襠，穀道上提。

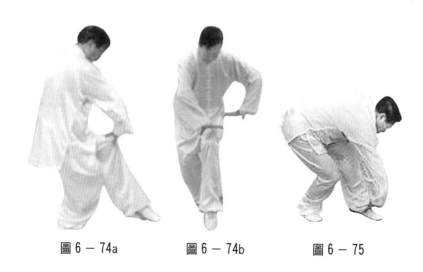

圖6-74a　　　　圖6-74b　　　　圖6-75

(3) 左手平圓，不宜幅度過大。兩手抱球時與收左腳一致，右手向下、探身蓋掌時不可翹臀部，即要斂臀。俗話說：「挺胸凸臀，功夫不深。」

(4) 身體向前曲手折時，兩腿力求不彎曲。當然對於中老年，這樣要求有難度，也可適當彎曲，視自己的體力而定。腹內要有虛空鬆開之意。

(5) 武式的「俯身按勢」姿勢有其相似之處。

【技擊含義】

(1) 對方以右手來擊我，我以左手畫平圓化解（向旁摟開），我隨即以右手擊其胸，若對方以左手握我右腕時，我順勁向地下沉，同時運勁於指，點刺其襠部陰囊（海底）。

使用海底針的關鍵是要將對方的手腕切住，然後才能實施下壓。

(2) 如果我以右手進攻對方前胸，手腕被對方抓住，抽不回來，我用左手畫平圓，擊其手化解，右手順勁下沉，擊其腹部。

(3)「海底針」一式主要作用是用柔中寓剛的鎖纏勁擒拿制服對手。其用法如下：敵以右手握我右手，我即以左手覆於彼手背上，鎖扣其掌指使不得脫，我右手稍引進，以掌緣由下往上纏鉤其腕橈骨處，兩手同時隨折腰沉襠勢，屈肘沉勁下採，帶勁齊發，使之反筋背骨，立跪於地，或雙腳離地，向前仆俯，且後腦震盪。若不依勢就範，必遭骨折。

三十二、三通背

1. 收腳托掌

接前勢。左腳收腳，以前腳掌點地，成丁字步。右手向上托起，至前額右上方，身體亦同時直起（圖6-76）。

2. 上步架推掌

前勢不停。左腳往前邁出，成左弓步。同時，左手前推高與胸平，右手上架於額前。面向東，目視左掌食指（圖6-77）。

3. 轉身托掌

前勢不停。兩腳以腳跟為軸，向右後轉至面向西，左手向上托起，右手收至右腰際（圖6-78）。

4. 上步架推掌

右腳往前邁出，成右弓步。同時，右手前推高與胸平，左手上架於額前。面向西，目視右掌食指（圖6-79）。

圖6-76　　　　　　圖6-77

圖6－78　　　　　　　　圖6－79

【說明】

(1)「三通背」又叫「山通背」、「閃通背」，「背」又作「臂」。皆因方言所致。武式太極拳又叫「三湧背」。說法不一樣，其實一樣。此勢將自己的腰（脊柱）比喻為摺扇之扇軸，兩臂比喻為扇幅，腰一轉動，兩臂展開，好像摺扇之收合，故有此名。說明勁都是由脊背發出的。但也有人認為，氣從百會沿督脈下行經長強到會陰，即謂通背。

(2) 動作1、2為左三通背；動作3、4為右三通背。

(3) 轉身時扣腳、擺腳要轉動自如，兩腳、腰部要有撐勁，即兩腳與身子並腰如螺絲形，從前向後轉。腰要直，手臂要平，轉身要圓活。

【技擊含義】

(1) 對方以右手擊我，我以右手反刁其腕上架，同時

以左掌推擊其胸肋。

(2) 若我以海底針擊對方，對方以左手握我右腕時，我也可反腕上架，並以左掌推擊之。

(3) 若對方力大，我手不能脫，我可順彼之勢以右手向上挑架，進左腳，出左拳直擊其胸脯。

(4)「三通背」又叫斷臂式。上、中、下均可用。拳式上的手是上舉，為上式。使用時，一抹腕，二抹肘，三抹肩胛，把對方上架到我背上，折斷其臂。關鍵是要抹直對方的手臂。

(5) 前人有詩云：右臂滾提向上托，左掌乘勢進前發。丁八弓箭看步下，類似猛虎出柵閘。前式已伏此勢脈，貼身進步向襠前。全憑脊力掌心助，才知腰勁非等閒。

三十三、退步對捶

1. 退步蓋掌

接前勢。右腳往回退一步，同時，兩手如揪虎尾，手背向下，徐徐下蓋（圖6－80）。

2. 退步對捶

前勢不停。當蓋掌落至小腹前，兩手握拳相對，拳眼向前，拳心向上。左腳同時往回撤兩

圖 6 － 80

175

圖6－81a

圖6－81b

步，成右丁八步（圖6－81a、圖6－81b）。

【說明】

(1) 此式也可左腳先退半步，然後右腳往回退一步。

(2) 兩拳相對時要有一股合力，身體向下一沉，合擊於襠前。

【技擊含義】

退步對捶，是防對方腳踢。如果對方來踢，我即用兩拳鎖之，並分格之。同時，用雙拳上舉進擊其頭部，中擊兩肋，下擊陰部。從上到下，皆可伺機擊之。

三十四、進步對捶

1. 舉捶沉身

接前勢。兩拳相併由小腹部經胸前向口角處鑽出，上舉與目平。同時，身體下沉（圖6－82）。

圖6－82　　　　　　　　　　　圖6－83

2. 跟步對捶

前勢不停。雙拳往下發勁，下落至小腹處，兩拳相對拳眼向前，拳心向上。同時，右腳進步，左腳跟步，成右丁八步（圖6－83）。

【說明】

(1) 這兩式近似「雙峰貫耳」。

(2) 這兩式必須完整一氣，進步與對捶一致，保持身體中正。對捶為一發勁動作，要剛猛有力，但舉拳不宜過頭頂，否則易被人抓住。

(3) 發勁時，襠勁下沉，骶骨堅實有力，其根在腳，發於腿，主宰於腰，形於手指，由腳而腿而腰，通達於脊，貫於兩拳，總須完整一氣，周身節節貫串，勿令絲毫間斷。

【技擊含義】

對方以拳擊我胸脯，我即以兩手分格之，乘勢進擊對方太陽穴或雙耳。

三十五、右懶紮衣

1. 變掌三體式步

接前勢。兩拳變掌，向前平送前伸（這一式叫白蛇吐信），右手在前，掌心向上；左手在右肘裡側，掌心向下（這一式叫陰陽手），兩手向前伸去，至極處（這一式叫白蛇吐信）。同時，右腳向前邁一步，左腳跟步，成三體式步（圖6－84）。

2. 穿掌卍字手

前勢不停，左手從右手臂下穿出，在穿出同時兩手變成卍字手，左手食指對準右手拇指（圖6－85）。

3. 立圓卍字手

前勢不停。一個圓卍字手，即以兩手手腕為軸劃一立圓，兩手成側立掌，右掌在上，掌心向右；左掌在下，掌心向左，左手尖緊挨右手掌根，兩手含蓄胸前（圖6－86）。

圖 6－84　　　　　　　圖 6－85

圖 6 − 86　　　　　　　　圖 6 − 87

4. 跟步按推

前勢不停。兩手乘勢向前推出，兩臂略彎曲，兩手成側立掌，小手臂要平，左手尖離右掌根一二寸處，兩手要有掤勁。同時，右腳向前邁出一步，左腳跟步，成右丁八步，重心在左腳，坐身塌腰（圖6−87）。

三十六、左懶紮衣

同第四式（圖6−88～圖6−91）。

三十七、開　手

同第五式（圖6−92）。

三十八、合　手

同第六式（圖6−93）。

179

圖 6 — 88

圖 6 — 89

圖 6 — 90

圖 6 — 91

圖 6 — 92

圖 6 — 93

三十九、單　鞭

同第七式（圖6－94）。

圖 6 － 94

四十、左雲手

1. 收步右雲（收腳掛指）

接前勢。左手手臂靠著身子從左向下，向右，向上劃一弧線，至右臂內側，拇指內掛於中指下方（此動作名為掛指），成立掌，掌心向前。同時，左腳收步，落於右腳脛骨的內側，腳尖點地。目視右手，指尖向上（圖6－95）。

圖 6 － 95

2. 橫行左雲、接掌發掌

前勢不停。左手向上、向左畫弧經眼前至身體左側，至左手原起處，成側立掌，手心向前，指尖向上；右手向下，向左畫弧至左臂內側，拇指內掛於中指下方，成側立掌。目視左手，指尖向上。與此同時，左腳向左一橫步，右腳跟步，落於左腳脛骨的內側，腳尖點地（圖6－96）。

3. 原地右雲、接掌發掌

前勢不停。右手向上、向右畫弧，經眼前至身體右側，手臂微屈成側立掌，手心向前，指尖向上；左手向下、向右、向上畫弧至右臂內側，拇指內掛於中指下方，成側立掌。上身隨之右轉，重心落於右腳，左虛微提於右腳脛內側，腳尖點地。目視右手（圖6－97）。

如此向左重複 3 次。

圖 6 － 96　　　　　　　　圖 6 － 97

【說明】

(1) 兩手分別上下左右運動，如雲氣旋繞，似行氣飛空，故名雲手。

(2)「掛指」是一小動作，拇指向內掛扣，歷來拳家把此作為秘訣。主要用於一手上掛扣住對方手腕，同時，另一手向對方肘部或肋部推按。

(3) 兩手要在腰脊轉動的帶動下，分別做上下左右的迴旋盤繞運動。手掌高不過眉，腰杆要直，上身隨之左右平轉，目隨之。有詩云：「兩手交替環形轉，勢如行雲圓連綿。腰領手轉目隨視，步子橫行輕靈緩。」

【技擊含義】

(1) 雲手是假設對方向我面、胸部擊來，我一手接手雲化來手，另一手乘勢發勁擊之。先師云：「走架無人視有人，打手有人視無人。」雲手用之於群戰，身前身後有敵情，上接單刀，下接槍。做起動作來式式圓滿有掤勁，眼觀六路，耳聽八方。在行拳走架中明確攻防含義，一方面可以提高練拳人鍛鍊的興趣，一方面又能不斷提高自己的拳藝水準。

(2) 雲手具有掤、捋、擠、按，採、挒、肘、靠八勁八法，兩腳側進，暗藏盤、扣、蹬、插、截、攔等腿法。在與人交手時，無處不用。有詩云：「提掛掤擲滾按推，全憑脊柱圓轉隨。運到敵人兩肘後，銅牆鐵柱一齊推。」

(3) 若對方進擊，進入我圈內（拳家稱之為「吃裡」），我以順手向外運開而擊之。若對方進擊，進入我圈外（拳家稱之為「吃外」），我則以拗手運化，更進則

掛其肘面橫運。對手若以他手來防，我則以拗手挑掛其肘後橫運之，對方必倒。

四十一、高探馬

1. 撤步穿掌

接前勢。左腳往後撤步，成右弓步。兩手伸向右前方，右手在前，手心斜向下，左手在後，手心斜向下，附於右手肘底。面向西南（圖6－98）。

2. 接手下捋

前勢不停，兩手向左下方捋回至小腹處，同時重心後坐（圖6－99）。

3. 虛步劈掌

前勢不停。兩手再往上舉，至口角處，向上、向前、向下劈去，高與胸平，兩臂微彎曲，右手在前，手心向左，左手附於右手肘底，手心向右。同時，提右腳落於右前方，腳尖向上，兩腳成左實右虛步，目視右手，面向西南（圖6－100）。

【說明】

(1) 動作外型像探身騎馬之勢而得名。

(2) 此式在外形上類似手揮琵琶，但高探馬接雲手有雲合之勁，而且有下劈這一動作。

【技擊含義】

(1) 若對方以手進擊我胸，我即順手捋而拗腕，隨手下劈，擊其頸項或肩窩。

(2) 高探馬用折疊勁，雙手上下順圈滾。若對方以左

圖 6 − 98　　　　　圖 6 − 99　　　　　圖 6 − 100

手執我左腕，我即隨其勁向下搬扣，變成搬攔捶擊之。

（3）若對方左腳上前一步，同時左掌向我面部擊來，我上體稍右轉，用左手接拿對方左腕，左轉上步，左手接拿對方左肘向後捋；同時用雙掌臂推擊對方頸項或肩中穴。

四十二、盤　球

1. 扣腳抱球

接前勢。右手內旋，轉手心向下；左手外旋，轉手心向上，右手在上，左手在下，兩手心相對，如抱球狀。同時，右腳以腳跟為軸，腳尖內扣，兩腳成八字扣步。面向東南（圖6−101）。

圖 6 − 101

2. 旋轉抱球

前勢不停。左手內旋，轉手心向右，右手外旋，轉手心向左，兩手旋轉至胸前合掌。同時，左腳撤至右腳脛骨處，成右丁八步，面向北（圖6－102a、圖6－102b）。

【說明】

轉動時要以身體轉動來帶動手腳的轉動，以身擰手。

【技擊含義】

盤球即是捌，單手不採，雙手為捌。使用此招時，我左手托其下巴，右手按其後腦勺，順時針方向扭轉，使其兩面跌仆。此式和武派太極拳中的「巧捉龍」有異曲同工之妙。用力過大，會使對方頸項折斷。先師云：「此手法寧可練一世，不可用一次。」

四十三、開　手

同第五式，唯開手時，左腳微提，右腳向下踩。面向

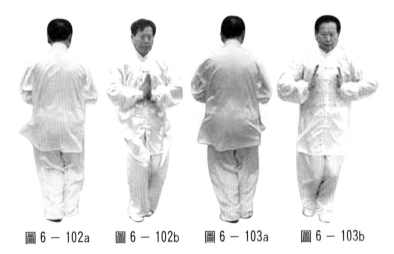

圖6－102a　　圖6－102b　　圖6－103a　　圖6－103b

北（圖6－103a、圖6－103b）。

四十四、合　手

同第六式，唯合手時，左腳下踩，右腳微提。面向北
（圖6－104a、圖6－104b）。

四十五、右蹬腳（右起腳）

分掌右踢

接前勢。兩手成側立掌，掌心向前，向左右分開，如
單鞭之手勢。同時，右腿抬起，腳根向右側方蹬出，腰塌
住。目視右手（圖6－105）。

【說明】

(1) 右蹬腳，又名右起腳。

(2) 分掌與起腳在協調一致。支撐體重的左腿要微
屈，以蓄勢。起腳的腿要盡可能不屈（年老體弱者，視情

圖6－104a　　圖6－104b　　　　圖6－105

況而定），勁點全在腳跟上。

【技擊含義】

若對方以雙手擊來，我即以兩手向左右分開其臂，或採拿其腕，同時，起右腳蹬踢其頭、胸、肋、腹、襠、胯、膝等部位；或點踢其太陽、關元、環跳、膝眼等穴位。

踢人有二個力。一是踢不動對方，自己往後退；二是踢不倒對方，自己往前跌。若要一腳踢倒對方，關鍵是自己要有丹田力，上下左右四分力。

四十六、盤　掌

1. 化腕子盤掌

接前勢。右腳落下，左腳再撤至右腳踝內側，成左丁八步，兩手從左右向下畫弧內收兩胯近旁，兩手成卍字手（化腕子），手心向上，拇指向下，食指向後，中指向內（圖6－106a、圖6－106b）。

圖6－106a　　　　　　　圖6－106b

2. 搓臂合手

前勢不停。兩卍字手外旋經腹部上穿至面前，兩手心朝兩側，兩手背相靠（此謂搓臂），拇指朝前，兩食指朝上，指尖高與眉目齊，中指橫向（圖6－107a、圖6－107b）。然後，兩手內旋合掌，沉肘至胸前，兩肘角撐向左右（圖6－108a、圖6－108b）。

圖 6 － 107a　　　　　　　　圖 6 － 107b

圖 6 － 108a　　　　　　　　圖 6 － 108b

【說明】

化腕子：即以腕關節為軸，由小指開始至大拇指順序下壓轉圈。這是三十六手所特有的手法。其重要作用，是當我手腕被對方抓住，我可用化腕子手法化解。

【技擊含義】

若我手被對方握住，我則用化腕子手法化開，兩手拿住對方手腕，然後，穿擊對方的胸、頸、下頜等部位。

四十七、開　手

同第五式，唯開手時，右腳微提，左腳向下踩。面向北（圖6－109a、圖6－109b）。

四十八、合　手

同第六式，唯開手時，右腳向下踩，左腳微提。面向北（圖6－110a、圖6－110b）。

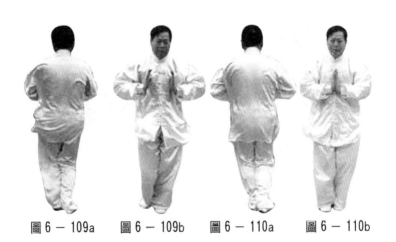

圖6－109a　　圖6－109b　　圖6－110a　　圖6－110b

四十九、左蹬腳（左起腳）

動作與四十五式相同，唯左右相反（圖6－111）。

五十、進步栽捶

1. 獨立托肘

接前勢。左腳下落，提膝。左手在左腳下落的同時往右太陽穴合，手心外旋成卍字手，拇指向上，食指向前，中指橫向右，掌心向右；右手向下、向左經腹部向右、向上畫弧，橫掌托於左側肘膝之間。同時，面向西北（圖6－112a、圖6－112b）。

2. 擺步貓洗臉

前勢不停。左腳向左前擺步，成弓步。同時，左手成掌，掌心向下經胸前向下畫弧摟左膝；右手掌心向外、向下、向右、向上、向左畫弧至右面頰旁，掌心向右，作貓

圖6－111　　　　圖6－112a　　　圖6－112b

洗臉狀。面向西南（圖6－113）。

3. 蓋步貓洗臉

前勢不停。右腳向右前蓋步（一腳經支撐腳前向側方落，叫蓋步）。右手經胸前向下畫弧摟右膝，左手掌外旋向左、向上、向右畫弧至左面頰旁，作貓洗臉狀。面向西北（圖6－114）。

4. 扣步貓洗臉

前勢不停。左手手心向內，經右面頰旁畫弧下沉，至胸腹之間托掌。同時，身體右轉面向北，右腳上前，兩腳成八字扣步。右手經身體右側向上畫弧至右面頰旁，作貓洗臉狀（圖6－115a、圖6－115b）。

5. 托掌鑽拳

前勢不停。右手從口角處鑽拳（握成金剛拳）往下栽插於左掌上方，拳背向左（圖6－116a、圖6－116b）。

圖6－113　　　　圖6－114

6. 翻掌栽捶

前勢不停。右拳鑽拳下栽至襠下，左掌翻轉至左胯旁，掌心向下（圖6－117a、圖6－117b）。

圖6－115a　　　圖6－115b

圖6－116a

圖6－116b

圖6－117a

圖6－117b

【說明】

(1) 進步栽捶是為太極拳五捶之一。因拳從上而下運擊，如同栽種植物，故名。又名擊地捶。

(2) 貓洗臉與栽捶動作要連貫一氣。所栽之捶最好握成金剛拳，力由脊柱發出，栽捶下鑽時拳要有螺旋勁，同時，拳勢要維持中正安舒。

【技擊含義】

(1)《太極拳體用全訣》說：「進步栽捶破前踢，摟敵仆地腰脛擊；上下相隨勁完整，腰沉胯鬆始得力。」三十六手的進步栽捶，不僅有摟膝，而且有貓洗臉，有打捶，攻防特徵很明顯。摟膝與貓洗臉屬防守動作，化開對方的手腳攻勢。栽捶主要是進攻對方的下腹部和襠部，可直打，也可斜打，也可斜中取直。

(2) 若對方以拳進擊我胸，並以腳踢我的胯與膝，我即以兩手作貓洗臉狀，攔開其拳，摟開其腳，以拳進擊對方的腹部和襠部。

五十一、撇身捶

1. 屈臂頂肘

接前勢。身體向右轉，成弓步。同時，右手屈臂向右頂肘，左手掌貼於右小臂外側。面向東（圖6－118a、圖6－118b）。

2. 撇身蓋捶

前勢不停。右手握拳經腹、胸前從口角處向右以拳背擊出，拳心斜向上，拳背向下；左手在右拳擊出的同時，

圖 6 － 118a

圖 6 － 118b

附於右肘裡側，手心向裡
（圖6－119）。

圖 6 － 119

【說明】

(1)「撇身捶」是以「捶」命名的「五捶」之一。「撇身捶」，轉身橫拳撇擊對方身體，故名。

(2) 手不離肘，肘不離手；防中有打，打中有防。

(3) 撇身捶是太極拳的主要發勁動作，其特點是右拳左掌反側陰陽，連環撇捶撲擊，下盤配以進攻性的弓箭步，勁起腳跟，襠中上翻，經脊透背，貫通於拳掌，向前直擊，勁長而意遠。「前去之中，必有後撐」，腰脊命門須有後撐之意，以期獲得穩定重心，支撐八面而穩固厚重

的效果。

【技擊含義】

(1) 撇身捶應敵身後，是化中有攻，攻中有化的招法。其體用視兩手臂猶如二節棍，腕肘間前臂與肘肩間後臂各為一節，以肘為軸，搶臂撇拳，疊勁暗採為化，而化中有攻；以掌迎面撲擊為攻；側身閃化，橫身前進，撇撲相連，拳掌連環，變化多端，使敵眼花失措。且使用起來，頂肘、撇捶，十分靈便而犀利。上可撇撲敵之頭面，中可頂肘、橫撇敵之胸肋，下可撇擊敵之腹襠，敵之上中下盡在其掌控之中。

(2) 若對方從我右側襲來，我可左腳內扣，提起右腳外擺而落，扣住對方腳跟，向右轉，頂心肘。如果對方後退，我則一個撇拳，再用左腳蹬之，其必倒矣！

(3) 若對方從我後背襲來，我迅速後轉，成弓步，以左手採其手，右手頂肘、撇捶，擊其面額。

五十二、蹬腳推掌

1. 劈掌左蹬腳

接前勢。左手成側掌，經右手上方前劈伸；右手同時變掌扣手經左手下方下落，至右胯處停止。同時，左腳隨左手劈掌以腳跟向前蹬出（圖6－120）。

2. 弓步推掌

前勢不停。左腳落地成弓步。左掌不動，右掌向前推出，與左手成雙推掌（側立掌）（圖6－121）。

圖 6 - 120　　　　　　　　圖 6 - 121

【說明】

蹬腳時腳尖要勾起，但不能過高，勁力全集中於腳跟上，要迅如離弦之箭。為了加強蓄勢，支撐全身的右腳可微屈。

【技擊含義】

這是手腳並用的招式。若對方從右前方向我進攻，我先用右手撇開，隨即左手下劈，左腳同時蹬出，使其無招架之功。

五十三、盤　掌

同四十六式（圖6-122～圖6-124）。

【說明】

這一式也能做一個開合，可以據自己的習慣而定。

五十四、右蹬腳（分手右蹬腳）

前勢不停。身聳起，右腳提膝向東南方踢去，同時，兩手向左右分開（圖6-125）。

圖6-122

圖6-123

圖6-124

圖6-125

【說明】

　　這一式，卍字手較多，而且變化多，要注意。蹬腳時，要運腰脊之力於腳跟。左腳微屈以蓄勢。

【技擊含義】

　　卍字手的運用，目的在於化解對方的進攻。兩手在胸前成卍字手，既化解對方之手，又能鑽入對方懷中，用圓卍字手，把對方擊出。再加上一個右蹬腳，可使對方立仆丈外。兩手分開，不僅可以分挑對方之手，而且可以助勢踢打。

五十五、披身伏虎

1. 右退步雙捋

　　接前勢。右腳下落，撤至左腳後，兩腳成錯綜八字步。同時，兩手向前伸捋手（圖6－126）。

圖 6 － 126

2. 左退步雙捋

前勢不停。左腳後撤一步，身體重心後坐。兩手向下、向內捋回（圖6－127）。

3. 弓步劈掌

前勢不停。後腳收回提起，再向右前方上步成右弓步。同時，兩手手心相對，由前下方身體左側向左、向上、向前、向下，順時針方向劃一立圓，向前下方劈出，至右膝兩側，成卍字手，拇指向下，食指向後，中指向內。面向東南（圖6－128）。

【說明】

(1) 披者，分開也。側身做勢叫披身。伏虎，狀形，所做姿勢，宛如老虎伏在地上，伺機捕捉獵物。

(2) 撤步與捋手一致，身體保持中正穩定。要利用腰的轉動之力，兩手拉回如同拉一有輪之重物，不停。在突

圖 6 － 127

圖 6 － 128

出一個「伏」字的動作與氣勢。頭上頂，目炯炯前視，似虎捕食狀。

【技擊含義】

(1) 若對方左手擊我胸部，我左腳後撤半步，卸其來勁，成伏虎狀，伺機用腳踢之。

(2) 此式也是一種摔法。對方向我猛撲，我披身讓過，順其來勢，引進落空，兩手往回一拉，一摔，即把對方摔到身後。

五十六、盤　掌

同四十六式。只是成右弓步，面向南（圖6－129、130、131）。

圖6－129　　　　　圖6－130　　　　　圖6－131

五十七、開　手

接前勢。兩腳成右弓步。兩手開掌時身體上升，左腳後蹬伸直（圖6－132）。

五十八、合　手

前勢不停。兩手合掌時，身體下沉，左腳屈膝到膝跟接近地面（圖6－133）。

【說明】

這一動作難度大，對年老體弱者或關節有病者不要求「左腳屈膝到膝接近地面」，只要在意念上做到即可。

圖 6 － 132　　　　　　　　圖 6 － 133

五十九、左起腳（左踢腳）

分手起腳

接前勢。提左腳向左前方蹬踢。同時，兩手成側立掌向左右分開（圖6－134）。

【技擊含義】

若對方雙手來襲，我接其雙腕、肘，分開其雙臂，並起左腳踢對方胸腹部或襠部。

圖 6 － 134

六十、盤　掌

同四十六。唯身體由東南轉向西南，兩腳成右丁八步（圖6－135～圖6－137）。

圖 6 － 135　　　圖 6 － 136　　　圖 6 － 137

六十一、開　手

同第五式，唯面向西南（圖6－138）。

六十二、合　手

同第六式，唯面向西南（圖6－139）。

六十三、右起腳（右踢腳）

動作與四十二式相同，但方向隨體位的改變而改變，右腳往西北踢出（圖6－140）。

六十四、轉身盤掌

1. 轉身退步

接前勢。右腳向後落下，左腳撤至右腳脛處，成左丁八步。轉身面向西（圖6－141）。

圖6－138　　　圖6－139　　　圖6－140

2. 盤掌搓臂

同四十六式（圖6－142、圖6－143）。

六十五、開　手

同第五式，唯面向西（圖6－144）。

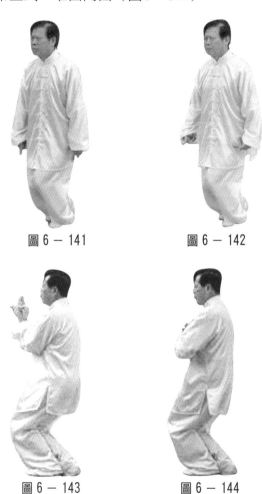

圖6－141　　　　　圖6－142

圖6－143　　　　　圖6－144

圖 6－145   圖 6－146

六十六、合　手

同第六式，唯面向西（圖6－145）。

六十七、斜單鞭

動作同第七式，唯面向西（圖6－146）。

【說明】

本勢又稱作橫單鞭。

六十八、野馬分鬃

1. 收步右雲（收腳掛指）

接前勢。左手手臂靠著身子從左向下、向右、向上劃一孤線，至右臂內側，拇指內掛於中指下方（此動作名為掛指），成立掌，掌心向前。同時，左腳收步，落於右腳

圖6－147　　　　　　圖6－148　　　　　　圖6－149

脛骨的內側，腳尖點地。目視右手（圖6－147）。

2. 前行左雲、接掌發掌

前勢不停。左手向上、向左畫弧經眼前至身體左側，至左手原起處，成側立掌，手心向前，指尖向上；右手向下、向左畫弧至左臂內側，拇指內掛於中指下方，成側立掌。目視左手，指尖向上。與此同時，左腳向左前邁一步，右腳跟步，落於左腳脛骨的內側，腳尖點地。目視左手（圖6－148）。

3. 前行右雲、接掌發掌

前勢不停。右手向上、向右畫弧，經眼前至身體右側，手臂微屈成側立掌，手心向前，指尖向上；左手向下、向右、向上畫弧至右臂內側，拇指內掛於中指下方，成側立掌。右腳向右前邁一步，左腳跟步，腳尖點地。目視右手（圖6－149）。

4. 前行左雲、接掌發掌

前勢不停。左手向上、向左畫弧經眼前至身體左側，至左手原起處，成側立掌，手心向前，指尖向上；右手向下、向左畫弧至左臂內側，拇指內掛於中指下方，成側立掌。目視左手，指尖向上。與此同時，左腳向左前邁一步，右腳跟步，落於左腳脛骨的內側，腳尖點地。目視左手（圖6－150）。

5. 前行右雲、接掌發掌

前勢不停。右手向上、向右畫弧，經眼前至身體右側，手臂微屈成側立掌，手心向前，指尖向上；左手向下、向右、向上畫弧至右臂內側，拇指內掛於中指下方，成側立掌。右腳向右前邁一步，左腳跟步，腳尖點地。目視右手（圖6－151）。

【說明】

(1) 運動中動作身體舒展，兩手分開，一左一右，交替雲手，似駿馬奔騰而頭鬃分張，披落兩旁，故名。

(2) 野馬分鬃實際上與雲手相似，但雲手是側進，而野馬分鬃則是正面前進。此式可視場地情況適當多做幾次，但必須以右式野馬分鬃結束。

(3) 此式由形意拳的蛇形化裁而來，屬於群戰法。一放一收，一開一合，極陰陽變化之能事，故能敵多人之手。

【技擊含義】

(1) 若對方用手進攻我時，我用一掌托其肘或引化來臂，另一掌接拿對方肘部或插入對方腋下進身靠之。

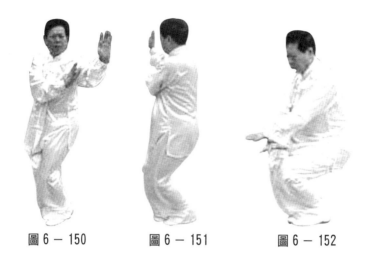

圖6－150　　　　圖6－151　　　　圖6－152

(2) 若對方以右手來擊，我即以左手下按其腕，進右步以右手擊其右鬢。對方若以左手上防，我即進左步，扣其右腿，展左臂自對方左腋下，斜上挑擊。

(3) 若對方前上左腳一步成左弓步，同時用右手向我右臂推擊。我變丁八步為為左弓步，右手黏住左手腕，右手穿入其左腋下，勾住其肩膀，然後向我左後摔去。

六十九、提膝分掌

1. 蹲身十字合手

接前勢。右手往左向下劃一弧線，手臂靠著身子，經小腹處，劃至左胸部左側，與左耳相平，左手不動，兩手交叉，右手在外，左手在內，成十字手，兩手心向前。同時，身體下蹲（圖6－152）。

2. 提膝分掌

前勢不停。提左膝成獨立勢。兩手在提膝之同時向上向左右分開，手心向前，兩手高與肩平，距離與肩同寬（圖6－153）。

【說明】

提膝與分掌要一氣完成。

【技擊含義】

提膝一是為了平衡身體，二是用膝蓋擊對方中盤。分掌，為了架住對方進攻，並分拿對方雙腕。

七十、膝底搓臂

1. 上步採手

接前勢。兩手掌向下採。同時，左腳下落至左前方，成左弓步（圖6－154）。

圖6－153   圖6－154

2. 提膝搓臂

前勢不停。兩手內旋，以肘關節為軸，向下向裡經膝前捲腕，由腹而胸經口角處，向外劃一立圓；兩手外旋，經左膝底捲腕向上，至口面處，兩手手背相靠（搓臂）成卍字手，拇指向前，食指向上，中指分別向兩側。同時，右腳向上提膝（圖6－155）。

圖 6 － 155

【說明】

立身中正，才能完美完成這一動作。

【技擊含義】

對方雙手來攻，我拿住對方雙腕，以卍字手穿擊對方頸部和下頜。

七十一、右懶紮衣

1. 化腕接手

接前勢。兩手內旋相合，兩手手心向下，一個平卍字手，變成右手在前，手心向上；左手在後，手心向下，置於右肘內側。右腳前落，腳尖向前，與左腳成三體式步（圖6－156）。

2. 穿掌卍字手

前勢不停。左手從右手臂下穿出，在穿出同時兩手變成卍字手，左手食指對準右手拇指（圖6－157）。

3. 立圓卍字手

前勢不停。一個圓卍字手，即以兩手手腕為軸劃一立圓，兩手成側立掌，右掌在上，掌心向左；左掌在下，掌心向右，左手尖緊挨右手掌根，兩手蓄於胸前（圖6－158）。

圖 6－156　　　　　　　圖 6－157

4. 跟步按推

前勢不停。兩手乘勢向前推出，兩臂略彎曲，兩手成側立掌，小手臂要平，左手尖離右掌根一二寸處，兩手要有掤勁。同時，右腳向前邁出一步，左腳跟步，成右丁八步，重心在左腳，坐身塌腰（圖6－159）。

圖 6 － 158　　　　　　圖 6 － 159

【說明】

(1) 動作 2、3、4 與第三式 2、3、4 相同。

(2) 化腕接手，是本套路所特有的。所謂化腕，是指用卍字手把對方的來手化掉。對方若鎖住我腕，我用圓卍字手化之，脫腕。然後，是接上對方之手，與之較技。

七十二、左懶紮衣

同第四式（圖6－160～圖6－163）。

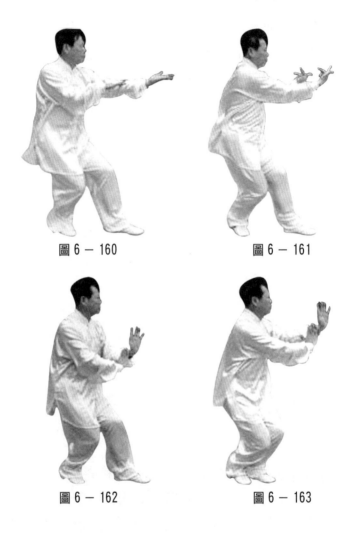

圖 6 − 160

圖 6 − 161

圖 6 − 162

圖 6 − 163

七十三、開　手

同第五式（圖6−164）。

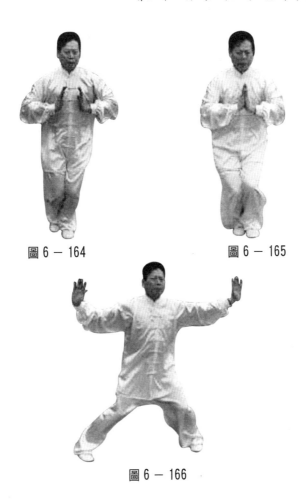

圖 6 – 164　　　　　圖 6 – 165

圖 6 – 166

七十四、合　手

同第六式（圖6－165）。

七十五、單　鞭

同第七式（圖6－166）。

七十六、右通背手（碾腳架推）

接前勢。身體右轉，左腳以腳跟為軸內扣，右腳碾腳外擺，成後坐步（右腳在前伸直，左腳屈膝，重心在後）。同時，左手上架，即往上、往右劃一弧線，至手背貼住前額左上方；右手塌腕，極力向前推去。目視右手食指，面向西（圖6－167）。

【說明】

(1) 右通背手，「背」又寫作「臂」。

(2) 架推時，勁要從背柱發出來，前推右手要塌腕，手掌要成窩型掌，要有抓勁。轉體動作要平穩流利。

【技擊含義】

若對方向我進攻，用拳擊我頭部，我左手上架，右手反擊其胸肋。

圖 6 － 167

七十七、左式玉女穿梭

1. 收腳抱球

接前勢。左腳向前收於右腳脛骨內側。同時，右手往回抽至胸前，手心向下；左手向左、向下、向右畫弧，手心向上，與右手合抱於胸前，右手在上，左手在下，如抱球狀。面向西（圖6－168）。

2. 進步盤球

前勢不停。左腳向西南方向進步，右腳跟步，落在左腳脛骨處，兩腳成左丁八步。兩手沿順時針方向盤球，即右手向右、向下旋轉，左手向左、向上旋轉，兩手合抱於胸前，左手在上，右手在下，似抱球狀。面向西南（圖6－169）。

圖6－168

圖6－169

圖 6 － 170　　　　　　圖 6 － 171

3. 刁手推掌

前勢不停。兩手繼續旋轉，左手轉至左耳旁刁手，成卍字手，拇指向上，食指向前，中指橫對耳朵，食指環著，小指勾著；右手旋轉至身體右側，向左推掌，至左肘下肋部，成側方掌。同時，左腳向左邁出，右腳隨即跟步，成丁八步。面向西南，目視前方（圖6－170）。

七十八、右式玉女穿梭

1. 扣腳轉體抱球

接前勢。左腳內扣，重心移至左腿，身體左轉225度，兩腳成八字扣步。同時 ，左手在上，右手在下，兩手相對如抱氣球。面向東（圖6－171）。

2. 進步盤球

前勢不停。右腳向東南方向進一步，左腳同時跟步，

圖 6－172　　　　　　　　圖 6－173

落在右腳脛骨處，兩腳成右丁八步。兩手沿順逆時針方向盤球，即左手向左向下旋轉，右手向右向上旋轉，兩手合抱於胸前，右手在上，左手在下，似抱球狀。面向東南（圖6－172）。

3. 刁手推掌

前勢不停。兩手繼續旋轉，右手旋轉至右耳旁刁手，成卍字手，拇指向上，食指向前，中指橫對耳朵，食指環著，小指勾著；左手旋轉至身體左側，向右推掌，至右肘部成側立掌。面向東南，目視前方（圖6－173）。

七十九、左式玉女穿梭

1. 蓋步抱球

接前勢。右腳向左前方蓋步（一腳經支撐腳向側方落叫蓋步），同時，右手回抽至胸前，手心向下；左手外旋

向下、向前畫弧，手心向上，與左手合抱於胸前，右手在上，左手在下，如抱球狀（圖6－174）。

2. 進步盤球

前勢不停。左腳向東北方向進步，右腳跟步，落在左腳脛骨處，兩腳成左丁八步。兩手沿順時針方向盤球，即右手向右向下旋轉，左手向左向上旋轉，兩手合抱於胸前，右手在上，左手在下，似抱球狀。面向東北（圖6－175）。

3. 刁手推掌

前勢不停。兩手繼續旋轉，左手旋轉至左耳旁刁手，成凹字手（拇指向上，食指向前，中指橫對耳朵，食指環著，小指勾著）。右手旋轉至身體右側，向左推掌，至左肘部成側立掌。在盤球的同時，左腳向左邁出，右腳隨即跟步，成丁八步。面向東北，目視前方（圖6－176）。

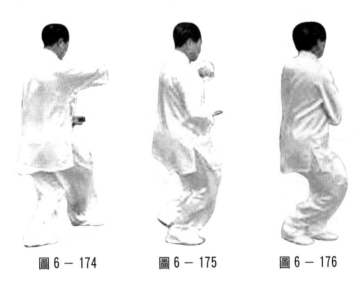

圖6－174   圖6－175   圖6－176

八十、右式玉女穿梭

1. 扣腳轉體抱球

接前勢。左腳內扣，重心移至左腿，身體左轉 225 度，兩腳成八字扣步。同時，左手在上，右手在下，兩手相對如抱氣球。面向西（圖6－177）。

2. 進步盤球

前勢不停。右腳向西北方向進一步，左腳同時跟步，落在右腳脛骨處，兩腳成右丁八步。兩手沿逆時針方向盤球，即左手向左向上旋轉，右手向右向下旋轉，兩手合抱於胸前，左手在上，右手在下，似抱球狀。面向西北（圖6－178）。

3. 刁手推掌

前勢不停。兩手繼續旋轉，右手旋轉至右耳旁刁手，

圖 6－177

圖 6－178

成卍字手，拇指向上，食指向前，中指橫對耳朵，食指環著，小指勾著；左手旋轉至身體左側，向右推掌，至右肘部成側立掌。面向西北，目視前方（圖6－179）。

圖 6 － 179

【說明】

(1) 此式向四隅方向運動，先西南，後東南，再東北，最後西北。旋轉四面，往來不斷，有如織布穿梭而得名。其運動方向雖在四隅，而身體要始終保持中正。推向肋部一掌是一暗手。先師在演練此手時，甚至架推到身後，手心向後。難度很大。

(2) 此式是以少勝多的拳勢。一人對付多人，東南西北四方都顧到，八法五技相機運用。靈活轉身是關鍵。在動作時，要把一個「穿」字體現出來。

【技擊含義】

(1) 此式的基本用法是隨著身的旋轉，一手上架接拿來擊之手，另一手擊其胸肋部。此式在上下左右的方向、位置上攻防嚴密，虛實相生，上掤手嚴密保護好自己的上部，先防對方的來手，下手得機得勢時打出。

(2) 左穿梭：若對方從後右側用右手自上打下，我即右轉身向左前擺好步法，左手用卍手接拿對方右腕，右手向對方胸脅部擊去；左手食指也可以直擊對方眼睛或頭部。

(3) 右穿梭：與左穿梭用法一致，只是方向左右相

易，但也有變法：若對方向我頭部擊來，我上身拗轉，急用右卍字手接住其拳，拇指與食指拑住其腕，用左手握住其右肘，向右側斜採，使其失去重心。如其向後坐腿，我左手仍扣其肘，隨後急上右腳半步，握右卍字手向敵人左耳部擊去。

八十一、盤 肘

1. 退步轉身托肘

左腳退步，右腳扣步，兩腳成八字扣步。同時，右手卍字手變掌外旋，經面部向左、向下畫弧，擺落至左肘上，手心向上；左手變成平掌，托於右肘下，手心向上，兩手交叉於胸前（圖6－180）。

2. 抹 肘

前勢不停。兩手同時穿肘翻轉抹肘，至兩小臂交叉，右臂在上，左臂在下，兩手心向下（圖6－181）。

圖6－180　　　　　圖6－181

3. 化腕子

前勢不停。兩手同時經胸前向左右各劃一弧線，至兩胯外旋捲腕旁，成卍字手，手心向上，拇指向下，兩食指向後，中指向內（圖6－182）。

4. 搓臂合手

前勢不停。兩卍字手捲腕向裡、向上，手背相靠，由腹而胸，上穿至口面處，兩卍字手，拇指向前，食指向上，指尖高與眉目齊，中指橫向左右。然後，兩手內旋變掌，合掌下沉至胸前。同時，左腳收回靠右腳脛骨處，成左丁八步（圖6－183）。

八十二、開　手

同第五式（圖6－184）。

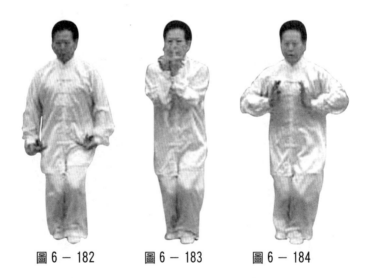

圖6－182　　　　圖6－183　　　　圖6－184

八十三、合　手

同第六式（圖6－185）。

八十四、單　鞭

同第七式（圖6－186）。

八十五、左雲手

同與四十式（圖6－187～圖6－189）。

圖 6 － 185

圖 6 － 186

圖 6 － 187

圖 6 － 188

圖 6 － 189

八十六、雲手下勢

1. 弓步頂肘

接前勢。左腳以腳跟為軸碾轉，腳尖向東，與右腳成左弓步。同時，左手頂肘，肘尖朝東；右手拇指、食指撐開成半月形，至大拇指離胯二三寸處停止，掌心向下，肘尖微向前（圖6－190）。

2. 扣步撐肘

前勢不停。左腳內扣，兩腳成八字扣步。兩手分別外旋至兩腰際；同時身體右轉至面向南，手心向上，兩肘向兩側撐開。目前視（圖6－191）。

3. 左發掌

前勢不停。身體向左轉，成左弓步，面向東。同時，左手向前劈出，成側立掌（圖6－192）。

圖 6 － 190

圖 6 － 191

4. 右發掌

前勢不停。右手向前劈出，成側立掌；左掌成勾手，勾尖朝下，左腕頂於右掌腕下。同時，右腳跟步，成左丁八步，身體直立（圖6－193）。

5. 進步翻腕

前勢不停。左手翻腕外旋至右掌上方，兩手掌背相靠，左手心向上，右手心向下，同時，左腳向前擺步（圖6－194）。

圖 6 － 192

圖 6 － 193

圖 6 － 194

6.翻腕下勢

前勢不停。兩手下按，經小腹向下向上，左右分開，與肩平，兩手心向外（圖6－195）。

圖 6 － 195

【說明】

(1) 因為此式接雲手而來，故名。與以腿下蹲，身體下降不同。

(2) 動作2，形似八卦中的「獅子伏地」式。

【技擊含義】

(1) 對方以右手攻我胸部，我以右手接拿其右腕，向右上引開，並上左步，屈左肘，進攻對方胸肋。若對方來勢迅捷，我在引開來手後，以扣步撐肘進肘，並因應其來勢，左右發掌，擊向對方。

(2) 若對方兩手按我兩臂前推，我兩臂先掤住，突然放鬆，使對方失重。我乘機以左肘向對方胸撞擊，重則折其肋，輕則跌其於地。

(3) 翻腕下勢可反拿對方手腕，因勢擊之。

八十七、右更雞獨立

1.摟膝按掌

接前勢。右腳向下踩腳，兩腿下蹲成歇步（兩腿交叉屈蹲，前後相疊，後膝接近前腿膕窩。前腳全腳著地，腳

尖外展；後腳前腳掌著地）。左手向右、向下，繞右膝畫
弧（摟膝）下按，落至左胯旁成卍字手（拇指朝前，食指
向下，中指橫向內）（圖6－196）。

2. 挑掌提膝

在左手下按的同時，右手向下、向前，向左，經膝前
向上、向右挑起，至右太陽穴旁成卍字手，拇指向上，食
指向前，中指橫向內，無名指、小指分別勾環。同時，
右腳提起，腳尖自然下垂，成獨立步，右肘尖與右膝相對
（圖6－197）。

圖 6 － 196　　　　　　圖 6 － 197

八十八、左更雞獨立

1. 摟膝按掌

前勢不停。右腳落步，兩腿彎屈徐徐下蹲成歇步，右
手變掌，向前、向左、向下，繞右膝畫弧（摟膝）下按，

落至左胯旁成卍字手，拇指朝前，食指向下，中指橫向內（圖6-198）。

2. 挑掌提膝

在右手下按的同時，左手向下、向前，向右，經左膝前向上、向左挑起，至左太陽穴旁成卍字手，拇指向上，食指向前，中指橫向內。同時，左腳提起，腳尖自然下垂，成獨立步，左肘尖與左膝相對（圖6-199）。

【說明】

(1) 因外形動作，一腳提起，一腳獨立支撐，一手上揚作展翅勢，狀若雄雞獨立，故名。「更」舊讀「金」。古代將夜間時間分為五更，民間則以雄雞報曉作為計算標準，故有「更雞」之名。陳式、楊式、吳式均寫作「金雞獨立」，而武式、孫式寫作更雞獨立。

(2) 每一式的動作1、2要同時完成。右（左）腳落地

圖 6 - 198

圖 6 - 199

時，要腳尖勾起，腳跟著地，才能力貫於腳。

(3) 整體動作要注意平直圓。獨立時身體要直，腰要塌住，腳要站穩，彷彿有泰山不移之勁。提膝要高，腳尖自然下垂。卍字手上挑時動作要圓活。整個動作完成後，要給人八面支撐之感。

【技擊含義】

(1) 對手用腳向我進擊，我一手向下摟開其腳，另一手向上挑起其手臂，同時提膝，衝頂對方的襠部或小腹部。並用卍字手刁拿對方的手腕，或點刺對方的頭面。

(2) 若對方用拳或掌進擊我胸，我以一手變成卍字手向上挑開之，以後腿之膝衝其小腹，或起腳踢其襠，或蹬其膝關節，並以前手（卍字手）點刺對方頭部或擊其下巴。

(3) 若我以右手擊對方，對方以左手格開，同時以右手向我進擊。我即出右手挑開對方左手，同時，進左步，提右膝以頂撞對方小腹，或用右腳蹬其襠部或膝。若對方後退，我則起腳蹬出；若對方倒地，我即落步，隨機踐踏其腳背。

(4) 此式適用於近戰，越近越可提膝。先師認為，此式上卸頭頰（下巴），下傷腳背，中間提膝傷腹，易傷性命，故不可輕用。

八十九、朝天蹬（朝天蹬腳）

接前勢。左腳以腳跟為力點向上向前蹬去，力求腳跟朝天（亦可用雙手將左足向上搬起）（圖6－200a、圖6－200b）。

圖 6 - 200a   圖 6 - 200b

（右圖為再傳弟子周德良朝天蹬遺照）

【說明】

(1) 先師曾云：「提膝便有腿。這是一種腿法。」朝天蹬，原出自「紅拳十大盤功」第八盤功朝天蹬勢。孫祿堂祖師把引進到「三十六手」中，體現了該拳的特點：內家拳與外家拳的精華融為一體。

(2) 先師晚年，由於年事已高，在演練朝天蹬一式時，只是左腳提膝，左手掌上擎，右手托左手肘尖。左腳膝與右手掌心、左肘尖，「三尖」相對。

(3) 在先師的再傳弟子中，周德良（武術六段，國家級裁判）腿功最好。他曾兩次在全國性的武術運動會上表演三十六手，在表現到朝天蹬一式時，曾三起三落，全場掌聲如雷鳴，經久不息。

【技擊含義】

此式是與人較，人欲逃避時，我乘勢一腳蹬起，使其到地。此式重在蹬對方頭部，極度其兇險，不可輕用。

九十、摟膝拗步

1. 抱　球

接前勢。左腳下落，左腳屈膝回收，腳尖自然下垂。兩手順時方向旋轉至胸前，兩手相抱，手心向對，左手在上，右手在下，如抱球狀（圖6－201）。

2. 提膝摟膝

前勢不停。提左腿，腿與腰平，同時，左手摟膝（手掌平展，手心向下，繞膝畫弧）至左胯旁，手心向下，拇指與食指張開，呈半月形，肘尖稍向前方（圖6－202）。

圖6－201　　　　圖6－202

3. 跟步發掌

前勢不停。左腳上步，右腳跟步，兩腳成左丁八步。同時，右手先翻轉後由腰經胸部向前推出，成側立掌，手臂似直非直，似屈非屈（圖6－203）。

【說明】

(1) 發掌與跟步要同時進行，發掌時要做到腳踩手發，完整一氣，八面支撐。

(2) 所發之掌為窩形掌，用手掌的小魚際擊人。左手肘尖稍向前方，可以增長支撐之力，也可以防對手的進攻。

圖6－203

【技擊含義】

(1) 抱球一為調整姿勢，二為蓄勢，為下一動作鋪墊。左手畫弧摟膝是為了化解來敵之手，右手發掌是進攻。

(2) 若對方用拳或掌擊我胸，我則左手畫弧化解，對方後退，我則上前一步，踩其腳板，右手同時鏍旋形發掌，擊其心口。

圖6－204

九十一、手揮琵琶

動作同十六式（圖6－204）。

九十二、左懶紮衣

1. 撐　掌

接前勢。左腳上前半步，右腳跟步，成三體式步。同時，兩手肘關節為軸向左翻轉90°，左手在前，掌心向上；右手在後，掌心向下，兩手向前撐平，兩臂微屈（圖6－205）。

2. 穿掌卍字手

前勢不停。右手從左手臂下穿出，在穿出同時兩手變成卍字手，右手食指對準左手拇指（圖6－206）。

圖6－205　　　　　　　圖6－206

3. 立圓卍字手

前勢不停。一個圓卍字手，即以兩手手腕為軸劃一立圓，兩手成側立掌，左掌在上，掌心向右；右掌在下，

圖 6 - 207　　　　　　　圖 6 - 208

掌心向左，右手尖緊挨左手掌根，兩手含蓄胸前（圖6－207）。

4. 跟步按推

前勢不停。兩手乘勢向前推出，兩臂略彎曲，兩手成側立掌，小手臂要平，右手尖離左掌根一二寸處，兩手要有掤勁。同時，左腳向前邁出一步，右腳跟步，成左丁八步。重心在右腳，坐身塌腰（圖6－208）。

【說明】

除動作 1 外，其餘均同第四式相應動作。

九十三、右懶紮衣

同第三式（圖6－209～圖6－212）。

九十四、開　手

同第五式（圖6－213）。

圖 6 − 209　　　　　　　　圖 6 − 210

圖 6 − 211　　　　　　　　圖 6 − 212

圖 6 − 213

九十五、合　手

同第六式（圖6－214）。

九十六、右單鞭

同第七式，唯方向相反，即右腿屈蹲，左腿微屈（或自然伸直），其餘同左單鞭（圖6－215）。

【說明】

所以為右單鞭是是為了便於與下式的「右雲手」自然相接。

九十七、右雲手

同第四十式，但左右方向相反（圖6－216～圖6－218）。

圖 6－214　　　　　　　　　　圖 6－215

圖 6 - 216 圖 6 - 217

圖 6 - 218

九十八、左雲手

同第四十式（圖6－219～圖6－221）。

圖 6－219　　　　　　　圖 6－220

圖 6－221

九十九、高探馬

同四十一式，唯「撤步接手」「虛步劈掌」面向西（圖6－222～圖6－223）。

圖6－222　　　　　　　圖6－223

一〇〇、十字蹬腿

1.抱　球

接前勢。右手內旋，轉手心向下；左手外旋，轉手心向上，右手在上，左手在下，兩手心相對，抱在胸前，如抱球狀。同時，右腳以腳跟為軸，腳尖外擺，兩腳成錯綜八字步。面向西（圖6－224）。

圖6－224

圖 6 － 225　　　　　圖 6 － 226

2. 踩步盤球

前勢不停。兩手順時針方向立圓輪轉半圈，至左手在上，手心向下；右手在下，手心向上。兩手相對，抱於胸前。同時，左腳往前邁一步，成錯綜八字步（圖6－225）。

3. 十字蹬腿

前勢不停。右手向左臂外穿出，兩手成十字手，手心朝內，復轉手心向外，兩手從胸口橫平宛如竹杆向左右分開，手臂與肩平。右腳在兩手分開之時，提膝蹬腳（圖6－226）。

【說明】

(1) 此式又名十字擺蓮，原有兩掌與右腳也可以相向運行擊拍，上刮下掃，疾似風擺荷葉而得名。

(2) 先師在演練此式時，原有左手在右腳外擺時拍右腳面的動作，現省略。

【技撃含義】

(1) 盤球動作用法同前。兩手分開對方的雙臂，提膝蹬向對方的胸肋或頭面。

(2) 若對方左腳前上一步，同時左手向我胸脯推擊；我身體稍左轉，同時用左手黏對方左腕，用右手黏對方左肘，向左後回領，接著我右手上推對方左臂，同時左腿支撐身體，右腳蹬擊對方腹部或膝關節。

(3) 此式右踢左打，是敵多人之招。腿肢並用，八面支撐，隨機施用，不能固執一法。

(4) 前人有詩云：「腳踏十字型大小五行，隨著進退顯屈伸。只因及遠兼敵眾，踢在前陰蹬在胸。」

一〇一、進步指襠捶

1. 踐步蹚泥

接前勢。右腳向前落下，蹲身向前邁三步，前腳腳跟先著地而後腳掌著地，後腳跟先離地而後腳掌向後踏離地面，兩腳形成蹚泥，至右腳在前（圖6－227）。

2. 跟步打捶

接前勢。右腳邁出第三步時，左腳跟步，靠右腳脛骨處，成右丁八步。

圖 6 － 227

243

兩臂隨邁步徐徐下落於兩胯旁，同時右手變拳（金剛拳），
向前下鑽擊，如指物狀。身體成三折疊形，左手扶右肘內
側，手心向下，目視右手（圖6-228）。

圖6-228

【說明】

(1) 指襠捶是太極拳以捶為名「五捶」中的最後一
捶，屬下路出擊之捶。因連續進步以拳直擊敵襠，故名
「進步指襠捶」。

(2) 蹚泥步（又叫挖地步。它是迷蹤拳的基本步法，
又是技擊性很強的步法。一隻腳前邁步，落地，後腿屈膝
下蹲，另一隻腳同時下踩，用前腳掌向後蹬並向上翻蹶，
腿屈膝，腳掌朝上。要求全身放鬆下沉，重心落在前腿
上，後腳掌後蹬、上翻要有力，似在蹚泥或挖地）前進，
人蹲得很低，像飛鳥從樹上束翅往下飛落，嗒、嗒、嗒，
蹚泥前進。孫祿堂宗師在示範這式時，地上留下了三個深

深的腳印，將腳下泥土後蹬上翻經頭上方落至身前。而拳形也不是現在的一般拳形，是食指彎曲，大拇指壓住食指，中指又緊壓大拇指，然後無名指與小指緊曲，形如一個錐子，擊出時是螺旋進擊，擊在對方陰囊上。被擊者輕則重傷，重則斃命。先師告誡曰：「此為專擊下部之招，也是致命之招，切勿輕用。」

踐步（上步踐踏）前進三步，也可視場地，前進五步或七步或九步。

(3) 身體成三折疊形，臀部要斂，不能撅出。拳諺說：「突臀哈腰，功夫不高。」

【技擊含義】

(1) 若對方進攻之手被我握住，或我進攻之手為對方所握，我則向左上方斜掛以化之，同時以右拳擊其襠。

(2) 如我用指襠捶法，手臂被對方捋住並向下捋帶時，順勢進步用肩頭直奔對方胸部靠擊，同時實施摟腿及指襠捶。

(3) 若我進擊對方前胸，對方以右手接我手腕，以左手掩肘以制我，我可順其掩肘之勢，屈肘向左劃立圓，自左而下而前，同時進右步，蹲身，反臂由下向上撩擊對方襠部。

(4) 若對方從正面用拳或用腳進攻我，我兩手展開，摟撥之，然後矮步前進，擊其襠部。

(5) 前人有詩云：「既然狠毒還須快，指著他襠敬一錘。任他鐵壁與銅牆，如何強硬莫慌張。提錘直指襠間去，教他傾刻便離陽。」

一〇二、右懶紮衣

1. 撐　掌

接前勢。身體直起後坐，左腳後撤一步，與右腳成三體式步。同時，右手變掌，掌心向上；左手仍扶右肘內側，掌心向下，兩手向前撐平，兩臂微屈（圖6－229）。

2. 穿掌卍字手

前勢不停。左手從右手臂下穿出，在穿出同時兩手變成卍字手，左手食指對準右手拇指（圖6－230）。

3. 立圓卍字手

前勢不停。一個圓卍字手，即以兩手手腕為軸劃一立圓，兩手成側立掌，右掌在上，掌心向左，左掌在下，掌心向右，左手尖緊挨右手掌根，兩手蓄於胸前（圖6－231）。

4. 跟步按推

前勢不停。兩手乘勢向前推出，兩臂略彎曲，兩手成

圖6－229　　　　圖6－230　　　　圖6－231

側立掌，小手臂要平，左手尖離右掌根一二寸處，兩手要有掤勁。同時，右腳向前邁出一步，左腳跟步，成右丁八步。重心在左腳（圖6-232）。

一〇三、左懶紮衣

同第四式（圖6-233～圖6-236）。

圖6-232　　圖6-233　　圖6-234

圖6-235　　圖6-236

一〇四、開 手

同第五式（圖6－237）。

一〇五、合 手

動同第六式（圖6－238）。

一〇六、單 鞭

同第七式（圖6－239）。

一〇七、單鞭下勢

圖 6 － 237

1. 轉身按掌（坐步疊掌）

接前勢，身體以兩腳跟為軸向左轉，面向東，重心後移，成右實左虛步。同時，左手略下落成側立掌，手心向

圖 6 － 238

圖 6 － 239

右，眼隨左掌前視。右手畫弧，落於右腰際，手心朝下
（圖6－240）。

2. 雙推掌左弓步（進步推掌）

前勢不停。右手向左推去，與左手成雙推掌（兩掌側
立）。同時，重心前移，成左弓步（圖6－241）。

3. 退步刁手

前勢不停。兩手往兩側劃一弧線，至兩胯旁，兩手個
旋至手心向上，成卍字刁手，拇指向下，食指向後，中指
向內。同時，左腳往後移，離右腳後跟寸許，腳尖點地
（圖6－242）。

【說明】

(1) 這一式在在單鞭之後，身體有下降之意，故名。

(2) 動作1，右手往下畫弧時，要有一股擰勁。左手下
落，要有沉勁。要注意鬆腰展胯。

圖 6 － 240　　　　　　　　圖 6 － 241

圖 6 － 242　　　　圖 6 － 243

【技擊含義】

(1) 與人交手，我雙臂被對方握住，無地後退，我即採用下勢式，身體往下沉坐，沉肩墜肘，直腕展指，兩掌前下推按。若對方又欲擒拿我雙腕，我迅即兩手往兩側畫一弧線，至膝胯旁，以卍字手化刁來手。若對方進我身，我則以左腳踢其膝關節，或用卍字手，點刺其胸口。

(2) 若我坐勢下壓，對方後撤，我便以兩手掌前衝其胸背。

一〇八、上步七星（跟步捧掌）

接前勢。兩手變掌從兩胯旁向上、向體前捧起，右掌在外，掌心向左；左掌在內，掌心向右，兩腕相交，掌根相靠。兩手距胸前約 10 公分。目視兩手。左腳在兩手上起時向前邁一步，右腳跟步，靠向左腳脛骨處，與左腳成

丁八步，面向東（圖6－243）。

【說明】

(1) 拳家歷來稱頭、肩、肘、手、胯、膝、腳為「七星」。此拳勢，兩手十字相交，兩腳成丁八步，從側面看，這七個出擊點，恰似北斗七星而得名。

(2) 上步、跟步與兩掌相交要一致，上體要直，兩肩要平，兩膝要屈圓（不能有死角），以增加張力。沉肩墜肘，氣沉丹田，勁起於腳，主宰於腰，形於手指。但腰部要防止為了保持平衡而僵硬。拳勢的整個造型，有點像打腳氣的皮球，觸哪裡，哪裡就能觸發。

【技擊含義】

(1) 頭、肩、肘、手、胯、膝、腳為「七星」，又為「七拳」。太極拳練成後，全身像圓球彈簧，觸哪裡，哪裡就觸發。這七拳，任何一拳都能進攻別人。所以此式為進擊法，接下勢而來。若對方向我進攻，我以下勢壓其臂。其後撤，我即上步以左臂掤其右臂，同時進步以拳上擊其頭部。

(2) 若我以左掌進擊對方，被對方抓住手腕，我可用順化法，順其勢繼續向前伸手，同時上右步出右拳，以上步搬攔捶之法，擊其胸口或下巴；或者上步用肩靠對方，或用肘擊其肋，甚至可用頭頂其耳門。總之，「七星」可隨機而選用。

(3) 若對方用右順拳擊我，我以左掌掤化，同時上步用右拳自下而上挑擊其下巴，右腳蹬擊其膝關節，或踩踏其腳面。

一〇九、退步跨虎

1. 轉身擺掌

接前勢。右腳後退一步，左腳隨之後撤，身體向右轉。同時，兩手由前向右擺至身體右側，兩手相抱，掌心相對（圖6－244）。

2. 虛步摟按

前勢不停。身體左轉，右手由右胯旁向下、向後、向上，經右側方向向左、向前、向下畫一立圓，拇指、食指張開，成半月形，按於左膝上方，掌心向下；左手由右胯旁向右、向前、經膝前向左、向後畫一平圓，拇指食指張開，成半月形，按於左胯外側約一寸處，掌心向下。與此同時，左腳後退半步成右實左虛步（圖6－245a、圖6－245b）。

圖6－244　　　　圖6－245a　　　　圖6－245b

【說明】

(1) 右腳後撤，兩手分開，其轉身退步之勢像跨上虎背，故名。

(2) 退步、提膝、分掌，三者協調一致。退步則為全身重心移於右腳，要運用脊柱之力，達於兩臂，不要只是四肢在運動。左手勁點在虎口，右手勁點在腕掌。

(3) 做退步跨虎時，向後退步時注意右腳的落地點，不要踏在一條線上。成退步跨虎式時，上體不可朝右側傾或後仰、前俯，仍須正直。兩掌分開後，兩臂要呈弧形，注意兩掌不要距離身體太開而形成鬆散的現象。

【技擊含義】

(1) 此式與上步七星緊密相連，上步七星為進擊法，退步跨虎為退擊法。若我以上步七星進擊對方，對方橫推我肘臂，我即退步，以左手纏捋其左臂，或用採手向左斜上方引領，並以右掌擊其小腹。

(2) 由上步七星式，若對方右腳在前，用雙手按來，我急退右腳半步，重心在右腿，同時用兩手腕向上下分開，右手腕在其左腕內側向上挪住，左手向左下方牽其右腕，或握住其右腕向左下側暗施採勁，以牽動其重心，成一跨虎式。

(3) 太極拳十三法為掤、捋、擠、按、採、挒、肘、靠，進、退、顧、盼、定。本式中的「退」也是一法，退中有進，下採上挒，分散對方的力後，右手腕隨身稍轉動，就能管住對方，發招進擊。例如：對方用雙手按來，勢猛如虎。我將兩腕黏接對方兩腕，左手往

左側下採，右手往右側上挒，順勢退一步，使對方來勢
和全身都落空，我則用左腳踢其小腹，其必必倒矣！

一一○、轉身擺蓮

1. 旋手轉身

接前勢。左腳向右腳外側蓋步，右腳提起，身體向右
旋轉 225°成獨立步。同時，右手隨身體旋轉靠貼於右胯
側，手心向內；左手隨身體旋轉，轉手心向上、向前、
向右畫一平圓，至右胯與右手背相靠，手心向外（圖6－
246a、圖6－246b）。

圖 6 － 246a   圖 6 － 246b

2. 托膝出掌

前勢不停。兩手同時從右胯側右腿根部抹至右膝兩
側。右腳往後撤一步。兩手在右腳後撤之同時向前托掌，

兩手心向上。兩腳成左弓步
（圖6－247）。

【說明】

(1) 轉身擺蓮又名轉腳擺蓮、轉角擺蓮，兩掌與右腳上下相向運行，上擊下掃，疾如風擺荷葉而名。

(2) 先師演練此式原有拍擊動作，今省略。

(3) 此式身體旋轉成一平圓，快疾好似旋風。身體

圖 6 － 247

要中正，不可傾斜，用勁在下腿而不在腳，故此式主要練腰腿平衡力。

【技擊含義】

(1) 對方自左側用右拳向我擊來，我左掌向右掩攔，同時身體右旋，兩手按推對方右臂，左腿掃擊對方膝部，對方必倒地；若要傷敵，則可擺踢稍高，用腳跟猛踢其襠部。

(2) 若對方從我右後方擊來，我急速向右後轉身，左掌攔擊之，右掌橫擊其胸，左腿橫掃其腿。若未掃中，可提右膝，擊其腹，雙手托膝出掌，推倒對方。

(3) 先師云：「柔腰百折在無骨，撒手全身皆是手。」這是風擺荷葉之妙。前人有詩云：「擺蓮橫腿最為精，此處還添一轉身。平原掃去英雄倒，轉後撲擊神鬼驚。連環直打勢真凶，雙採右臂敵前傾。右轉身來急起步，擺蓮橫腿見奇功。」

一一一、彎弓射虎

1. 坐步收掌

接前勢。兩手扣掌往下收至兩胯旁。同時成後坐步，即左腳前伸，右腳屈膝，重心後坐（圖6－248a、圖6－248b）。

2. 翻掌推按

前勢不停。身體成右弓步。同時，兩手翻掌，向上向前推按，與肩平（圖6－249）。

【說明】

(1) 此式如獵人騎在馬上張弓向下射虎，故名。

(2) 此式運動的關鍵在於腰。兩手扣掌後翻掌向前推按，既要有推勁，又要有按勁，發力時由腳而腰而手。

(3) 身體雖前傾，但不失中正。

圖 6 － 248a   圖 6 － 248b   圖 6 － 249

【技擊含義】

(1) 此式為乘勢衝擊法。若對方緊握我兩手，我順勢坐步收掌反採其兩腕，隨即上步翻掌推按其胸脯，用直衝勁將其發出。

(2) 對方右手自前打來，我雙手往右將來手拿住，右腳上步，我雙手順勢稍向上提起，以消其力。對方被拿住，必更出力抵抗，欲向後拉，我作彎弓勢，並順其勁向前推按，借其後縮之力，將他射出。

一一二、雙撞捶

1. 扣掌收步

接前勢。兩手往下收回至腹部扣掌握拳，拳心向下與臍平。同時左腳收步，與右腳成丁八步（圖6－250）。

圖 6 － 250

2. 跟步雙撞捶

前勢不停。兩手成豹拳（拇指內扣，四手指第一節相扣，第二節曲折與手背平），再往前平伸撞擊，兩拳眼相對，拳背朝上。同時左腳向前半步，右腳跟步靠向左腳脛處，兩腳成左丁八步（圖6-251）。

圖6-251

【說明】

(1) 雙撞捶，又名「雙抱捶」、「當頭砲」等，為太極五大捶之一。楊式的「雙撞捶」含在「彎弓射虎」中，但武式與孫式是緊跟「彎弓射虎」而來。雙撞捶的大形即為形意的馬形，其基本原理都一樣。

(2) 雙撞捶所握之拳型為豹拳：大拇指內扣，其餘四手指的中節彎曲與手背平，第一節內扣。著力點在四指中節。

(3) 「扣掌收步」是為了蓄勢，兩腿要彎曲，腰下塌，跟步與撞拳一致，腳踩手發，借整體之勁撞擊對方。

【技擊含義】

(1)「懷抱雙捶誰敢進，走遍天下無人攔。」說明了雙撞捶的威力。

(2) 我採住對方兩腕後，對方向後掙脫，我即變兩手為拳，右腳上半步，乘勢撞擊對方胸肋。

(3) 若對方從左側擊來，我將腰向右轉，用右臂外旋掩裹；同時進左腳，用左拳擊其胸。若對方以右拳格攔，我右拳順勢前擊，兩拳可連珠進擊，對方無喘息之機也。又如對方將右臂向右推，我順其來勢向右送，即以右拳轉至對方右肋下，用腰勁攻之，左拳擊其胸或背部。

一一三、雙碰撞（翻手雙碰撞）

接前勢。兩拳以腕關節為軸外旋，向左右各畫一立圓，翻轉成拳心向上，兩拳輪相碰。身體重心微沉，兩腳仍成丁八步（圖6－252）。

【說明】

這一式是本套路所特有的。

【技擊含義】

緊接雙撞捶而來，我打出雙撞捶後，對方用雙方托住我雙拳，我即以雙拳以外旋之力化解，並擊向對方頭肋兩側。

圖 6－252

一一四、十字手

1. 扣步轉身

接前勢。雙拳不變。左腳扣步，身體右轉，轉至面向南（圖6－253）。

2. 退步十字抱掌

前勢不停。右腳後退一步，重心落於右腳。同時，兩手變掌，交叉相抱於胸前，左掌在外，右掌在內，掌心向內（圖6－254）。

3. 虛步十字抱拳

前勢不停。雙掌變拳往下內旋一圈，交叉相抱於胸前，仍是左拳在外，右拳在內，拳心斜向下，拳眼向內，兩肘下沉。同時，左腳提起，以腳根向前著地，成右實左虛步（圖6－255）。

【說明】

(1) 兩腕交叉於胸前，狀如十字，故名。

(2) 身體右轉要自然。虛步時，提頂吊襠，含胸拔背，處處注意平直圓，身體要保持中正安舒。

(3) 意念在兩手掌，勁點在腕處。拳掌翻轉手腕要圓活。拳論講：「手活於腕。」手的技擊功能在於腕活。卍字手的功能之一，就是練活手腕。

【技擊含義】

(1)「十字手法變不盡」，本勢可守可攻，掤捋擠按採挒肘靠八法，橫引斜旋，可任意運用。它的基本用法是：若對方用雙拳打來，我用雙掌自下往上掤如十字，架開其

圖 6 － 253

圖 6 － 254

圖 6 － 255

雙手。旋則變拳，反擊對方，十字手中暗含纏拿手法。

　　(2) 若對方坐腿，用兩手握住我兩手腕向後用採法，我急上右腳一步；同時翻左手掌掤住敵人右腕，右手速即五指併攏向下扣緊，用手背向胸部擊去。

　　(3) 若對方向我右側擊來，我急右轉身，以雙碰拳攔擊對方。對方又用雙掌向我胸前劈來，我以十字掌架住，雙掌變拳往下內旋一圈，以雙撞拳擊對方頭部或胸部。

　　(4) 若對方用雙手向我胸部推來，我即以兩手腕部黏其兩手向上挑起，隨之再向左右分開來手；此時對方兩手被我分開胸部必亮出，我即在胸前兩拳交叉，以擊其胸部。

一一五、收勢

1. 退步收手

接前勢。兩拳變掌，手心向內。同時，左腳收回成八字步（圖6－256）。

2. 分掌下落

前勢不停。兩手左右分開，手心向上，落至下腹兩側。同時，右腳以腳前掌為軸，腳跟外撇成扣步（圖6－257）。

3. 分掌上托

前勢不停。兩手向左右兩側分開，手心向上托起。同時，右腳以腳跟為軸，腳尖外撇（圖6－258）。

4. 抹鬍子按掌

前勢不停。兩手向內至兩頰處，手心向內，經口角處徐徐向下，如抹長鬚狀，收到兩腿側，手心向內，手背向外（圖6－259）。

圖 6 － 256

圖 6 － 257

5. 還原無極式

前勢不停。與抹鬍子同時，左腳收回靠向右腳，成八字步，兩腳成 90° 並立，身體中正安舒，下頷微收，上下成一直線。舌頂上腭，穀道微提，兩手自然下垂，雙肩鬆沉。兩目微閉，心無所思，意無所動，目無所視，若處在一種空空洞洞的入靜狀態。默站一會，讓練功所得的功力在全身靜靜流通，最終收歸丹田（圖6－260）。

圖 6 － 258

圖 6 － 259

圖 6 － 260

【說明】

(1) 收勢位置必須與起始位置相合。俗話說：「會打一條線，不會打一大片。」本套路結構嚴謹，絲絲入扣，從哪裡起必從哪裡合。

(2) 抹鬍子這一動作，確證此式是孫祿堂祖師晚年所創。

(3) 筆者有幸親睹先師陳健侯先生，演練此套路結束時，還要走一會趟子，由快到慢，最後才站定，抹鬍子，收式。

結束語

孫氏三十六手太極拳全套套路圖解到此結束，有讀者問到呼吸問題，故我們還想說一下。

常見的呼吸主要有兩種方式：胸式呼吸和腹式呼吸。胸式呼吸以肋骨和胸骨活動為主，吸氣時胸廓前後、左右徑增大。由於呼吸時，空氣直接進入肺部，故胸腔會因此而擴大，腹部保持平坦。腹式呼吸以膈肌運動為主，吸氣時胸廓的上、下徑增大。

腹式呼吸可分為順呼吸和逆呼吸兩種。順腹式呼吸即吸氣時，輕輕擴張腹肌，使小腹部隆起，在感覺舒服的前提下，盡量吸得越深越好；呼氣時再將腹肌放鬆，小腹部內凹。逆腹式呼吸與順腹式呼吸相反，即吸氣時輕輕收縮腹肌，呼氣時再將它放鬆。

具體說來，逆腹式呼吸是指吸氣時腹部自然內收，呼氣時小腹自然外鼓。逆腹式呼吸，生理學上稱為變容呼吸。吸氣時腹肌收縮，腹壁回縮或稍內凹，橫膈肌隨之收縮下降，使腹腔容積變小；呼氣時腹肌放鬆，腹壁隆起，橫膈肌上升還原，使腹腔容積變大。逆腹式呼吸法在呼吸時改變腹腔容積，而使腹腔改變的內容物又不是吸入或呼出的空氣，而是另外一種物質，這種物質就是「內氣」。所以，逆腹式呼吸法在名稱上是一種呼吸空氣的「方式」，實質上則是內氣的「呼吸」（升降、鼓盪）。

太極拳內功的修煉方法，是一種逆腹式呼吸法，即吸

氣時逐漸收縮腹部，擴張肺部，呼氣時放鬆腹部，使之逐漸隆起。蓄力是吸，胸部隆起，腹部收縮；發力是呼，胸部收縮，腹部隆起，也就是氣沉丹田。欲擊人時，如果不氣沉丹田，是無法發力的。

本套路開始練習時，可以採用自然呼吸法，待十分熟練後，改用逆腹式呼吸。

以懶紮衣為例，「轉體擺掌」為吸，「穿掌卍字手」為呼；「立掌卍字手」為吸，「跟步按推」為呼。開合樁採用的也是逆腹式呼吸，所以說「吸氣時氣貼脊背，呼氣時氣沉丹田」。

中老年練此樁時，如果僅僅為了修身養性，也可採用順腹式呼吸法。青年人學拳如果是為了防身克敵，一定要學會逆腹式呼吸法。無論順式還是逆式，都要舌尖輕輕頂住上腭，氣要深、長、細、勻，以自我感覺舒適為好，切忌用力過猛，否則會頭暈發脹，嚴重者可能出偏。呼吸問題，一方面要老師指導，另一方面主要也要靠自己摸索。「師父領進門，修行在個人。」

有人說：「生命在於運動」；也有人說：「生命在於靜養」。這兩種觀點都有片面性。我認為「生命在於動靜結合」。太極拳是動靜結合的最佳修煉功法。願大家都來練習太極拳，以修身養性，延年益壽。

第七章

孫門推手絕技—卍字手妙用舉隅

　　武術技擊有三種形式：一為生死搏鬥，二為打擂臺，三為推手。推手與前二者是不同的，推手目的不在於勝負，而在於互相切磋，取長補短，互相學習。

　　推手雙方絕不能爭強好鬥，絕不能以蠻力、死力相拼，而要以巧妙的方法制人而不傷人。

第一節　卍字手的推手練習方法

　　太極的各門各派對推手都有一套訓練方法，而孫太極除了有一般的訓練方法外，還有一套獨特的訓練方法，那就是卍字手在推手過程中的運用。從《易》理上說，「卍」為乾，手為艮，卍字手為天山遯。遯者，遁藏也。與人技擊時，對方根本看不到自己卍字手的變化。卍字手是無形的手，是遁形的手，對方防不勝防。這套方法不見於《太極拳學》，也不公開傳授，而只擇人密傳。

　　下面把我們知道的略述一二，以磚引玉，希高明指

正。有緣人若能由此而舉一反三，是我們之大幸也。

如眾周知，太極推手是習練太極拳的重要步驟，即是與人搏擊、打擂臺的準備階段，也是高尚技擊（友誼賽）的提高階段。其手、肩、臂、身、腰、胯、腿、腳等各部位都能得到合理的訓練。

太極功夫講的是「沾、黏、連、隨」，而「黏」字尤為重要。卍字手的推手練習主要練的是一個「黏」字。

太極拳技擊最重要的特點引進落空、四兩撥千斤，而要實現這樣的目標，首先要過「黏」字關。因為只有「黏」住了對方，才能聽到對方的勁，才能做到「人不動己不動，人動己先動」。

下面具體介紹孫氏三十六手太極拳「黏」勁的練習法。

1. 黑方以卍字手，即以食指與中指丫卡住白方的小臂（圖7－1）。白方手臂上提，黑方順勢上行（圖7－2、圖7－3）。

2. 白方手臂下引，手內旋換虎口（圖7－4），下行至胯部時，黑方順勢手腕外旋，又以中指和食指卡住白方手臂上行。

如此反覆循環進行。

【注意】

(1) 做此練習時，手、腿、腰等鬆緊要合度，恰到

圖7－1

好處。

　　(2) 持之以恆，反覆練習，每日數百、數千次地練習，做到習慣成自然。

　　在推手高級階段——打擂臺、搏鬥的過程中，許多招式都是潛意識的行為，而這種潛意識行為，是平時刻苦訓練的結果，是習慣成自然的行為，這如同足球運動員的臨門一腳一樣。

　　孫祿堂先生創造如此簡潔的推手練習方法，實是我們後人的幸運啊！

圖 7－2

圖 7－3　　　　　　　圖 7－4

第二節　卍字手妙用舉隅

第一招　騎馬問路

雙方站定，白方迎門上步進黑方中門，左手護肘，出右手，以卍字手反掌（**手心向上**），用虎口直撲黑方喉部；若得手，大拇指與食指即強收攏，似鉗子卡拿黑方喉部（圖7－5、圖7－6）。

【**注意**】

(1) 在使用此招時，身體要中正，蹋腰，腳趾抓地，蓄住勁，身體略現弓形，決不能前傾或後仰。全身要有一種掤勁，即出之手與己胸間似有一彈簧。這一點至關重

圖7－5　白方用卍字手，
　　　黑方不用卍字手

圖7－6

要。因為只有這樣，才能不被對方所利用，並能在意圖不能實現時，以身帶手，以最快的速度變手。

(2) 右手出手要快、準、狠，以迅雷不及掩耳之勢卡掐對方喉部。

(3) 此招名騎馬問路，意在試探對方有無武功。對方若武功不高，到此即成敗局。所以，常說，一出手就知勝負，就是這個道理。若對方是行家，用右手背來迎我右手，即成雙方推手之勢，雙方可開始推手（見第三招）。若對手力大，雙手亂迎，我即行下勢。

第二招　三行掌

此勢由三個動作組成，故名三行掌。

1. 白方速回右手，同時以左手速擊黑方眼部與鼻部；若得手，以左掌將黑方鼻骨上推（圖7－7）。

2. 若不得手，白方速回左手；同時，右掌速擊黑方喉部（圖7－8）。

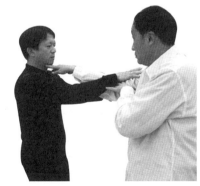

圖7－7　　　　　　　　圖7－8

3. 若仍不得手，白方速回右手，出左手，直擊黑方腹部（即兩手以極度快的速度，交替擊對方上、中、下部）（圖7－9）。

圖7－9

【注意】

俗話說：「寧挨十拳，不挨一掌；寧挨十掌，不挨一指。」關鍵在於一個快字。三行掌是以手指擊人。以指擊人，一要眼敏手疾；二要手指如刀針，有力量。如果手不快，己反為人制；如果手指無力，非但不能傷敵毫髮，反而雙方呈糾纏狀態。所以速度與力量至關重要。如何做到這兩點呢？這絕非一日之功，要透過苦練而習得。筆者的體會有二法可習。

一是空練。多練風輪手（見《孫氏三十六手太極拳拳勢圖解》十七風輪手），以腰帶手前進。也可學猴子爬樹，向前撲掌。這樣反覆練習，即使不為技擊，也可活身。

二是五指擊手紙。把一捲手紙釘在牆上，用手指反覆擊打。天天練，日久手紙可被擊出一個個洞來，這時，功已成矣！

第三招　先發制人

1. 騎馬問路起始式：白方出右手，以卍字手反掌（手心向上），用虎口直撲黑方下頜下沿，黑方發右手上迎，

兩人即成推手勢（圖7-10）。

2.兩人觸手後，白方右手食指外翻，以食指外沿壓黑方右手四指稍，猶小秤砣壓千斤之物。即使黑方右手力大，但在白方的巧力下，也往往會失勢（圖7-11）。

3.白方的左手非常重要，卍字手的靈巧在此充分體現。白方在右手下壓的同時，左手卍字手，以虎口切住黑方的肘，使之不能動作（圖7-12）。

圖7-10～圖7-12兩動作要同步進行。孫太極出手要求雙手齊力，以脊背帶手。

圖7-10　　　　　　圖7-11

圖7-12

4. 白方雙手同時著力，以掤力將黑方往右後攦之，若得手，即成圖 7－13 勢。若黑方身已偏，白方即將掤力速轉成擠、靠之力，將黑方發出（圖 7－13）。

5. 若黑方在白方左手虎口擠推時，以抬肘來破，白方就利用卍字手的妙用，變為食指與中指卡住黑方手上抬（圖 7－14）。

圖 7 － 13　　　　　　　　　圖 7 － 14

圖 7 － 15

　　一般的太極拳縛住對方的手是以虎口分開，其餘四指併攏。一旦對手變力時，則不能及時轉換（圖7－15）。

　　而卍字手三指巧妙分開（成平直橫形狀），當對手變力時，正好以食指與中指丫推、抬對方肘部，手好比是一個卡子，卡住了對方的肘。由於我是用卍字手推擠對方的肘部，對方肘部的力稍有變化，即為我手指所偵得（此為聽勁也），即能很順當地抬起對方之肘，這是順力；同時，我右手還能擊對打手胸脯。

　　6.若黑方右肘在白方左手虎口的掤推下外展，白方虎口立即變換用力方向，變往黑方左後推，為拇指順對方之力，往對方右後出力（圖7－16、圖7－17）。

　　此時，白方手順轉手腕至黑方肘彎處，右肩同時上靠，變掤勁為靠力，把黑方靠出。

　　以上為白方左手先動作。

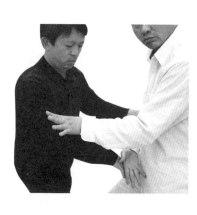

圖7－16

圖7－17

第四招　後發制人

1.再回到先發制人起始式。當白方出右手，以卍字手反掌，用虎口直撲黑方下頜下沿時，黑方發右手上迎，兩人即成推手勢。

若黑手用力不均，注重右手，放鬆肘部，試圖以巧力鬆白方右手之壓迫時，白方右手順勢滑向黑方腋下，一旦大拇指進入對方腋下，拇指速推進，繼速而回收，實施分筋拿穴法（圖7－18）。

2.若錯過進入黑方腋下機會，即行下滑至黑方右肘部，以虎口屈黑方肘部。由於是由內往外用力，順對方肘關節彎曲而行，就能很順當地使對方肘部彎曲。此時，白方之虎口由下滑立變貼順黑方上臂滑行到黑方腋下，得手後，由掤力變為擠力，送出黑方（圖7－19）。

3.在白方掤勁擠推下，若黑方不以收腰胯用掤勁相對

圖 7 － 18

圖 7 － 19

應，而是以身體前傾，手臂使僵強之力與白方對抗，但白方為掤勁，黑方力量之大小，可立為白方所偵得（圖7－20）。

4.白方即行大捋，腰胯後坐，右腿後撤一步；同時，右手虎口壓牢黑方手腕，左手手掌壓住對方肘部，以抹直黑方手臂（圖7－21）。

圖7－20　　　　　　　　圖7－21

【說明】

此二式要連貫進行，一氣呵成；要穩而快，順對方前傾之力而為。

5.旋即白方以左肩重靠黑方肩臂部（圖7－22）。

若前各式均不得手，雙方之手轉至胸腰部時，卍字

圖7－22

277

手巧用的技法就更見精彩。

6. 運動中，白方左手虎口卡住黑方之肘部，立變以拇指與食指的指腹，捏住黑方肘部的骨凹處，不鬆不緊，恰到好處；同時，右手虎口卡住黑方手腕，掤住運行，不用力，不前進，也不後退，左手二指（拇指與食指）在腰胯的催動下，往回急速一帶（圖7－23）。

這時，就如同拔河運動，雙方勢均力敵，一方突然一鬆，在對方一楞的同時，便能以強力拉敗對方。

【說明】

此手法先是把對方的肘往我身邊一帶，由於雙方均掤住勁，當我一鬆一帶之時，對方的瞬間反應為不知所措，掤勁立失。

7. 此時，我左手立變，以虎口卡住對方肘部，左順手齊力將黑方小手臂整個擠貼其腹部，兩手除拇指外，另八指全部伸開卡住對方的胯部（圖7－24）。

圖7－23

圖7－24

8.待到此時，黑方腰胯功夫再好，也已無濟於事。白方立即上行一步，腳踏中門強推，手腿並用，抖擻勁齊發，勝之必然矣！

推手雙方機會相等，如下象棋，二人佈局相等、棋藝相等一樣，此時就要看誰掌握先機，誰先得手。

上面所述為白方先動手。

9.若黑方也會卍字手，同樣用左手切卡住白方右肘，並使掤勁，使白方無法解脫，這時，白方應在沉住腹部，後腿儘量穩住陣腳，同時，右手先外展（圖 7 － 25），使黑方誤認為白方想脫手，從而抓緊白方肘部，白方即小臂內轉、內收，以尺骨切住黑方腕臂部（圖 7 － 26），同時，我左手回援盡力內扣，沉肩下腰，屈黑方手腕與小臂，使其屈服（圖 7－27）。

圖 7 － 25

圖 7 － 26

圖 7 - 27

以上是一圈卍字手的妙用舉隅。俗話說：「三圈不走，便是朋友。」又言：「拳打不識。」若雙方互有高招，便要廣結喜緣，其樂無窮矣。

第八章

陳健侯太極九手

　　先岳父陳健侯（1895－1969）先生，江蘇鎮江人，清末民初史學家陳慶年次子，江南高等學堂化學系本科畢業，江南著名中醫，虔誠的佛教徒。對《易經》有深入研究，故有「三學（醫學、易學、佛學）博士」之稱。自幼就酷愛武術，練少林拳，打沙袋，膂力過人，兩腿綁鉛錠，練習輕功，身手敏捷，能手擒過堂雙燕。因精通《易經》，受到江蘇省國術館副館長兼教務長孫祿堂宗師的賞識，後因治好了孫師的痰中帶血的宿疾而成知交。孫祿堂收他為徒，親傳自練拳「三十六手太極拳」（又名中正拳）。藝成後，陳曾與國術館高手，一一比試過，表現出色，故有「泰山壓頂」之美譽。

　　他的子女大都在外地工作，學習全套拳路有困難，故自編「九手」，教子女健身防身之用。「九手」其實是十三式，主手是九式，「九」是大陽之數，也寓無窮變化之意。這九式是：左右懶紮衣、開合手、鵠子入林、雲手、青龍縮尾、搬攔錘、葉底藏花、霸王敬酒、玉女穿梭。這

「九手」吸取了「三十六手」中的精華，融形意、八卦、太極為一體，易學好用，所占時間不多，可隨時練習。現把它整理出來，以饗讀者。

一、起 式

1. 八字靜立

演練者面南背北而立，兩腳成 90°並立，身體中正安舒，下頷微收，上下成一直線。舌頂上腭，穀道微提（以下各式，也要做到這樣）。兩手自然下垂，雙肩鬆沉。目視前方（圖8－1）。

2. 扣腳左轉

右腳尖翹起，以腳跟為軸，半面向左轉左腳成 45°。同時身體微向左轉，面向左前方。兩眼平視前方（圖8－2）。

圖8－1

圖8－2

【說明】

王宗岳說：「太極者，無極而生。」（《太極拳論》）所以學者首先必須站好無極樁，拋開一切雜念，做到心靜專一，為練功作準備。入靜其實是一種氣功態勢，真氣在全身流蕩，手腳會有熱感、膨脹感和針刺感等，進入「得氣」狀態後，就可以開始練拳。一般來說，在練套路之前，已有站樁的紮基功夫，所以在演練無極式時，只要心一靜，身體一放鬆，即能有氣感。

二、左右懶紮衣

（右懶紮衣）

1. 兩手挑舉

接起勢。身體重心落於兩腳跟之間，尾閭正中，身體鬆沉（兩膝微屈）。兩臂屈肘向上方緩緩舉起，至大拇指與肩平（也可與心口相平），兩手似抱球狀（圖8-3）。

圖 8 - 3

2. 屈膝下捋

兩腿緩緩下屈，重心逐漸向右腳移去，左腳跟隨身體下降徐徐提起。同時，兩掌下捋於腹前。目視前方（圖8-4）。

3. 跟步卍字手

前勢不停。身體下沉，兩手上提畫弧，至胸脯後向前推出，與肩平，兩臂似屈非屈，兩手變成卍字手，即拇指向前，食指下垂，中指平舉，無名指環起，小指勾起。同時，左腳向前邁步，右腳跟步，成丁八步（圖8-5）。

4. 轉體擺掌

以左足尖、右足跟為軸，身軀向右旋轉135°，即面由東南向西。這時兩手隨身軀旋轉，原卍字手變成右陰陽手，即右手在前，手心朝上；左手在後（約離開右手根一二寸），手心朝下。兩手放平，沉肩墜肘，含胸拔背，全身成三體式步（重量是前三後七）（圖8-6）。

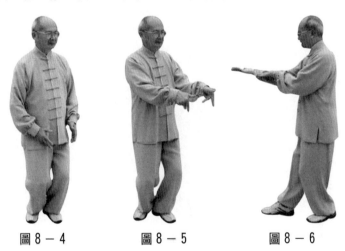

圖8-4　　　　圖8-5　　　　圖8-6

5. 收 掌

兩手成側立掌：右掌在上，掌心向左；左掌在下，掌心向右，左手尖緊挨右手掌根，兩手蓄於胸前（圖8-7）。

6. 跟步推掌

前勢不停。兩手乘勢向前推出，兩臂略彎曲，兩手成側立掌，前手臂要平，左手尖離右掌根一二寸處。同時，右腳向前邁出一步，左腳跟步，成右丁八步，重心在左腳，坐身塌腰（圖8-8）。

（左懶紮衣）

7. 轉體擺掌

接前勢。右腳以腳尖為軸，左腳腳跟為軸，向左轉體180°，轉至面向東，成三體式步。同時，兩手隨身體左轉變掌平擺，左手在前，手心向上；右手在後，置於左肘內側，手心向下，成左陰陽手（圖8-9）。

圖8-7　　　　圖8-8　　　　圖8-9

8. 收 掌

兩手成側立掌，左掌在上，掌心向右；右掌在下，掌心向左，右手尖緊挨左手掌根，兩手蓄於胸前（圖8－10）。

9. 跟步推掌

前勢不停。兩手乘勢向前推出，兩臂略彎曲，兩手成側立掌，前手臂要平，右手尖離左掌根一二寸處。同時，左腳向前邁出一步，右腳跟步，成左丁八步，重心在左腳，坐身塌腰（圖8－11）。

圖 8 － 10　　　　　　圖 8 － 11

【說明】

(1) 懶紮衣拳勢，最早見於明朝戚繼光的三十二長勢。古人穿長袍，與人搏擊時，把長袍隨手懶洋洋地捲起來，有蔑視對方的意思。太極拳往往以懶紮衣作為首勢，作為第一手，它是母勢，其他各式都是由此勢變化而來

的。本式與三十六手中的懶紮衣相似，但省略了「穿掌」這一小動作。

(2) 所謂卍字手、丁八步、三體式，可見《孫氏三十六手太極拳拳勢圖解》。

(3) 向右轉身有多種轉法，還可以左腳跟、右腳尖為軸，身軀向右旋轉；或者以左腳跟、右腳跟為軸，身軀向右旋轉。也可以分兩步，先左腳扣步，與右腳成八字扣步，後以右腳跟為軸轉體擺掌。一般習慣於哪一種就用哪一種。向左轉身也是如此，只是左右相反而已。

(4)「跟步」與「推掌」要完整一氣，兩手稍下沉後，向前往上推進，發的是整勁，但不能光用手勁，而要力起於腳，主宰於腰，形於手指。腳踩手發，力起脊髓，威力無窮。太極拳主要是練手，身和腳都是為手服務的，要做到手隨意動，手領身動，手動腳動，上下完整一氣，作螺旋運動，有圓活之趣。

(5) 跟步前推。右懶紮衣推至極處時，左腳踩實，右腳微虛，重心落於後腿；左懶紮衣，右腳踩實，左腳微虛，重心落於後腿。要做到沉肩墜肘，含胸拔背，尾閭中正。手掌要直，小手臂要平，胸要含，背要圓。

【技擊含義】

(1) 懶紮衣被譽為「王手」，其變化無窮。右懶紮衣包含掤、捋、擠、按四個手法。

對方從右方來擊我，我用右手接住，用掤勁把對方掤出。若對方接住我右手，我右手旋即變成卍字手，脫腕使對方落空，雙掌蓄於胸前，推出，先蓄後推，加大了推出

的螺旋力量，攻進對方要害處——膻中穴，發勁擊出，使對方倒地。

(2) 動作3「跟步卍字手」，其實是車輪手，兩手出卍字手，意在用拇指與食指卡住對方的腰胯，使對方不能動，然後實施進攻。

(3) 右懶紮衣側面接手，右手掤，順勢穿入對方腋下，左手卡其手，架樑使對方向後跌出。

(4) 若對方從正面進攻，我也可以從正門直擊而出。如對方用左拳向我胸部或面部擊來，我右臂屈肘外旋斜掤化解來力，左掌護胸防其右拳進擊；同時，弓步進身，右掌前撲對方面部，左掌下按其胸，雙掌合勁，把對方發出。

(5) 若對方拗手捉我右腕，我即以右手扣定其左臂彎處，使不得前後移動，同時，左手內合，左腕內翻，可弊折其拇指，接著合掌前推。

(6) 左懶紮衣主要對付左方之敵。右懶紮衣技擊含義，也適用於左懶紮衣，只是左右相反。

懶紮衣的變化和運用，必須口授身傳，絕非筆墨所能形容。

三、開合手

1. 開　手

身體右旋轉90°，兩手相合於胸前，左腳跟靠向右腳脛骨處，成左丁八步，面向南。兩手心相對，立掌向左右兩側開掌，如抱氣球，球中之氣向外膨脹，兩手開至乳根

處，微停。兩肘成一平線，肘尖向左右，兩掌與手臂成直
角。開掌時掌指先開，掌跟後開。兩腳左實右虛，左腳暗
含踩勁，右腳微向上平提，身體微升（圖8－12）。

2.合　手

接前勢。兩手往心口處合掌，掌根先合，掌指後合，
如抱著氣球，往回縮小之意，同時，兩腳變成右實左
虛，右腳向下平踩，身體下沉，左腳微向上平提（圖8－
13）。

圖 8 － 12　　　　　　　　　　圖 8 － 13

【說明】

(1) 開合手又稱開合掌，體現了孫式太極拳的主要特
點，孫式太極拳亦稱開合太極拳。

(2) 關於開合手的練習，筆者有這樣的體會：兩手立
掌，手指自然伸展，成圓弧形，開掌合掌兩小臂須成一水
平直線。

開掌，好像有氣向外擴張，掌指先開，掌跟後開。開的時候必須運用背肌之力，兩拇指開至兩個乳根處止（如果開大了，就是「散」了），兩手成一個太極，兩手像捧一個大氣球。同時，左腳往下踩勁，右腳微虛，身體上升。兩小臂仍為一水平直線，掌與小臂垂直。

合的時候，掌根先合，掌指後合，背肌要展開，胸肌要含合，成虛心合掌，兩拇指相靠，兩個手心微凹，合成一個太極球型。同時，身體向下降（低架子要求蹲到底；高架子身體微向下即可）。

升降開合時脊柱與地面成一垂線，直上直下，不前俯後仰，不左右搖擺。做開合手，手腳開合與身體升降、呼吸，要自然一氣，不能有勉強之處（據陳健侯的再傳弟子說，他當初練成開合手花了好幾個月的時間。低架子，目前只有個別人練了）。整個動作體現了平直圓的要領。

練開合手，最易犯的毛病是僅僅兩手在動，而胸肌與背肌沒有運動，身體也沒有上升下降，即沒有運用整體的勁力。

【技擊含義】

(1) 一般認為，它的作用有三：

一是轉換銜接作用。孫式太極拳以開合手作為動作轉換銜接的基本方法，每轉身換勢以開合相接，它像「門戶樞」，起著承上啟下的連貫作用。

二是技擊作用。先師陳健侯說：「太極拳如圓球簧黃，觸哪裡，哪裡就能觸發，開合手就如此。」孫劍雲《孫式太極拳詮真》中說：「開合手，若對方自身後突然

抱住我雙臂，我即用肘撐住對方雙臂，速往下按，並順勢向左轉身或向右轉身。」這就是先師所說的「轉身走」。

三、有特殊的健身醫療作用（詳見尤志心《開合手的健身醫療作用》，《中華武術》2007 年第 7 期）

(2) 先達有詩云：「太極奧妙開合中，一開一合妙無窮。」

四、鵠子鑽林

1. 提手上勢

前勢不停。左手成卄字手，向上經面部至左太陽穴處停止，手心向右，拇指向上，食指向前，中指向右，無名指與小指分別環、勾；右手成卄字手，向下畫弧經腹部至左腹下股溝處停止，手心向內，拇指向左，食指向下，中指向內，無名指與小指分別環、勾。同時，右腳靠向左腳脛骨處，成左丁八步（圖8－14）。

圖 8－14

2. 托抹上穿卍字手

接前勢。右手從左肘下往上托抹上穿，隨身體向右擰轉，經頭面至右太陽穴處停止，成卍字手，手心向左，拇指向上，食指向前，中指向左；右手托轉時，左手外旋裹肘向下穿插，隨身體向右擰轉，經胸肋至右腹下股溝處停止，成卍字手，手心向內，拇指向右，食指向下，中指向內（圖 8－15）。

圖 8－15

【說明】

(1) 此式是從形意拳的「鷂子入林」、八卦拳的「鷂子鑽天」和趙堡太極拳的「鷂子翻身」演變成。鷂子，一種兇猛的鳥，樣子像鷹，比鷹小。像鳥之束翅頻頻而飛，故名。孫祿堂祖師說：「鷂形者，有束翅之法，又有入林之能，又有翻身之巧，在腹內能收內臟之氣。在拳中即能束身縮體。」武式太極拳創始人武禹襄曾到趙堡跟陳清平

學習太極拳，武禹襄傳拳李亦畬，李又傳拳郝為真，郝又傳拳孫祿堂。

孫祿堂創造孫式太極拳，不僅與武式太極、形意、八卦有聯繫，而且與趙堡太極拳也有某種因緣。

(2) 動作1，左手是從左下到右上畫一圓弧，動作要圓活自然，至左太陽穴時，要有上提之勁。右卍字刁手從右到左下畫一圓弧，至左下股溝時，要有內裹之勁。左右卍字手形成上下呼應之勢。身要直，腰要塌，兩目注視前方。

【技擊含義】

(1) 鷂有鑽林之巧，翻轉側翅穿天之技，束翅之法。鷂形重在挑撲二勁，身手速起速落，靈活多變，令人防不勝防。動作如鷂子鑽天，先速降低身子而後側身，鑽天一般而起，身子從低猛向高，用渾身整體勁催動手肘打人。

鷂在羽鳥之中可稱多姿多彩者，它時而斜行飛舞，時而展側收縱。孫祿堂祖師把它列入形意十二形和八卦中，是讓門下弟子仿效鷂的獨特功效，在技擊中出現意想不到的奇蹟。

兩手成卍字手，左右上下翻轉，靈活無比，既能防止對方的進攻，又能尋機攻擊對方要害部門。

(2) 若對方用右拳向我面部擊來，我用左卍手卡住其右腕，左旋上提，使對方失重；同時右卍字手接拿其右肘，以內旋之裹勁擊向其右肋部。

(3) 鷂子鑽林還有一個轉身，是要帶肘的。如果對方從右側向我進攻，我迅速右轉身，先用卍字手化解對方的進攻，隨即一個右橫肘把對方擊倒。

五、雲 手

1. 原地右雲

接前勢。右手卍字手變掌,向左、向上、向右畫弧;左手卍字手也變掌,手臂靠著身子向上畫一弧線,至右臂內側,拇指內掛於中指下方(此動作名為掛指),成立掌,掌心向前。目視右手,指尖向上(圖8-16)。

2. 橫行左雲

前勢不停。左手向上,向左畫弧經眼前至身體左側,成側立掌,手心向前,指尖向上;右手向下、向左畫弧至左臂內側,拇指內掛於中指下方,成側立掌,目視左手,指尖向上。與此同時,左腳向左一橫步,右腳跟步,落於左腳脛骨的內側,腳尖點地(圖8-17)。

3. 原地右雲

前勢不停。右手向上、向右畫弧,經眼前至身體右側,手臂微屈成側立掌,手心向前,指尖向上;左手向下、向右、向上畫弧至右臂內側,拇指內掛於中指下方,成側立掌。上身隨之右轉,重心落於右腳,左虛微提於右腳脛內側,腳尖點地,目視右手(圖8-18)。

如此向左重複3次(如果場地允許,可適當多做幾次)。

【說明】

(1) 兩手分別上下左右運動,如雲氣旋繞,似行氣飛空,故名雲手。

(2) 本式與「三十六手」的雲手相似,但省略了「掛

圖 8 － 16　　　　　圖 8 － 17　　　　　圖 8 － 18

指」這一小動作。所謂「掛指」，是指拇指向內掛扣，歷來拳家把此作為秘訣。主要用於一手上掛扣住對方手腕，同時，另一手向對方肘部或肋部推按。

（3）兩手要在腰脊轉動的帶動下，分別做上下左右的迴旋盤繞運動。手掌高不過眉，腰杆要直，上身隨之左右平轉，目隨之。

有詩云：

　　　　兩手交替環形轉，勢如行雲圓連綿。

　　　　腰領手轉目隨視，步子橫行輕靈緩。

【技擊含義】

（1）雲手是假設對方向我面、胸部擊來．我一手接手雲化來手，另一手乘勢發勁擊之。先師云：「走架無人視有人，打手有人視無人。」雲手用之於群戰，身前身後有敵情，做起動作來式式圓滿有掤勁，眼觀六路，耳聽八方。在行拳走架中明確攻防含義，一方面可以提高練拳人

295

鍛鍊的興趣，一方面又能不斷提高自己的拳藝水準。

(2) 雲手具有掤、捋、擠、按，採、挒、肘、靠八勁八法，兩腳側進，暗藏盤、扣、蹬、插、截、攔等腿法。在與人交手時，無處不用。

有詩云：

> 提掛掤挒滾按推，全憑脊柱圓轉隨。
>
> 運到敵人兩肘後，銅牆鐵柱一齊推。

(3) 若對方進擊，進入我圈內（拳家稱之為「吃裡」），我以順手向外運開而擊之。若對方進擊，進入我圈外（拳家稱之為「吃外」），我則以拗手運化，更進則掛其肘面橫運。對手若以他手來防，我則以拗手挑掛其肘後橫運之，對方必倒。

六、青龍縮尾

接前勢。左腳往前邁一步，以腳跟為軸，腳尖內扣，落下與右腳尖相齊，兩腳成八字扣步，兩腳跟外扭，兩膝相離似挨非挨。腰要塌，兩胯要有縮勁，又兼有向外開勁，兩手也要有合勁，兩肩要裹，似有回縮之意（圖 8－19）。

圖 8－19

【說明】

此式是從八卦拳移植過來。練好此式，關鍵是一個「縮」字。腳要扣，腰要塌，胸要含，肩要裹，兩手要縮住，形成一個合勁。

【技擊含義】

全身雖然放鬆，但全身之勁力要盡力含縮而使全身成一個整體。縮者，裏也。兩肘往裡裏勁，如兩手心向上托物，必得往裡裏勁也。既束必展，拳譜云：「束展二字一命亡。」即此意。

若對方來攻我，我右手或掤住對方之之手，或黏住對方之手，左手可擊其胸脅，腳可踩可踢；也可能發右手用罩面掌擊打對方面部，左手護己胸，防對方的進攻。

七、搬攔捶

1. 上步搬

接前勢。上左步，左手內旋，掌心向內；右手掌變拳，向右、向上，向下畫一圓，收於腰際，拳心向上，似有把來拳搬開之意（圖8－20）。

圖 8 － 20

2. 翻掌攔

前勢不停。左手翻掌，手心朝下，提於胸腹前，含往前攔之意（圖8－21）。

3. 跟步捶

前勢不停。右腳跟步，成左丁八步。右拳翻轉著向前捶擊，拳心向上，目視右拳；同時，左手握拳，拳心向下，貼於右手肘臂部（圖8－22）。

圖 8 － 21

圖 8 － 22

【說明】

(1)「搬攔捶」又叫「板攔捶」。武式太極拳作「搬攬捶」，僅一字之差。孫式的「搬攔捶」，它是由武式與少林拳小紅拳的「下栽捶」演變而來。本式與「三十六手」中的搬攔捶相似，但拳心與之相反。

(2) 此「捶」名列「太極五捶」之首，可見這是一招極為兇狠的招勢。從拳勢的名稱已可看出，該勢的技擊特

點是：一搬二攔三捶，三招連環，招法加進步。「上步」是連續，以適應「搬、攔、捶」掄臂搬化，護中攔截，遠拳捶擊；「一打就是三下」技擊三步曲的步法連續逼插、進套、跌打的需要。

(3) 此勢之「搬」，腰臂連運，化中有打；此勢之「攔」，臂隨腰出，手上還有一個「上掤下按」的小動作，追、封、截、打；此勢之「捶」，順勢進步跟上，捶擊胸脅。「搬攔捶」三招連環，環環緊扣，一氣呵成，瞬間出擊，防不勝防。

(4) 三招要一氣成，前後勢要銜接得天衣無縫。右拳擊出要有擰旋之意，螺旋前進，無縫不鑽。此招可反覆單練，熟能生巧。

(5) 搬攔捶之「捶」，進步跟上，順勢擊拳，捶擊之謂。其出拳、收掌、弓腿要一氣呵成。動作失調，拳勢也就散亂。出拳捶擊亦不宜直臂遠伸，出拳太過，易失重心，勁力也會僵澀中斷；出拳亦不宜過高，過高易落空，宜在心窩胸肋間。

【技擊含義】

(1) 沈壽《太極拳體用全訣》說：「進步搬攔捶胸脅，搬攔得法顯技藝。」「搬、攔」雖是短打拳法中攻防兼備的運作，但在三招中還是處於從屬的地位，是為最後的「捶」擊，重創敵人服務的。而最後的「捶」，必須在「搬攔得法」，引出對方頂抗性的反作用力，正門洞開，胸脅暴露的情況下，才能充分發揮「捶」之犀利的前衝直擊的作用。所以有「搬攔得法顯技藝或顯神奇」的說法。

(2) 對方用右拳向我進攻，我以右手接其右腕，向右一滾一壓，謂之「搬」。繼以左掌順對方小臂上邊向前推出，或推其大臂，謂之「攔」。若對方抽回右手，我乘勢，以右拳直擊其胸，謂之「捶」。

(3) 對方用拳當胸擊我，我順手向內搬開。對方想避之，我用左手攔之，乘機用右手擊其胸。

(4) 搬攔捶有上、中、下、左、右、前、後七種，招法大致相似，可隨機應變。或推手搬攔，或提手搬攔，或騰手搬攔，或截手搬攔，或削手搬攔，或劈手搬攔，變化無窮。

有詩云：「當中直去在中脘。左右斜開主肋下，上打咽喉下丹田。步下往來分進退，遲速封閉認機關。」

八、葉底藏花

1. 轉體丁八步

接前勢。向後轉體，左腳上前一步，右腳跟步，靠向左腳脛骨處（內踝處）裡側，成左丁八步，面向西，目視前方（圖8－23）。

2. 葉底藏花

隨著轉體，右拳向後抽至胸前，左拳向前抽變側立三圓掌（五手自然分開，手指微屈，虎口撐圓，手背圓、手心回縮，著力於掌根與手指），向右胸前擊出，掌心微向後；同時，右拳往左肘裡側捶擊，拳眼對左肘尖，拳心向裡，貼置於左肘下和左腋肋下，猶葉底藏花，目視前方（圖8－24）。

圖 8 － 23　　　　　　　圖 8 － 24

【說明】

(1) 此式與肘底看捶相似。向後轉體，可以先扣左腳，要用腰之力帶動內扣，然後轉體。要有圓活之趣。身要直，上身隨步移動，身體不能前俯後仰，要保住中正安舒。

(2) 三圓掌是形意拳中的掌法，又名龍形掌。

【技擊含義】

(1) 葉底藏花打腰間，拳藏於腋肋下，以靜待動，伺機乘隙，蓄而後發。以拳橫撇敵之胸脅、腰等中部為主，兼或乘隙捶擊腹、襠等下部，或直衝頭面上部。若右方來敵，可用肘直擊胸肋。左手三圓掌，若前方來敵，可用蓋面掌擊之；若後方來敵，可用手指戳挖對方雙目。此手兇險無比，不可輕用。

(2) 對方以右順拳擊我前胸，我用左手搦住對方來手

向上掤，小臂稍向裡一裹，握住對方右手，轉腕上托，同時右手下擊其脅。

(3) 對方以左順拳擊我前胸或面部，我左小臂屈肘外掤，緊接著以左臂內旋，左掌堵其肘部，向我左側捋化；同時右拳向其左肋進擊，左腳蹚其脛骨。

(4) 我以左手由我右外方纏採對方手臂，如果被對方隨手擒握，我即滾腕外翻推擲，其擒手自脫而跌倒在地。

九、霸王敬酒

1. 兩拳相並

左手掌變拳，向上、向左、向右畫弧，至胸前，與右拳相靠，兩拳蓄於胸前，拳心向下，拳眼相對（圖8－25）。

2. 進步雙拳

左腳上前一步，右腳跟步，兩腳成左丁八步。同時，雙拳向上、向前、向下轉一小立圓打出，雙拳上舉與眼平，身體下沉，兩臂微屈，拳心向下，拳眼相對。目視雙拳，面向西（圖8－26）。

【說明】

(1) 此式趙堡太極拳中有之。孫太極中也有類似動作。「霸王獻酒」，是向霸王獻酒的意思。父師陳健侯晚年曾把此式改名為「貴妃獻酒」，增加了美感。

(2) 進步與雙拳要一致，要保持身體中正。雙拳畫一立圓，可加強衝擊力量。但舉拳不宜過頭頂，否則易被人抓住。

圖 8 − 25

圖 8 − 26

(3) 雙拳擊出時，襠勁要下沉，骶骨堅實有力，其根在腳，發於腿，主宰於腰，形於手指，由腳而腿而腰，通達於脊，貫於兩拳，總須完整一氣，周身節節貫串，勿令絲毫間斷。

【技擊含義】

(1) 對方以拳擊我胸脯，我即以兩手分格之，乘勢進擊對方太陽穴或雙耳。

(2) 對方雙手抓我雙手向我胸部按來，我沉身引化（此為沉化法），並以雙拳滾動向前捶擊，使對方仰面跌出。腳踩手發，手到腳到，是得手的關鍵。

十、玉女穿梭

（左式玉女穿梭）

1. 收腳抱球

右拳變掌，向左旋，蓄於胸前，手心向下；左拳也變掌，向右旋，與右手合抱於胸前，右手在上，左手在下，如抱球狀。面向西（圖8－27）。

2. 進步盤球

前勢不停。左腳向西南方向進步，右腳跟步，落在左腳脛骨處，兩腳成左丁八步。兩手沿順時針方向盤球，即右手向右、向下旋轉，左手向左、向上旋轉，兩手合抱於胸前，左手在上，右手在下，似抱球狀。面向西南（圖8－28）。

3. 刁手推掌

前勢不停。兩手繼續旋轉，左手轉至左耳旁刁手，成

圖 8 － 27

圖 8 － 28

卍字手，拇指向上，食指向前，中指橫對耳朵，食指環著，小指勾著；右手旋轉至身體右側，向左推掌，至左肘下肋部，成側立掌。同時，左腳向左邁出，右腳隨即跟步，成丁八步。面向西南，目視前方（圖8－29）。

（右式玉女穿梭）

4. 扣腳轉體抱球

接前勢。左腳內扣，重心移至左腿，身體左轉225°，兩腳成八字扣步。同時 ，左手在上，右手在下，兩手相對如抱氣球。面向東。（圖8－30a、圖8－30b）

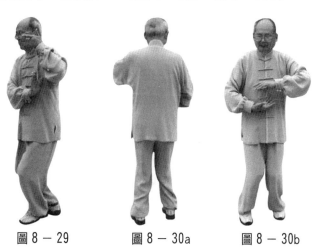

圖8－29　　　　圖8－30a　　　　圖8－30b

5. 進步盤球

前勢不停。右腳向東南方向進一步，左腳同時跟步，落在右腳脛骨處，兩腳成右丁八步。兩手沿順逆時針方向盤球，即左手向左向下旋轉，右手向右向上旋轉，兩手合抱於胸前，右手在上，左手在下，似抱球狀。面向東南

（圖8－31a、圖8－31b）。

6. 刁手推掌

前勢不停。兩手繼續旋轉，右手旋轉至右耳旁刁手，成卍字手，拇指向上，食指向前，中指橫對耳朵，食指環著，小指勾著；左手旋轉至身體左側，向右推掌，至右肘部成側立掌。面向東南，目視前方（圖8－32）。

（左式玉女穿梭）

7. 蓋步抱球

接前勢。右腳向左前方蓋步（一腳經支撐腳向側方落叫蓋步）。同時，右手回抽至胸前，手心向下，左手外旋向下、向前畫弧，手心向上，與左手合抱於胸前，右手在上，左手在下，如抱球狀（圖8－33）。

圖8－31a　　　　圖8－31b　　　　圖8－32

8. 進步盤球

前勢不停。左腳向東北方向進步，右腳跟步，落在左腳脛骨處，兩腳成左丁八步。兩手沿順時針方向盤球，即右手向右向下旋轉，左手向左向上旋轉，兩手合抱於胸前，右手在上，左手在下，似抱球狀。面向東北（圖 8－34）。

9. 刁手推掌

前勢不停。兩手繼續旋轉，左手旋轉至左耳旁刁手，成卐字手（拇指向上，食指向前，中指橫對耳朵，食指環著，小指勾著）；右手旋轉至身體右側，向左推掌，至左肘部成側立掌。在盤球的同時，左腳向左邁出，右腳隨即跟步，成丁八步。面向東北，目視前方（圖 8－35）。

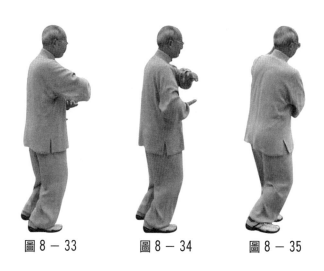

圖 8－33　　　　圖 8－34　　　　圖 8－35

（右式玉女穿梭）

10. 扣腳轉體抱球

接前勢。左腳內扣，重心移至左腿，身體左轉 225°，兩腳成八字扣步。同時，左手在上，右手在下，兩手相對如抱氣球。面向西（圖 8－36）。

11. 進步盤球

前勢不停。右腳向西北方向進一步，左腳同時跟步，落在右腳脛骨處，兩腳成右丁八步。兩手沿逆時針方向盤球，即左手向左向上旋轉，右手向右向下旋轉，兩手合抱於胸前，左手在上，右手在下，似抱球狀。面向西北（圖 8－37）。

12. 刁手推掌

前勢不停。兩手繼續旋轉，右手旋轉至右耳旁刁手，成卍字手，拇指向上，食指向前，中指橫對耳朵，食指環著，小指勾著；左手旋轉至身體左側，向右推掌，至右肘部成側立掌。面向西北，目視前方（圖 8－38）。

【說明】

(1) 此式向四隅方向運動，先西南，後東南，再東北，最後西北，旋轉四面，往來不斷，有如織布穿梭，而得名。其運動方向雖在四隅，而身體要始終保持中正。推向肋部一掌是一暗手。先師在演練此手時，甚至架推到身後，手心向後，難度很大。

(2) 此式是以少勝多的拳勢。一人對付多人，東南西北四方都顧到，八法五技相機運用。靈活轉身是關鍵。在動作時，要把一個「穿」字體現出來。

圖 8－36　　　　　　圖 8－37　　　　　　圖 8－38

【技擊含義】

(1) 此式的的基本用法是隨著身的旋轉，一手上架接拿來擊之手，另一手擊其胸肋部。此式在上下左右的方向、位置上攻防嚴密，虛實相生，上掤手嚴密保護好自己的上部，先防對方的來手，下手得機得勢時打出。

(2) 左穿梭。若對方從後右側用右手自上打下，我即右轉身向左前擺好步法，左手用卍手接拿對方右腕，右手向對方胸脅部擊去。左手食指也可以直擊對方眼睛或頭部。

(3) 右穿梭。與左穿梭用法一致，只是方向左右相易，但也有變法：若對方向我頭部擊來，我上身拗轉，急用右卍字手接住其拳，拇指與食指拑住其腕，用左手握住其右肘，向右側斜採，使其失去重心；如其向後坐腿，我左手仍扣其肘，隨後急上右腳半步，握右卍字手向敵人左

耳部擊去。

十一、盤 掌

1. 退步轉身托肘

左腳退步，右腳扣步，兩腳成八字扣步。同時，右手卍字手變掌外旋，經面部向左、向下畫弧，擺落至左肘上，手心向上；左手變成平掌，托於右肘下，手心向上，兩手交叉於胸前。面向南（圖8－39）。

2. 抹 肘

前勢不停。兩手同時穿肘翻轉抹肘，至兩小臂交叉，右臂在上，左臂在下，兩手心向下（圖8－40）。

3. 化腕子

前勢不停。兩手同時經胸前向左右各畫一弧線，至兩胯外旋捲腕旁，成卍字手。手心向上，拇指向下，兩食指向後，中指向內（圖8－41）。

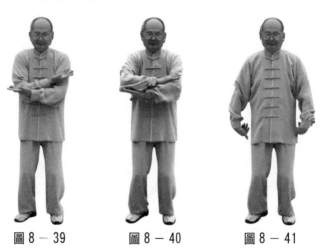

圖8－39　　　圖8－40　　　圖8－41

4. 搓臂合手

前勢不停。兩卍字手捲腕向裡、向上，手背相靠，由腹而胸，上穿至口面處，兩卍字手，拇指向前，食指向上，指尖高與眉目齊，中指橫向左右（圖8－42）。

然後，兩手內旋變掌，合掌下沉至胸前。同時左腳收回靠右腳脛骨處，成左丁八步（圖8－43）。

【說明】

(1) 托肘抹肘，是「三十六手」特有的動作，主要起護肘作用。

(2) 化腕子：即以腕關節為軸，由小指開始至大拇指順序下壓轉圈。這是三十六手特有的手法。其重要作用，是當我手腕被對方抓住，我可用化腕子手法化解。

【技擊含義】

若我手被對方握住，我則用化腕子手法化開，兩手拿住對方手腕，然後，穿擊對方的胸、頸、下頷等部位。

圖8－42　　　　　圖8－43

十二、走趟子

1. 陰陽手

身體向左轉，同時，兩手成陰陽手，左手在前，手心向上；右手在後，手心向下。兩手相距約兩乳間的距離（圖8－44）。

2. 右盤球前進

右腳向前邁出，同時兩手陰陽互變，右手從左手肘下向前穿出，左手向後下按，兩手似在盤球（圖8－45）。

3. 左盤球前進

接著，左腳向前邁出，兩手陰陽互變，左手從右手肘下向前穿出，右手向後下按，兩手似在盤球（圖8－46）。

如此，一直向前走，視場地大小而定。到盡頭時，轉身180°，然後向回走，……如此循環往復。

圖8－44　　　　圖8－45　　　　圖8－46

【說明】

(1) 走趟子，一般為東西方向；若場地大，也可以直接南北方向。

(2) 邁步要兩腳趾抓地，行步如貓行，力起於腳，主宰於腰，形於手指。腰胯一定要協調地活動起來，不要只是手腳在動。脊柱要直，兩手要平，穿掌搓球動作要圓。兩腳虛實要分清。

(3) 盤球前進，在「三十六手」中稱為風輪手。

(4) 轉身有大小轉身兩種。小轉身：前腳扣步，然後以腳跟為軸後轉。大轉身：後腳向前扣腳，轉身。

【技擊含義】

(1) 盤掌前進，一手穿掌，直擊對方胸腹以上部位，或上托對方來手，另一手因應對方手勢黏住對方腕部向下撅之。

(2) 走趟子，主要練身法的靈活性。風輪手，輪番進擊對方，使對方無招架之功。

(3) 走趟子，由慢到快，由快到慢，是為收功鋪墊，可以使收功徐徐而行，讓所練功力盡收丹田。

十三、收 式

1. 站定盤球

走趟子由慢到快，由快到慢，面向南站定後，兩手繼續兩手盤球，慢慢停止。兩手抱球於胸前，右手在上，左的在下。兩腳八字站定（圖8-47）。

圖 8－47   圖 8－48

2. 分掌下落

兩手左右分開，兩手平展，手心向下（圖8－48）。

3. 抹鬍子按掌

前勢不停。兩手翻轉向內至兩頰處，手心向內，經口角處徐徐向下，如抹長鬚狀，收到兩腿側，手心向內，手背向外（圖8－49）。

4. 還原無極式

與抹鬍子同時，左腳收回靠向右腳，成八字步，兩腳成90°並立，身體中正安舒，下頜微收，上下成一直線。舌頂上腭，穀道微提；兩手自然下垂，雙肩鬆沉。兩目微閉，心無所思，意無所動，目無所視，若處在一種空空洞洞的入靜狀態。默站一會，讓練功所得的功力在全身靜靜

圖 8 － 49

圖 8 － 50

流通，最終收歸丹田（圖 8－50）。

【說明】

　　收功極為重要。孟子云：「吾善養吾浩然之氣。」氣直養而無害，收功時要靜立數分鐘，以養我浩然之氣。

　　（建議：為了達到鍛鍊效果，建議每次打 5—10 遍，時間不要少於 10 分鐘）

315

第九章

尤志心太極文章選輯

孫祿堂授拳陳健侯紀實

孫祿堂（名福全，號涵齋）是我國著名武術家，在國內外均享有「虎頭少保，天下第一手」的盛譽。他曾從李魁垣、郭雲深學形意拳，從程廷華學八卦拳，從郝為貞學太極拳。後來他以郝太極為基礎，融會互合三家之精髓而創孫式太極拳。

1983 年，江蘇省開展稀有拳種普查工作，於鎮江市發掘出孫氏三十六手太極拳（又稱孫氏太極拳三十六手）。此拳與社會上廣為流傳的孫氏太極拳有明顯不同。這套太極拳不計重複之處共三十六手，暗合《易經》的三十六個連體象。

此拳以太極為主體，融入八卦、形意之精華而成。其基礎是卍字手。五個手指分別成平、直、橫、環、鉤形，像一個卍字。三十六手，不僅手手帶卍字，而且一招一式都要符合「平、直、圓」的要求。這種手勢非常難練，沒

有極好的筋骨和堅強的毅力，沒有悟性，是練不成的；而練不好卍字手，是不教套路的。

1985 年，中國武術協會和河北孫祿堂家鄉也曾分別派人到江蘇鎮江調查，並為其再傳弟子錄了像。回去後，中國武術大型叢刊《武蹤》（第 2 期，1985 年 4 月出版）先後刊登了陳登臨的《孫式三十六手太極拳拳理根據淺談》《孫祿堂授拳陳健侯記》，張長棟《孫祿堂鎮江傳拳軼事》等文章。《精武》雜誌（1985 年第 3 期），刊登了張祚玉的高足周德良、孔小安、陳九皋編寫的《孫氏三十六手太極拳》（有圖文）以及陳九皋的《淺析卍字手》，從而把三十六手推向了全國。《中華武術》（1986 年第 2 期）、《體育春秋》（1986 年第 3 期）也分別刊登了尤志心的《陳健侯逸事兩則》《我跟岳父學卍字手》。

在承德舉辦的民間稀有拳種展覽會上也展出了有關三十六手的資料，陳健侯先生的照片第一次與人們見面，他那炯炯有神、銀鬚飄飄，仙風道骨的風採，給參觀者留下了深刻的難忘的印象。

本人最近對孫祿堂授拳陳健侯的情況作了進一步的調查，走訪了陳健侯先生的子女和他的弟子以及再傳弟子，查閱了《鎮江文史資料》《陳氏家譜》等。現把它寫下來，作為史料保存下來，並饗廣大武術愛好者。

這裡特聲明一點：陳健侯先生一生深居簡出，拒絕做官，吃素信佛，淡泊名利。本人寫此文絕無與別人爭名利之心，而是為了尊重歷史事實，還原孫式太極拳的本來面貌，同時也為了引起有關方面的重視，以組織力量，搶救

真傳孫式三十六手太極拳，讓它真正後繼有人，發揚中華武術的榮光。

孫師慧眼識俊才

1928 年 7 月，江蘇省國術館創辦。1929 年 2 月，會址由南京遷至鎮江北五省會館（現無線電專用設備廠），孫祿堂先生被任命為副館長兼教務長。孫祿堂先生愛好《易經》，因為太極拳取名於《易經》，其一招一式都與易理相合。他每到一地，都要遍訪《易》學者。到鎮江不久，有一天，忽收到一封掛號信，信中是一篇談易理的文章，題名《「乾卦」爻辭釋義》。

原來，鎮江有位晚清民初的史學家陳慶年先生❶，其公館（橫山草堂）就設在磨刀巷。其次子陳健侯（裕業）先生，1895 年生，兒時讀私塾，自幼就愛好武術，練少林拳，兩腿綁鉛錠，練習輕功，身手敏捷，能手擒過堂雙燕。1907 年畢業於南京思益學校，1911 年（辛亥，16 歲）畢業於江南高等學堂化學系，後自學中醫，懸壺濟世於磨刀巷。

1920 年原擬到德國學醫，但在動身之時，父忽中風，天性至孝的陳健侯先生，決定放棄到德國學醫的計畫，決計留下侍奉父親。有天晚上，陳健侯侍奉父親，因聽說孫祿堂先生於鎮江開設國術館，就動了結識的念頭。故利用侍病的時間寫了此文，寄孫祿堂先生教正。

文章的主要內容是：從「初九」至「用九」，共七段爻辭，可以把它喻為煉精化氣的過程。「初九，潛龍勿

用」，意為相火不妄動，腎精不妄泄，煉精化氣就有了源泉。「九二，見龍在田，利見大人」，是說「田」，土也，屬脾。精固而腎強，腎強則脾胃功能旺盛，煉精化氣始有牢固基礎，有利於氣功向高級階段（**大人相**）發展。「九三，終日乾乾，夕惕若厲，無咎」，自強不息，持恒漸進，煉精化氣才能成功。「九四，或躍在淵，無咎」，可喻為煉精化氣的功夫正在關節點上，不可一日稍懈，不可妄動情慾。「九五，飛龍在天，利見大人」，是說肺氣通於天，氣功到了極頂階段，顯大人相，容顏如童子。「上九，亢龍有悔」，是說在練功過程中，調氣不得法，陰精不能潛存，產生陽亢，引起血壓升高，肝火上騰，可能中風（**腦血管意外**），故「有悔」。「用九，見群龍無首，吉」，是說練功到了太極階段，任何一手，都能變化無窮，每一手都是一個太極，太極是個圓球，故「無首」，這是大吉利的事。

孫師讀罷此文，不由頷首連連。孫師對他秘書吳心谷說：「斯人斯文，於易理醫理拳理合璧成章，莫非醫學家兼哲理家乎？你先前往一訪。」

吳心谷原是袁世凱通志局的秘書，對《老子》有深入研究。他遵師囑上門拜訪陳健侯先生，陳在陳宅「望益軒」接見了吳。吳贈送自己的著作《以「老」解「老」》給陳，兩人一談即成莫逆。陳不僅通《易》理，而且對《老子》也有獨特的見解，侃侃而談，令人折服。吳回館向孫師作了彙報。第二天，孫師偕吳心谷同訪，這次見面，在陳府的「傳經堂」大廳。孫師與陳健侯先生暢談易

理，志趣契合，恨相見晚也。

又過幾天，孫師偕吳心谷再次造訪。孫師云：「吾聞中醫神於脈者，不問而知病，今我不言，任爾試我脈，請言氣功如我者有何病焉？」

陳曰：「中醫望、聞、問、切，四診相互證明，可速斷病情，今僅靠切脈，雖亦可斷，但需倍勞吾之神。請試之。」陳聚精會神於指目，三指分別輕觸探按，既畢，對孫師云：「先生六脈均從容和緩，唯右寸脈偶現數象。從容和緩反映氣血充沛，右寸脈偶見數脈反映有內傷。」

孫師答道：「我數年來訪求拳藝高超的師友，足跡遍及南北，每到一處，請名醫診脈，都云六脈調勻，無些微瑕疵。你診斷有內傷，我不能苟同。」

於是陳鄭重地說道：「六脈調勻，毫無病態，世所罕見。先生右寸脈有時呈數而兼虛象，此確係內傷反映，可能偶有吐血。」

孫師矢口否認。過了幾天，孫師復來診脈，陳據證察脈，仍堅執前診意見。孫師仍矢口否認。如此數次。最後一次，孫復請陳到孫之會客室斷脈，不准他人入內。

陳嚴肅地說：「老先生脈象反映確有內傷，不速治，危矣！請人診脈又不信醫言，是戲醫也。不信不治。望先生再三審思，我此次為老先生診脈，神思高度集中，非但能確診老先生有內傷，而且有把握斷定傷於何處。若不信，請解開上衣袒露背部，我可以指出傷處給你印證。」

孫師遂解開上衣袒露背部，陳即指著孫師背部肺腧穴講道：「內傷是從此處進去的！」

　　孫師猛然大驚，連聲贊道：「神乎其技也。神哉，神哉！我內傷確係受自此處，每逢春季趨暖即復發吐血，今日我正在復發。」隨即吐了一口痰，痰中帶有血絲。

　　孫師於是誠服陳的診斷，並請陳為他治療內傷。陳為孫開了活血祛瘀益肺理氣的湯藥，並用自製的跌打損傷膏給他外敷。經過數月的治療，孫師背部肺腧穴處出現一塊如碗兒大的青斑。從此以後孫師內傷證狀消失，宿病霍然痊癒矣。

　　孫師既欽佩陳健侯先生通達易理拳理，又佩服其醫技高明，日視陳筋骨柔韌，步履輕捷矯健，學養高，善談吐，舉止溫文爾雅，有儒者風度，又有一定的武術基礎。於是對他的秘書說：「歷代師承是師傅找徒弟，而不是徒弟找師傅。遇此人不授拳，有負歷代祖師。」因此孫師決意向陳親授太極拳，遂囑吳心谷向陳傳達他的意願。陳欣然點首說：「蒙孫師不棄愚鈍，我當勉力勤學，決不負孫師厚望。」於是擇吉日遞帖拜師。

閉門秘授三十六手

　　拜師宴是在陳宅望益軒舉辦的，請「一枝春」素館（陳年輕時就受齋吃素）名師到家執箸，出席拜師宴的除孫師、吳心谷外，還有孫存周等，吳心谷為介紹人。與陳健侯同時拜門的還有其弟裕武。

　　當初，國術館授拳一般有兩種形式，一種是由拳師公開傳授，即露天班學員；一種是由拳師個別親授，如陳裕武由孫存周親授八卦掌。至於由孫祿堂親自秘傳的只有陳

健侯一人而已。

孫師對陳說：「跟我學真傳，你原先學的，都要拋棄，一切從頭學起。」他與陳約法六章：①永不叛師；②不得私傳（師傅批准後才能傳人），法不入六耳；③不准要師傅教（意思是只有師傅想教時，才能教；徒弟不能主動提出要師傅教）；④每式所教最多不得超過六遍（六次不會，從此就不教）；⑤與師打鬥，不要怕傷痛；⑥學到真傳，不得隨意傷人。孫師強調說，武功是打出來的，到了師徒對打階段，千萬不要怕傷痛。陳說：「我本是醫生，有傷痛我自己會醫，不勞老師擔心。」

於是孫師開始閉門授拳。每次授拳，不得有第三者在場，即「真法不入六耳」也。

第一階段是練基本功，包括站樁、走趟子、練卍字手。站樁要集中意念，站穩腳跟，可增強體力，為走趟子練身手打下基礎；走趟子意在練步法與身法；練卍字手意在練手法。其中練卍字手為最難。卍字手是孫式真傳太極拳的命門與奧秘所在，也是與大眾化普及式太極拳的根本區別。所謂卍字手，五個手指分別成平、直、橫、環、鉤形，像一個卍字。

練卍字手大致是這樣的：腳成丁八步，兩手併胸前，手心朝上，兩肘緊靠乳頭，沉肘裹肩，含胸拔背，塌腰，下肢微蹲。同時，兩手相對，成下卍字形：大拇指朝前平指；食指挺直下垂；中指平橫向內，與食指成直角；無名指微環；小指微鉤，這樣五指成平、直、橫、環、鉤形，好如「卍」字，故稱卍字手。成下卍字手，這是第一步。

　　然後身下蹲（可視自己的體力而定，體優者可下蹲到
腿靠近地面），卍字手向下畫弧形（此時兩肩不能散開，
而仍要沉肘裹肩，含胸拔背），然後翻轉向上舉，兩食指
朝天，高度與目齊，兩手背要緊貼，手心向外兩側，五指
仍成平、直、橫、環、鉤形，這動作叫「朝天一燭香」，
也就是上卍字手，這是第二步。

　　第三步是，兩手向內翻轉，由胸前推出（這動作為圓
卍字手），兩手成豎掌，手心相對，成抱球狀，像太極。
豎掌與小手臂要成直角。

　　筆者不厭其煩地作如此詳盡的說明，但讀者可能還如
在迷霧中，不知如何練。歷代師承，強調真傳太極拳要口
授身傳是有原因的，因為書面文字很難表達清楚。當然，
在現代可採用錄影，用慢鏡頭，一一分解，但在當時科學
還沒有發展到這樣的地步，只能靠師傅口授身傳。

　　卍亦作卐，它是古代的一種符咒、護符或宗教標誌。
通常被認為是「太陽」或「火」的象徵。卐字在梵文中稱
作 Srivatsa，意為「吉祥萬德之所集」。

　　佛教認為它是釋迦牟尼胸部所現的「瑞相」，用作
「萬德吉祥」的標誌。周‧武則天長壽二年，制定此字，
讀為「萬」。在佛經中，才將卍字傳寫作卐。唐玄奘將卐
譯為「德」，北魏菩提流在《十地經論》中譯為「萬」
字。卍字是功德無量的，也是法力無邊的。

　　故太極拳這一手法，是孫祿堂先生從太極名師郝為真
那裡傳下來，是嚴守秘密的，有些人跟孫祿堂一輩子也從
未聽說過這個名字。現在外界知道這種手法，是由陳健

侯的弟子張祚玉於20世紀60年代傳出來的。這種手法，非常難練，沒有極好的筋骨，沒有堅強的毅力，是學不成的。本人有幸，在60年代初，承蒙陳健侯先生親授我卍字手，但我苦練一年餘，手腕也曾練得紅腫發脹，但仍未合格。陳師說我的筋骨不夠，卍字手未練成，以下就不教了。但是，我透過練卍字手，感到體力增強了。初練時剛練幾次就感到腿酸臂疼，體力不支，後來練了幾個月，就感到腿力大增，手腕靈活，手掌有力。

話說回來，孫師授陳卍字手，陳在一個月內即練成。孫非常高興，於是再授孫式三十六手太極拳套路。此套路共一百多式，每式之間用開合手銜接，不計重複為三十六（主）式，故把些套路簡稱為三十六手。這三十六手恰合《易經》三十六個連體象，其變化無窮。熟練後，在交手過程中，每一手皆能變成三十六手。

孫式太極拳的特點是：進退相隨，虛實轉換，動作敏捷圓活，猶如行雲流水，連綿不斷，每左右轉身以開合相接。孫師授拳時，強調首重頂，提要領，「見其外，知其內，誠於內，形於外，內外合而為一」，即要做到內外相應，同步協調。

陳在學拳時領悟老師的教導，力求做到：手與足相應，肘與膝相應，肩與胯相應，形與意相應，意與氣相合，動靜虛實交替；升降開合進退適度。手勢、步法與體態準確，動作配合呼吸調息，手手不離捧球。意念中所捧之球不是虛幻的，而是實在的、充氣的、有力度的彈性之球。恒以持之，漸以進之。

　　由於陳能以易理溝通拳理，所以敏悟力特別強，師傳一手，已能悟得第二手。故三十六手，僅二個多月就學成了。第一階段屬於基本功訓練，從站樁到走趟子，到練卍字手，到練三十六手套路，總共只用四個多月。

　　第二階段是授於推手。先呆步推手，後活步推手。這就是兩人相對而站，彼此雙手交互放在對方的肘臂上，一手托肘，一手仰掌於肘窩上，同時運轉身體，升降進退轉停，相互密切配合。練推手意在練懂勁。孫師常講，初練拳者手足不靈活，動作「偏柔偏剛」，身笨拙如「繩捆索綁」，學成後就會「勁氣內藏」，如「圓球彈簧」。即由硬到軟，由僵到柔，由重到輕，由滯到靈，由實到虛，這就是懂勁的第一步。這第一步就是「知己」，懂得自己之勁，懂得能運用自己的整體合力。

　　懂勁的第二步，是「知彼」，知道對方之勁。掌握對方動靜之機，瞭解對方發與否的資訊，即知道對方之勁發於何時何處。孫祿堂師把此稱之為「聽勁」。

　　第三步是「化勁」。能引進落空，運用四兩撥千斤，把對方之勁化掉。「懂勁後，愈練愈精，默識揣摩，漸至從心所欲」；捨己從人，「階及神明」。

　　陳健侯先生在孫師的精心訓練下，僅一個多月，就順利完成了推手任務，初步具有懂勁的功夫。除推手外，還採用了「餵手」法。

　　第三階段是「餵手」，即實戰前的準備階段。「餵手」是一種授拳的方法，授拳者向受教者做示範的進攻動作，囑對方要勇於迎戰。對方如能抵擋住進攻，就達到了

「餵手」的目的。如果受教者無法擋架，教者即授以避其鋒銳或卻敵的方法。這是卻敵致勝的功夫，故可以把「餵手」看作臨戰前的實戰演習。孫師給陳餵手，餵的是「懶紮衣」，這是太極拳的第一手。

兩手平行帶卍字式向對方輪番猛烈進攻，頗為厲害，被譽為孫式太極拳的「王手」。陳始則不能招架，繼則能避其鋒銳，終能安若磐石。孫師看到這位弟子進步如此之快，既高興又驚歎地對他的秘書說：「健侯學拳悟性高、進步快，主因是他的學養水準非一般人可比。我如不精心傳授將上愧歷代祖師。」

秘書吳心谷答曰：「健侯學識淵博，我研究《老子》多年，尚有許多未通之處。每與之晤面，我向彼請教，受益匪淺。吾隨師座此次南行，所遇學者中令我佩服的有兩人，一為史學家柳詒徵❷，一為精醫哲者陳健侯。」

第四階段為散手，即師徒對打的實戰階段。孫師對陳說：「真本領是『打』出來的，在打鬥中會有傷痛，只有不怕傷痛，才能練出真功夫！」陳答道：「我是醫生，自己會醫，師傅放心！」兩人在對打過程中，陳被摔過很多跤，也被摔傷過多次，師說：「健侯傷否？」健侯答曰：「無妨！」

有一次，孫師一個劈掌，無意中正中陳的左手拇指和食指上，兩個手指上的指甲被擊碎濺飛在地上。當時陳感到一陣的鑽心疼痛，但仍忍住未形於色，卻對師座說：「師座，小傷無妨，自備傷藥可治，師可無虞，放心授拳，不必介懷。」陳敷以傷藥，仍日不間斷往國術館侍

教。陳常講：「唯有堅貞恆方能進孫拳門階。」經過一個月的太極散手訓練，又經過四個月的八卦散手訓練，陳終於學會了「避實擊虛」、「引勁落空」、「周旋佯攻」、「中央突破」、「挫其鋒銳」等技法。

陳全身心地投入到散打之中，日有所思，夜有其夢。有一天，中午小憩。忽見一老者，銀鬚飄飄，仙風道骨，身穿青布長衫，站在他面前說：「健侯，你是我太極門中的傳人，我是張三豐也，今特來授你幾手。」健侯拜倒在地。老人共授了三手：一曰「小吊掌」，二曰「外旋手」，三曰「內旋手」。

健侯跟祖師練習，很快練成。祖師說：「你悟性高，真是我太極門三生有幸也！望你好自為之！」說著飄然而去。健侯醒來，原來是南柯一夢。回想起來歷歷如在目前。他以夢中所授，反覆演練，爛熟於心。

於孫授拳期間，陳右食指端患一疔疽，內外藥治，疼痛未減，於是在夜深萬籟俱寂時，凝神練拳數趟後，患指端感覺輕鬆多了，視之疔疽已消。

陳不解其故，請教孫師。師曰：「此拳功通達末梢之應驗也。通則不痛，與中醫之活血化瘀之理相同也。」日寇侵華期間，陳曾患隔食病（早期食道癌），後服用自己研創之中藥方劑，結合太極拳與氣功療法，終於痊癒。這是後話。

陳在孫師的精心教授下，勤學苦練，進步甚快，造詣日深。孫師常於左右褒贊陳道：「彼之攻守之法雖原於師傳，但半係彼自悟性中得來，他人難測其奧秘。」。為了

測試陳的真實水準，孫師決定親自對他測試（對打）。第一次測試，陳表現非常出色，孫非常滿意。逾一週後，孫師遣人來敦促陳赴館。孫師一見面劈口就說：「我倆今日可再行比武！」方交鋒，霎間忽不見孫師蹤跡。陳右手護頂，左手護下，左右盤旋，極力尋找，但不聞其聲，不見其人。良久，忽聞身後有人啞然一笑，回首見孫師正以太極手對準己之太陽穴。

孫師笑道：「我今日若發手點汝太陽穴，外不顯皮破肉綻，但卻重損於內。汝手法可與我匹敵，身法距我遠矣！我步履迅捷，汝目不暇接，今以身法勝汝，汝若能勤練不懈，亦可臻我境界。我與你情同父子，決非虛言。汝善自為之。」孫師有「草上飛」的稱號，其身法之快，是任何人所不及的。陳聽了孫師一席語重心長的話，甚為感動。深感孫師拳藝高超，武德高尚，真心誠意地獎掖後生，由是益勤練拳。

拳藝學成小試牛刀

在孫師親自精心教育下，陳健侯先生經過近一年的勤學苦練，孫式真傳三十六手太極拳終於學成。孫師對他說：「汝藝已成，真功是在打鬥中打出來的，你去找比手吧。」

但孫師又反覆叮囑：「太極拳主旨為頤養修身延年益壽，絕不務取勝於人。太極拳祖師張三豐與八卦掌祖師董海川均以此道獲高年；但太極拳如練成就，人終不能勝，所謂不求勝人而人莫能勝，即此理也。如常求勝人為務，

好勇鬥狠，終必死於其技。」

　　陳應答曰：「太極拳之名取象於易理，於用有邪正之分，明達者可用以固躬，勇私鬥者必遭輕命。雖如此，若有人存心詆謗太極拳，蓄意挑釁，亦當全力應對不辱師門才是。」孫師含笑點首稱是。

　　孫師以陳敏悟性高，學拳進步快，常於左右褒獎，不意引起人對陳的妒忌。有一次，館內形意拳師楊某於庭院中授拳，陳順往觀之。楊某身材魁梧，力大無窮，操北方口音。楊見陳前來，招呼道：「來，吾今日與你施『餵手』。」陳於是往之。楊一反「餵手」常態，使勁扳陳右中指，若摧折狀。陳且驚痛且言道：「我後生從孫師學拳日子不多，但尚能不辱師教。今爾以餵手之名，行羞辱之實，甚不自量！今姑與爾試較鋒芒，如何？」楊某徒輩齊聲叫好。一徒還高聲說道：「楊師氣力足，功夫深；陳為後生，焉匹敵？將自取其辱明矣！」言既畢，兩人交手，陳以「懶紮衣」手法掣楊肘腋，楊竭力禦以形意拳手法掙脫，陳迅即翻轉雙手，變以「抱虎推山」式手法，楊被跌數米之遠。圍觀者哄笑走開。陳一個箭步，上前扶起楊。楊惶恐而流汗，自語曰：「而今知孫師許爾之不謬也！」由是陳之拳名傳遍館內外。

　　當時國術館內有一名形意拳拳師蕭漢卿，是蘇北蕭縣人，於鎮江北固山麓下以收售柴薪為業，形意拳造詣頗深，人稱其為鋼手鐵臂。腕力巨大，若使勁握人膀子，此人皮肉即從其指隙間擠壓而出。

　　軍閥孫傳芳部隊過鎮時，有一日夜晚，城中無路燈，

一片漆黑。孫傳芳部隊於城外沿江一帶攔路打劫，不少行人衣服被剝。蕭漢卿這一天晚上，沿江行，途中遇孫傳芳士兵，欲劫其衣物。一士兵說：「老鄉，請借火柴以點燃旱煙。」蕭遞火柴間，猛然一棍擊向其頭部，幸好蕭迅即避向一側，未中要害，僅擦破頭皮。繼飛來一石片，蕭迅疾避之，然後，縱身一躍，奔向持木棍者，以猛力折斷該士兵雙臂；後又趨擲石士兵前，緊緊擒其雙手作折臂狀，該士兵直呼饒命：「恕我細伢子！」蕭不屑顧，仍折斷其雙臂而歸。

蕭漢卿力猛如此，其形意拳功力可知矣。

有一次蕭往訪陳。晤面後兩人略事寒喧，蕭即說：「今日我們作友誼賽較拳技。」陳謹遵師教，信守「我不為主而為客」之道，再三婉辭謙讓。蕭堅請至再，陳不得已而應。兩人於陳宅「望益軒」作友誼賽。蕭用形意拳猛攻陳，陳禦以太極拳手法，屢用「引勁落空」技巧挫蕭鋒銳，繼用八卦拳手法連續跌蕭。蕭心悅誠服地說：「兄勝我，但我甚不明其理，可否告我，以啟茅塞？」陳以緩動作示範，並對蕭講道：「我常聆聽孫師誨以太極拳與人較交鋒，有『沾』『黏』『隨』之勁。不怕靠近強敵。有膽迎其銳鋒，調動對方為『沾』；擒拿對方不放，令對方無退避餘地為『黏』；順對方之勁而不逆其性，巧借對方之勁還擊之為『隨』。」蕭恍然大悟說：「孫師以形意拳起家終歸於太極拳，良有以也。今與兄較乃知。」

孫門徒輩中孫存周、孫振岱與陳往還甚密。彼此切磋，相互砥礪，因此情誼深厚。兩孫氏於內家拳技有造

詣，八卦拳頗為拳界人士稱許。其八卦拳動作開合幅度較大，內收外放操控有節，形若龍騰蛇躍，勢猶車輪旋轉，能與之敵者甚少。孫氏兩人常與陳推手，互為攻守作友誼賽，或勢均力敵難分輸贏，或穩操左券勝負分明，但陳多以太極拳勝彼八卦。

江蘇省國術館解散前夕，曾於北固山進行大比武。陳每戰必捷。孫振岱豎起拇指說：「孫師此次南行，唯兄獨得師座拳技心法，獨得師座傳神之手，師於兄有厚望焉，太極拳之真諦奧秘，兄獨獲之矣！」孫存周也說：「父師南行親傳弟子中，唯兄獨得其真諦。人與兄較技，兄每不為主而為客，謙禮至再，方應允。一與交鋒，敗者如負千斤，欲掙脫而不能；但兄從未傷人，雖取勝，不務名，不伐功，謙謙君子，當之無愧。論拳功，稱兄為泰山壓頂，固不爽也！」陳答曰：「承蒙兩位師兄過獎。不辱師門，尚可勉稱，至於『泰山壓頂』實未敢當也。學以聚之，問以辨之，勤而行之，敬循師教，恒持不懈，吾與師門同仁應共勉之。」

陳健侯先生淡泊名利，業醫濟世，喜樓居。孫師幼女劍雲曾手書「名士多世隱，仙人好樓居」的對聯相贈。

尾　聲

1931 年「九・一八」事變爆發，國難當頭，人心惶惶，潛心修武的環境悉遭破壞。孫師驟然北上，未及與友人別，獨賜函與陳健侯先生曰：「今我北上，爾我師徒之約，雖未全履（指乾坤日月劍、七星杆等），但我之

神意，汝已得之矣。江湖人無戲言，非我誇口，汝好自為之，十年後，天下無敵矣。」

陳得此函，既感師恩浩蕩，但是否應約北上，沉思良久而難決。學孫師的全身武藝，本是自己的心願，如果北上，約要兩載，需大洋二萬塊，這筆開支家庭尚不成問題。但是，父仙逝不久（1929 年），幾十口人的大家庭靠自己主持，家室之累，加上醫務繁忙，國內環境也已不容安心學武，故遲遲未能成行。

後孫師又來一函，約往四川峨眉山與兩位劍俠見面，陳因家難未去，孫師因記錯日期，也遲去了兩天，未能見面。

1933 年（民國二十二年），孫師仙逝，陳不勝哀慟。回想自己未能遵師令北上，學習乾坤日月劍、七星杆等器械以及點穴等各種絕技，以致這些絕技失傳，實在有負師恩也。即使到晚年，憶及此事，輒愴然而涕下。

【註釋】

❶陳慶年（1863-1929） 清末民初著名愛國史學家、教育改革家和國家圖書館事業創建者。 字善餘，號石城鄉人，晚號橫山，鎮江丹徒人。光緒戊子（1888）科優貢生。早年肄業江陰南菁書院，與唐文治、吳稚暉、丁福保、鈕永建同學。院長黃元同認為先生文章「讀書有間，有石破天驚之妙」。其後應湖廣總督張之洞聘，任武昌譯書局總纂兼兩湖書院分教，編輯洋務輯要，協助張之洞推進洋務運動，編授《兵法史略學》，編撰《中國歷史教科書》，為張之洞極為讚賞。時先生學生有黃興、宋教仁、曹亞伯等。後應兩江總督端方之聘，任湖南全省學務提調、籌建長沙圖書館，兼任岳麓書院改制為湖南高等學堂之監督（校長），按新式學堂要求，擴建校舍，增加自然

科學課程。

於1906年建成我國和東亞第一座國家圖書館，即長沙圖書館。1906年後，任江楚編譯書局坐辦、佐繆荃蓀創辦我國第二座國家圖書館，即南京江南圖書館。1909年日商強佔我東沙島，清廷應對無策。先生聞後，獻出家藏陳倫炯《海國聞見錄沿海形勢圖》證明該島為我版圖，東沙島遂不致淪入日本。

先生晚年致力於鄉土學的研究，特別是表彰鄉哲的工作。著述主要有《兩淮鹽法志》、《兵法史略學》、《中國歷史教科書》、《西石城風俗志》、《楊文襄公年譜》、《橫山鄉人叢鈔》、《橫山鄉人類稿》；另校刻宋嘉定和元至順兩種《鎮江志》，張萊《京口三山志》刊刻校勘朱元正《江浙沿海圖》，歐陽季香《蒙古史》等數十種，約數百萬言。對先生光輝的業績，張之洞評為「才識開通，學問淹博。貫串無遺，洵為傑出」；吳稚暉評為「冠民國儒林之軍」；唐文治譽為「學貫天人」；柳詒徵贊為「精博冠時」；黃興贊為「學識優長，士林推服」；京師大學堂創辦人張冶秋推為「近時江左史家第一」。

❷柳詒徵（1880—1956）　近代著名經史學家。字翼謀，江蘇鎮江人。優貢生。早年長同學趙聲有志革命，並從同鄉姻親陳慶年之教。後由陳慶年介紹拜繆荃蓀為師，至南京江楚編譯局工作。著有《歷代史略》《中國教育史》《中國商業史》《劬堂文錄》等。生前和北師大校長陳垣齊名，史學界有「北陳南柳」之稱。

陳健侯爲孫祿堂療傷的醫案

陳登臨口述　尤志心筆錄

最近有人打電話給某武術編輯部，說：「陳健侯如果真的給孫祿堂治過傷，請拿出醫案來！」我小妹婿把此事告訴，問我有無醫案。

我說：「原始醫案，在文革中早已被抄家的紅衛兵燒光了。父親陳健侯是江南名醫，在 1929 年反對國民黨內務部取諦中醫的鬥爭中起過重要作用。精通中醫的國學大師章太炎看過他的醫案後，曾手書『一代名醫』的條幅相贈，並贈漢白玉一塊，以激勵後生。1958 年，我跟父親學醫時，父親曾詳細給我講過他給孫師療傷的經過，所開脈案我至今記得很清楚。」

診治的經過，《陳氏家譜》和我寫的《孫祿堂授拳陳健侯記》（發表於《武蹤》1985 年第 2 期）都有記載，但以小妹夫尤志心寫的《孫祿堂授拳陳健侯紀實》最爲詳盡。此文寫成後，經我兩位哥哥陳登謙（公安戰線離休幹部）、陳登豐（教授）和我本人審閱，所以是真實可靠的。這裡不再重複。

家父給我講辨證施治時，曾以爲孫師所開的藥方爲例，詳細講過，我也曾作過記錄。所開藥方是：

（一）湯藥

炙百部五錢　炙紫苑四錢　大麥冬三錢　白茯苓三錢
杭白芍二錢　炙甘草二錢　先煎海浮石五錢　先煎花蕊石

五錢大生地四錢　大熟地四錢　蛤蜊粉炒阿膠珠三錢

（二）中成藥　七厘散

（三）外敷自製的跌打損傷膏藥

湯藥的組成原理：

百部配花蕊石，潤肺治咳，理氣療傷。紫苑配麥冬治咳，可治痰中帶血絲之症。杭白芍配甘草，可養血止痛斂傷。海浮石、花蕊石專治痰中帶血。生地、熟地養陰補血止血，且熟地配白芍可療傷，治肺部微血管受傷。蛤蜊粉炒阿膠珠可定喘止咳，補血止血，治肺部受傷。這個方子攻補兼施，配伍精良。

在治療過程中，曾根據症狀變化對上述主方進行加減。

家父為孫祿堂公療傷的事，是客觀存在的。傷從何處而來，孫老先生當時並沒有講，只是聽他的秘書吳心谷而言。現在當事人都去世了，但我的姐姐陳端孫，是見證人之一，現年 87 歲，還健在。在家父誕辰 110 周年期間，她曾寫過一篇《回憶我的父親陳健侯先生》，發表在《搏擊》（2006 年第 1 期）和《少林與太極》（2006 年第 3 期）。

【註釋】

陳登臨（1929—）陳健侯第四子，民間中醫，民革成員。

6到20歲為讀書階段，這期間因避日寇之亂，兩度失學，在家自學和親聆父教。

1951年應試師資考試被分配到江都市任教，先後在小學任教師、大隊輔導員、教導主任，曾兩度被聘為市教師進修學校

講師。1958年受到不公正對待，遣返回家。在家跟父學中醫。粉碎「四人幫」後，才得以落實政策，1985年補辦退休手續。

20世紀90年代經衛生局考試合格，正式懸壺於磨刀巷，尤精脈學，治好不少疑難雜症，名聲大振。江蘇省《鄉土報》（1989年10月8日）曾刊登過長篇通訊《兩代青囊家授醫經融貫華洋——記鎮江民間醫師陳登臨》。鎮江紅學家江慰盧先生的頑固性頭痛被治好後，曾作《調寄西江月》相贈。

受父親影響，對《易經》有深入的研究，入選《中國當代易學文化大辭典》。曾任鎮江市周易研究會會長，多次應邀作過周易講座，陸續寫過數萬字學易心得。

《孫氏三十六手太極拳拳理根據淺談》用易理來分析拳理，發表於《武蹤》（2）（1985年4月出版）。此外，寫過《橫山先生傳》一文，發表於南師大《文教史料簡報》（1983年7～8期）。《孫祿堂授拳陳健侯記》發表於《武蹤》（2）和《鎮江文史資料》（第八輯）。

由於先天弱視，到晚年幾近失明。現年83歲，在家休養，練氣功，已臻上乘，鶴髮童顏，收徒講學，時有本地和外地慕名而來求醫者。

孫祿堂親炙弟子陳健侯逸事

陳健侯（1895～1969），鎮江著名中醫，江南高等學堂本科畢業，清末民初江蘇經史大師陳善餘次子也。他精通佛學、易學、醫學，人稱之為「三學博士」。1930年春曾拜著名拳師江蘇國術館副館長孫祿堂為師。孫師曾秘授之孫氏真傳太極拳（三十六手，與孫式太極拳傳統套路有別）。學拳時間約一年餘，實際時間為九個多月。其中，站樁子、練卍字手、走趟子、練套路共學了三個月。推手一個月，太極散手一個月，八卦散手四個月，找比手一個半月。❶

學成後，孫祿堂曾親自兩次秘密對其測試（比試），取得了非常滿意的成績。陳以其高度的敏悟能力，堅、貞、恒的意志，勤學苦練的精神，獲得了孫師的讚揚。當時鎮江國術界曾譽之為「泰山壓頂」。

手擒雙燕

陳健侯少時就愛好武術，學的是紅拳（屬少林拳），啟蒙拳師姓張。他常腿綁鉛塊，練習輕功。所以，身輕如燕，動作敏捷過人。人們常用「輕捷如燕」來描寫其動作的輕捷。春天，家裡廳堂上，常有燕子飛掠而過，他縱身一躍即能抓住它。有一次，一對對飛燕穿堂繞樑而過，他對人云：「我一手能抓住兩隻飛燕。」人們說：「我們不信！」說時那時快，陳眼看一對燕子飛掠而過，縱身一

躍，一手一抓，不見燕子蹤影，大家以為飛跑了，不由笑了起來。陳把手一伸，手掌一展，兩隻燕子則從手中撲撲飛走，旁觀者皆驚歎不已。

江邊碼頭制土霸

舊社會鎮江江邊碼頭一向被人稱為「老虎碼頭」，稱王作霸者大率為當地痞和「青紅幫」之流。他們秘密結社，依仗人多勢強耍弄拳術，對靠岸的民船漁舟敲詐勒索，伎倆奸巧，無所不用其極。有時他們還勾結地方的土豪劣坤策劃綁架活動。1936 年陳健侯曾為他的次姐琨蘭辦理購地建私人住房事宜❷，買賣雙方經談判已達成書面協議，簽訂成契約。未有幾天，賣方受江邊碼頭惡霸唆使，一反原訂協議，要撕毀契約。這種出爾反爾的卑劣行經，醉翁之意不在酒，其意圖是借毀約行敲詐勒索之實。

陳為此事為不留後患計，約定某日在江邊一旅社與賣方談判交涉。陳義正詞嚴責問和駁斥對方。對方理屈辭窮，竟惱羞成怒，與江邊碼頭大惡霸齊德厚❸密謀，企圖對陳進行綁架。

陳見當時氣氛緊張，聲色俱厲地怒斥對方。並說道：「今天是否要較量較量？」

齊應聲回答說：「今天陳先生如果不簽訂好新協議，只好在這裡留宿了。至於較量一事可以試試，好漢不吃眼前虧，我們先禮後兵，陳先生可不見怪。」

陳聽了勃然大怒，熄滅了抽著的雪茄，用「懶紮衣」手法分開了兩旁緊緊把陳圍困住的齊某的徒子徒孫，氣宇

軒昂地走出了旅社，到了江邊馬路上。齊見陳快揚長而去，自知陰謀未能得逞，露出了猙獰面目，使勁地揮動雙拳欲猛擊陳雙側太陽穴要害，陳迅即以「白鶴亮翅」手法在齊的面頰上擊了一掌，復轉向齊的雙腋抖動了一下，將齊跌倒在地。

那時正值冬雪融化未盡，迎面撲來的朔風正在呼嘯怒吼，江邊馬路上一片泥濘。齊某身著的黑色狐皮大衣濺滿了泥汙。齊某氣喘如牛，掙扎著從地上爬起來，顫抖地嘶叫著：「陳！你無理打人！」一邊脫去大衣，一邊竭盡全力用拳頭向陳的腹部猛撲過來。陳鎮定自著，用八卦掌拳技跌齊，齊跌在地上久久爬不起來。他的徒弟把他扶起來挽進了旅社。

齊的徒子徒孫眼看著他們的幫頭自取其辱，被擊倒在地也就氣餒地走散了。陳雙目凝視炯然有神怒聲斥道：「誰敢動武就擊倒誰！」陳見蜷縮在路旁的原來給他拉車的人力車夫嚇得直打哆嗦。便壯他的膽子說：「我們放心大膽的走，誰敢來再欺負我們。」碼頭大霸這次敲詐勒索的活動就這樣被粉碎了。

事後，據說，齊德厚曾用重金收買一武林高手，欲伺機報仇。該武林高手知道陳為孫祿堂的高足，不敢當面交手，想進行暗刺，曾在陳家大院附近轉悠了好幾天，但一直未找到下手機會，最後只得罷手。

威服敲詐大兵

某天，孫傳芳部下一大兵，身掛駁殼槍，從鎮江磨刀

巷一頭，挨家挨戶進行敲詐。少者被索走幾元大洋，多者被敲詐走數十大洋。大兵至「陳家大院」黑漆大門口，門口有一老年人守門，惦量此戶是大戶人家，正可大撈一把，於是昂然衝門而進。

看門人匆匆上樓報告主人，陳健侯迅即下樓，那大兵正嚷著：「媽的！還不拿錢出來，孝敬老子！」陳一聽勃然大怒，一個箭步衝到了大兵眼前，拉開架子，大聲喝道：「胡嚷什麼？你若敢動一動，我一伸手，即剜去你的雙眼！」陳兩眼緊緊盯著他，似有兩道電光在他臉上盤旋，觀察著他的一舉一動。

大兵一看，知遇拳家，嚇得結結巴巴地說道：「好說……好說……」邊說邊退，陳恐怕他抽槍，緊貼其身旁不放，大兵嚇軟了，淌下了眼淚。陳囑咐家人，給他一個銅板，叫他滾蛋。大兵灰溜溜地逃跑了。周圍鄰居紛紛來訴說被敲詐情況，慶賀陳趕走了敲詐大兵。

湖上退眾盜

抗日戰爭時期，日寇於南京大屠殺後，即侵犯南北交通要鎮——鎮江。陳全家以 80 元大洋雇了一條船，逃難到蘇北邵伯、樊汊。深夜，一強盜船呼嘯而至，全家驚呼。這時陳由於幾天幾夜未睡，正在船中熟睡，子女們大呼爹爹，但還不醒，他們只得用手打他的臉。陳一睜眼知道來了強人，就一個箭步跳到船頭，張目一望，一小船，疾馳而來。

此時，月亮朗照湖上，如同白晝，陳明察秋毫，見這

夥強盜手執大刀、木棍，但並無槍枝，就定了下來。拉開太極架勢，一出手就把剛跳上船的三個強人打倒在船頭。三人連說「行家！行家！」跪下求饒。原來這三人是國民黨的敗兵，想趁火打劫。陳對他們說：「國家大難當頭，你們不去抗日，報效國家，而在這裡搶劫百姓，是孰可忍孰不可忍？」陳曉之以理後，就叫家人給他們幾個錢，命他們趕快滾。於是，小船驚慌而退。

邵伯尼庵智退盜賊

1937 年日寇侵華，陳全家曾避亂於蘇北邵伯，暫旅居於邵伯湖畔「大安旅社」。其古稀老母偕幼子暫住邵伯邊地一尼姑庵。某日陳健侯往尼庵省視老母，母留夜宿。陳練武習拳多年，警覺性較高，喜夜讀。這天夜深近兩點，陳正夜讀，忽於萬籟俱寂中聞有數人躡手躡腳爬屋的聲音。陳知情勢不妙，料定有盜賊在翻牆躍屋，企圖闖進室內，乘戰爭危亂之際搶劫。自忖幼弟為一文弱書生，其餘家人皆屬婦孺，焉能敵此強敵。決意仿諸葛亮行空城之策，以智巧退盜賊。他迅即將室內照明全部熄滅，使盜賊不識室內動靜，他佩帶在腰間的短利刃光亮亮地抽出鞘，又使勁地將幼弟推醒，叫他呼應助威，弟兄倆飛快地趨往東首庵門。

東首庵門為一薄板門，盜賊視為防禦薄弱的突破口。兄弟倆相機行事，用大石塊、水缸和方桌把門頂緊，果不出所料，盜賊猛衝這面薄板門，陳決意如果盜賊闖進門來即持白刃，以快速的八卦拳技，來一個斃一個。

陳大聲呵斥盜賊：「老子料定你們要進來送命，正在這兒等著你們哩！」並虛張聲勢囑幼弟：「快把子彈進槍膛！」盜賊不知道內中究竟，知進此門不能得逞，隨即躍牆上屋。尼庵的西首為一小巷，有一門可達室內，弟兄倆急轉身向此門走去，將幾個空著的荷花缸迭起來堵緊門。果未出所料，盜賊又來猛衝門，陳厲聲喝道：「請你們進來送命，不敢進來是孬種！」

賊未料防備如此迅速謹嚴，相互說道：「那兩個男子是武門中的行家，動不得，明知眼前虧，不能上當。」只得躡手躡腳地逃走了。

整整一夜陳沒有合眼，以防有不測之變。次日火速地遷居人多聚住的邵伯街區。陳常說：「練武術者，拳技固屬重要。膽識巧計亦不可少，否則，遇大敵怯，雖有神手其技亦無所施也。」這話是很有道理的。

深夜退攔路盜賊

陳健侯先生常說：學拳目的在於「強身、克敵、袪病、延年」。三年極端困難的1961年冬，深夜一時左右。他送三子登豐至火車站上北京（京滬直快是深夜一點經過鎮江）。此刻並無公共汽車，登豐每次探親後返北京，都有乃父送行至火車站。這次，他送登豐上車後，旋即回家。他知道三年極端困難時期，路上並不安全。故走得甚疾，至一巷道口，從兩旁廊中，忽竄出兩條大漢，向陳奔來，攔住去路。

陳一看不妙，迅即站住，拉開架子，對兩盜賊喝道：

「來者幹什麼的，你們一動手，我即叫你們爬不起來！」
兩賊一看來者，銀鬚飄飄，雙目炯炯有神，雖值嚴寒，卻
不戴帽子，不穿棉衣，只穿一身夾衣，知道此人不凡，於
是怯怯而退。

鎮住紅衛兵

1966 年 6 月，一場全國性的空前浩劫開始了。陳家大
院首當其衝，鎮江市三中的紅衛兵，在某體育教師的率領
下，浩浩蕩蕩，蜂擁至陳家大破「四舊」。紅衛兵知道陳
健侯有武術，故派四個身強力壯者，手執四條大棍。日夜
看住陳，不准陳自由行動。陳暗想：自己一生業醫，救死
扶傷，淡泊名利，不問政治，隱居高樓，雖學過拳術，但
從未傷人。為何遭此厄運？憑自己的武術，視數十紅衛兵
不過如群蟻矣！

這四條木棍，在自己眼中不過像四根稻草而已。自己
篤信佛教，遵守師規。「人不傷我，我不傷人。」紅衛兵
是被人愚弄的娃娃，不能怪罪於他們。但紅衛兵的「革
命行動」「造反精神」是駭人聽聞的，污辱人身之事早有
所聞。如果自己束手待斃，受其污辱，有辱師門，考慮再
三，決定略顯技藝，鎮住他們為上策。

第二天早上，剛濛濛亮，陳忽然一蹬足，從床上跳下
來，坐在床沿上，兩手成卍字手，上下盤旋起來，只見渾
身上下全是他的手。正如「形如搏兔之鶻，神如捕鼠之
貓」，動作敏捷如閃電，兩眼閃閃發光。嚇得四個手持大
棍的紅衛兵，面如土色……從此，四人對陳的人身不敢

有絲毫犯侵。儘管屋內屋外，樓上樓下，挖洞搗牆，大破「四舊」，達七天七夜之久。二十萬冊藏書、字畫、古玩、佛像、照片、太極拳資料等全被洗劫一空，但陳床邊一床頭小櫃，紅衛兵未敢動。

我放在岳父家中的四本《國術大全》和兩本木版《周易集注》就放在床頭櫃上面。在當時看來，儘管是典型的「四舊」，但他們未敢一動。1966年9月，我回家，岳父大人把此兩書完璧歸趙，並說明詳情。我知道此兩套書是「劫後餘生」十分珍貴。把兩本《周易集注》送給了內兄登豐，一套《國術大全》至今完璧。現在成了岳父大人拳威的見證物。

【註釋】

❶江蘇省國術館創辦於是1928年7月1日，1929年（民國18年）2月19日遷移到到鎮江。孫祿堂先生因陳健侯精通《易經》而賞識之，1929年春暖時節孫師因痰中帶血，請陳診治，服藥數月而痊癒，後來孫師又對陳健侯進行全面考察，才決定把真傳傳給陳健侯，那時恐怕已到1930年春了。國術館於1931年10月關閉。從拜師到關閉將近二年時間，但岳父卻對我說，他跟孫祿堂學拳是一年多時間，真學是大半年。我問具體情況，他說：從站樁到走趟子，到練卍字手，到練三十六手太極拳套路，共用三個多月。推手一個月，太極散手一個月，八卦散手四個月，找比手一個半月。去掉「找比手一個半月」，共計是九個月。多下來還有五個多月的時間，為什麼孫祿堂沒有再教，一直到國術館關閉，回到北京後才寫信給陳健侯，要他上北京跟他再學二年呢？後來我看到了童旭東的帖子，疑竇豁然解開。原帖如下：

1931年孫老先生攜夫人遊杭州，劍雲老師隨行。在杭州

受到張靜江（省主席兼浙江省國術館館長）、黃元秀（浙江省國術館董事）及弟子鄭某（因家殷富，人稱鄭半城，國術館董事）、鄭佐平（時任浙江省國術館副館長）等人的熱情接待。期間，孫老先生曾與浙江省國術館的青年教師們做走路的遊戲，結果包括一等教習曹晏海等國術館的教習都遠遠地被孫老先生落在了後面。此行中，鎮江名中醫陳健侯先生幾乎一天一封信，追著問孫老先生有關易學及拳學方面的有關問題。老先生返回鎮江途徑上海，參加了致柔拳社成立6周年紀念會。這時老先生又接到了陳微明轉來的陳健侯的來信，老先生只說了句，他太心急了。老先生回到鎮江後，發現國術館中那些老先生早期的弟子情緒不對，後來知道是陳健侯透露了老先生要把絕藝盡傳給他的事。這使老先生非常不快。由此中斷了對陳的傳授。於是就有了招生廣告之事。遺憾的是，「九一八」事變爆發，老先生北返，所選三個人練拳不及三個月。

　　這個帖子解決了我頭腦中多年以來的一個疑問。原來是這麼一回事，因為陳健侯自己把孫師「絕藝盡傳給他的事」透露了出去，引起了老先生早期的弟子的不平。這個帖子儘管可以作不同的解讀，但當時我心中還是非常感謝童旭東的。致柔拳社成立六周年是1931年5月，孫祿堂回鎮後就中斷對陳健侯的傳授。從1930年春到1931年5月，其間恰好是一年多時間，與我岳父的說的「一年多」是相吻合的。

　　❷陳之次姐夫叫謝遐齡，曾留學日本，為原江蘇省第九師範（於鎮江）第一任校長，勤於辦學，1936年初患肺癌病去世。其妻琨蘭以其撫恤金用作購地建住房。

　　❸齊德厚為舊社會鎮江江邊碼頭惡貫滿盈的大惡霸，精形意拳，為青紅幫頭子，徒子徒孫甚眾，於鎮江解放後鎮反運動中被鎮壓。

有關幾個物證的調查

拙稿《太極三記》（《武林奇俠孫祿堂逸事》、《孫祿堂授拳陳健侯紀實》《陳健侯授拳張祚玉記》）在《搏擊》雜誌 2005 年 6～8 期發表後，各大網站紛紛轉載，引起了廣大讀者與網友的興趣，他們紛紛發表自己的意見，贊同者有之，質疑者有之。現就拙作中提到的幾個物證問題，答覆讀者。

一、關於孫祿堂宗師給陳健侯先生的兩封信件

在拙稿《孫祿堂授拳陳健侯紀實》中說：

「1931 年『九·一八』事變爆發，國難當頭，人心惶惶，潛心修武的環境悉遭破壞。孫師驟然北上，未及與友人別，獨賜函與陳健侯先生曰：『今我北上，爾我師徒之約，雖未全履（指乾坤日月劍、七星杆等），但我之神意，汝已得之矣。江湖人無戲言，非我誇口，汝好自為之，十年後，天下無敵矣。』

「陳得此函，既感師恩浩蕩，但是否應約北上，沉思良久而難決。學孫師的全身武藝，本是自己的心願，如果北上，約要兩載，需大洋二萬塊，這筆開支家庭尚不成問題。但是，父仙逝不久（1929 年），幾十口人的大家庭靠自己主持，家室之累，加上醫務繁忙，國內環境也已不容安心學武，故遲遲未能成行。

「後孫師又來一函，約往四川峨眉山與兩位劍俠見

面,陳因家難,未能前去。」

這兩封信,是孫祿堂先師授拳陳健侯先生的最有力的
證據。我詢問了陳先生子女,原來此信在抗戰爆發後,舉
家逃到蘇北樊汊,這兩封信是藏在一個大箱子底下的,
箱子裡裝的都是貴重物品,存放在磨刀巷老家(陳慶年故
居)。陳宅由兩個老家人看守。後來日本人佔領鎮江後,
燒殺姦淫搶掠奪,無所不為,把陳宅的貴重物品(包括傳
經樓上的珍貴版本及字畫),搶走幾大卡車,藏有這兩封
信的箱子也被搬走了。

雖然這兩封信沒有了,但目前除了子女的口述和《陳
氏家譜》《鎮江文史資料》的記載外,另有一個旁證可以
證明其決非空穴來風。研究武術史 20 年的童旭東先生,
在內家拳網站上發了這樣一個帖子:

(發佈時間:2003/10/21 08:24pm)

1931 年孫老先生攜夫人遊杭州,劍雲老師隨行。在
杭州受到張靜江(省主席兼浙江省國術館館長)、黃元秀
(浙江省國術館董事)及弟子鄭某(因家殷富,人稱鄭半
城,國術館董事)、鄭佐平(時任浙江省國術館副館長)
等人的熱情接待。

期間,孫老先生曾與浙江省國術館的青年教師們做走
路的遊戲,結果包括一等教習曹晏海等國術館的教習都遠
遠地被孫老先生落在了後面。

此行中,鎮江名中醫陳健侯先生幾乎一天一封信,追
著問孫老先生有關易學及拳學方面的有關問題。

　　老先生返回鎮江途徑上海，參加了致柔拳社成立6周年紀念會。這時老先生又接到了陳微明轉來的陳健侯的來信，老先生只說了句，他太心急了。

　　老先生回到鎮江後，發現國術館中那些老先生早期的弟子情緒不對，後來知道是陳健侯透露了老先生要把絕藝盡傳給他的事。這使老先生非常不快。由此中斷了對陳的傳授。於是就有了招生廣告之事。遺憾的是，九一八事變爆發，老先生北返，所選三個人練拳不及三個月。

　　這個帖子可以說明陳健侯確為孫老先生的嫡傳弟子，且確乎曾擬把「絕藝盡傳給陳」。三十六手太極拳是孫公的自練拳，從未教過別人，在教陳時，是秘傳，即使子女在場，也就立即停止教授。孫公在傳授完三十六手太極拳後，陳開始在國術館找比手，與國術館的高手孫存周、孫振岱、柳印虎、蕭漢卿等所謂「八大金剛」一一比過手，而且幾乎是每戰必捷。

　　有網友對此提出質疑，認為陳跟孫師學拳僅大半年（按：實際為九個月），怎能有這樣高的武功？

　　我認為，這是因為陳原有相當的武功基礎，精少林拳（紅拳），而且腿綁鉛塊，身手敏捷，一手能擒過堂雙燕，其身手之靈活是少見到的。由於孫師的精心教練，加上他精通易理，學拳的悟性特高，又能勤學苦練，學成後，又經師傅的考驗，才讓他出去找比手，其身手當然是不凡的。如果不是如此，在與那些武藝高強的師兄們比手時，不堪一擊，那麼他也不會遭人妒忌了。加上陳又透露

了「老先生要把絕藝盡傳給他的事，這使老先生非常不快」。「老先生回到鎮江後，發現國術館中那些老先生早期的弟子情緒不對」，孫公考慮到各方面的關係，不得不中斷對陳的傳授，這是合乎情理的，孫師的做法也是可以理解的。後來國術館解散，孫公北上後，來函約陳北上，完成先前的承諾，這是很自然的事。

這帖子也解開了我心頭一直存在的一個疑問，江蘇省國術館是 1928 年 7 月至 1931 年 10 月，陳健侯先生跟孫公學拳是一年餘，實際是九個多月。

孫師授拳給陳，是從 1930 年上半年開始的，到國術館解散還有一年多時間，在這期間為何只授了三十六手（還有形意、八卦，因為學三十六手，必須學形意、八卦），其他功夫未授（據他乾兒子葉恒芳透露，還傳過「二路炮捶」，但陳未傳下來）？

這個問題一直困惑著我，現在看了這個帖子，終於解開了。原來孫公不得不暫停教授，是考慮到老弟子的情緒問題，直至北上後，才想再兌現諾言。

關於第二封信。我也發現了一些旁證。孫公回京後確實與峨眉山劍俠（仙）有來往。

（來自內家拳舊聞　金玉行者　發佈時間：2005/03/31 06:49）

米兒敘述：

據童師講：孫老先生所修之道學屬隱修派，該派不在道觀內修道，從有關孫老先生的史料中知，孫老先生至少有三位道學高深的道友，一位姓陳、一位姓張、一位姓

關，他們都是到處雲遊修道，沒有道觀。童師講孫老所修屬於老子——尹喜一派。

CLUO 敘述：

劍仙一說，清末，民國和當代影響極大，並非空穴來風。峨眉派、武當派、青城派、上清派、終南派、三豐派，各派都有，不過須指出的是：劍仙並非是單獨一派，而是一種修煉法門。

所謂「內執丹道，外顯金鋒」而已。說到底，就是延續自己的肉身的存在時間，來完成丹法。提示：張義尚老先生的師尊周明陽先生就是三豐派的劍仙。

周明陽的官方身份是清末四川總督趙爾豐的高級幕僚，曾在川藏邊境上打過反叛藏人，並在此期間修成「道家五遁法」。有心的武友可查看一下四川的文史資料就知道他兩是何關係。

從上面的舊聞中，可知孫祿堂公回北京後，與佛道、劍俠之類人物確有來往。他約他的傳人陳健侯先生一同前往，其用意是不言而喻的。由此可見陳健侯先生在他心目中的地位。

第一封信孫公邀他北上繼續學藝，可惜的是，陳先生因家室之累，因母命難違（母親陳張氏孟婉那時還健在，對健侯說：「四兒，這個家全靠你了，你不在，哪可怎麼辦？」），未能前往。現在看來孫公的絕技失傳，也許是天命吧！

得到八卦真傳的孫存周，在 1956 年的「唯技擊論」

批判運動中是首當其衝的，故他再也不願出山。至於陳健侯先生新中國成立後一直過著隱居生活（先婉拒政協委員之職，後又婉拒中醫院長之職），連行醫都中止了。

孫公絕技即使傳給了陳健侯先生，他也不可能傳下去，因為環境不允許啊。如果在現在的改革開放年代那多麼好啊。

二、關於孫劍雲女士贈送的對聯

孫劍雲（1914～2003）是孫公的小女兒，她隨父到江蘇省國術館任教，擅長劍術（表現型），書法俊秀。她除了在國術館女子班教授外，還上門教授陳健侯公長女陳孟孫（1920～1938）劍術（木劍），與孫婉容、孫孟容（孫公侄女，年稍長）、陳端孫（陳公二女兒），相處甚篤。孫劍雲與孫存周、孫振岱、孫孟容等人還經常到陳家的「傳經堂」（約200平方米）習武。陳端孫❶現在還健在，談到往事，還會滔滔不絕。

孫劍雲對師兄陳健侯是欽佩有加的。這不僅是因為陳家在鎮江的地位，不僅因為陳的父親陳慶年與鈕永建（江蘇省主席、國術館長）是南菁書院的同學，而且是因為陳的學養、人品、醫術、武功都使她佩服，所以她寫了一副對聯贈師兄。上聯是「名士多世隱」，下聯是「仙人好樓居」。此對聯「甚合公意」（《陳氏家譜》語）。

陳健侯先生20歲即皈依佛門，成了虔誠的佛教徒。辛亥革命光復後，當地政府曾請他出任民政局長一職，並特許給他一個排的兵士，由他指揮，協助社會治安，他婉

言拒絕了。鎮江市成立醫學學會，請他出任會長一職，他也堅辭不受，只肯做個會員。

他的一生中只做過一件出頭露面的事。那就是 1929 年內務部長張厲生欲廢止中醫，陳健侯先生挺身而出，在父病值夜時，寫了致張厲生的信，並起草了《鎮江中醫學會宣言》，大義凜然，發表於《蘇報》。後集會上海，抗議力爭，迫使張收回成命，並在《蘇報》公開張對陳的覆信。

抗戰勝利後，他又拒絕了省參議會議員之職，一生過的是隱居生活。他的生活習慣是在樓上居住，所以孫劍雲這副對聯頗合他的心意。

但在 1966 年「文革」七天抄家結束後，發現原藏在衣廚裡的這副對聯（未糊表，只是兩張宣紙，已黃脆破損，與放衣服放在一起，紅衛兵未發現），居然未被抄走，真是意想不到的。

陳把這副對聯送給了他的學生岳沅深。岳沅深，字夢傳，出身於小業主，在那「左」的年代，岳受不公正對待，長期超負荷勞動，透支生命。後拜陳為師，卍字手練得最好。筆者曾看過他練的卍字手，完全符合平直圓的要求，真是漂亮已極。

三十六手，陳親炙到野馬分鬃，後面的是向師兄張祚玉學的。他打拳的形態酷肖如師。陳師對他的評價是：品德好，架子最像，可惜形似而神韻不聚。岳對師傅最忠心，師呼之即來，為師辦了很多事。

在陳宅被抄的日子裡，有的弟子避之還不及，但岳卻

天天來看望師傅,這使陳非常感動。岳頗有文化修養,以前曾看過這幅對聯,對其頗感興趣。陳師懂得他的心意。陳考慮到岳對自己的忠心,就把這幅劫後餘存的對聯送給了岳。岳感激不盡,回家就珍藏起來了。

但想不到岳於1968年得急性腸胃炎,醫院給他掛葡萄糖,僅一個半小時就去世了。原來他患有糖尿病,他自己與家屬都不知道,到了醫院,也未作任何檢查,就按常規給他掛葡萄糖。那時是「文革」時期,醫院亂得很,出這樣的醫療事故是並不奇怪的。

最近我追問過這幅對聯的下落,他的大兒子說,當初父親突然病故,他也未作交代,這幅對聯我們也未注意,有可能當廢紙燒掉了。

這幅對聯我未見過,但我的三位內兄都見過,陳登臨說,孫劍雲的書法頗有趙孟頫的風格。

【註釋】

❶在此文發表後5年,即2011年9月14日病故,享年90歲。

我跟岳父學卍字手

在全國武術普查工作中，我岳父陳健侯跟孫祿堂學的三十六式真傳太極被發掘了出來，幾乎轟動了整個武術界。

據岳父對我說，孫祿堂先生以郝為真親傳的郝（武）太極為基礎，融會形意、八卦的精華而創造出來的。孫於鎮江任江蘇省國術館副館長兼教務長期間，收岳父為徒，閉門秘傳，在南方只傳了他一人。

這三十六手太極，與外面廣為流傳的孫式太極最大的不同點在手法上。前者手手帶卍字，而後者卻無卍字。卍字是真傳太極的命脈與秘密所在。

我從小也喜歡武術，曾買了幾十本武術書，自學自練。1961 年我與岳父的小女兒結婚，我吵著要跟他學太極拳，也許他被我吵不過，也許被我的誠意所感動吧，1964年，他正式收我為徒，帶我到祖師像前焚香磕頭。但他聲明：在沒有正式學成之前，只能算記名弟子。

他對我進行了嚴肅的「慈、孝、敬」和「堅、貞、恒」的教育。他講要學成卍字手，沒有慈孝敬的高尚品質和堅貞恒的堅強意志是學不成的。

他先教我站樁，然後教走趟子。站樁主要練腿勁，走趟子主要練身法。這二關順利通過了，於是進入了第三關——練卍字手。這是最難的一關。

其方法是：腳站丁八步，沉肘裹肩，含胸拔背下蹲，

兩手並放胸前，肘緊靠乳頭處，手心平展向上，然後手心相對，兩手指分別成卍字形（大拇指朝前平放；食指挺直下垂，食指與拇指成直角；中指平橫向內，與食指成直角；無名指微環；小指微鉤。這樣五指分別成平、直、橫、環、鉤，好如「卍」字，故稱「卍」字手）。這是第一步。

第二步，「卍」字手向下畫弧形，然後由胸前向上翻展，此時兩肩仍要裹緊，沉肘，含胸，拔背，兩食指朝天指，高度與兩目齊，兩手背緊緊相靠，手心向兩側，這動作叫「朝天一燭香」。

第三步，兩手向內翻展，由胸前推出，兩手成抱球狀，宛如太極，手掌與小臂必須成直角。然後再變成下「卍」字手……如此循環反覆地練，直練得兩腿發酸，兩手腕發疼為止。

岳父對我說，只有練成「卍」字手，才能教架子套路。我苦練了一年多，練得手發酸，而且手腕也被扭傷了（說明：當時我在外地工作，得不到岳父的直接指導，練時用了拙力，故有此後果。並不由此而推論說練卍字手有損健康），但仍未合格。

岳父說，這「卍」字手，要靠意念把手腕拉成直角的。在萬人之中，只有一二人能練成，沒有好的筋骨，即使苦練也練不成。這時，我只能望洋興嘆了。所以，「三十六手」也沒有傳給我。

岳父在鎮江曾收過好幾個徒弟，但真正練成卍字手的只有岳沅琛（字夢傳）一人。我看過岳沅琛的卍字，那真漂亮極了，可惜三十六手還未傳完，就因在「文革」患急

性腸炎被醫院誤治而英年早逝。張祚玉跟我岳父學拳的時間最長，而且根底好，在河南省國術館國術考核中榮獲第二名，在滬寧線上頗負盛名。

他的卍字手基本及格，岳父把三十六手傳給了他，但三十六手的變化奧妙領會不深。岳父曾對我說過：「我的拳後繼無人了，真對不起祖師啊！有生之年，我要收一對童男童女，把拳傳給他們，不辜負孫師的教誨啊！」但是，不久，「文化大革命」發生了，雖然他倚仗自己的一身武藝，紅衛兵沒有敢對他進行人身污辱，但由於書樓被抄，受到了很大的刺激，精神憂鬱，1969年不幸仙逝。他仙逝後，張祚玉師兄為了保存這一國粹，將三十六手在鎮江市公開傳授。

在授拳問題上，孫祿堂是封閉性的，他嚴尊師教，真傳一代只傳一人（北方另有傳人）。到岳父手中，已成半開放型。他對我說過：「別人都說我保守，其實不然，這卍字手實在太難學了，我這拳也太難學了，沒有特好的筋骨，沒有驚人的敏悟能力，我即使教他一百遍，他也是學不會的啊！」

我學孫氏三十六手太極拳

　　我在小學讀書時，就迷上了武俠小說，什麼《七俠五義》，什麼《荒江女俠》，什麼《火燒紅蓮寺》，凡是能找到的、借到的，都拿來狼吞虎嚥地閱讀著，夢想將來能成為行俠仗義的一位武俠。到了初中，我開始購買和搜集練武的書，有什麼《少林拳》《彈腿十二路》《軟硬練功秘訣》《國術大全》等。

　　按照書本，我自學會了少林拳、彈腿十二路等套路；後來又想練紅砂手，特從南方山裡用船運來了紅砂，天天練習，手指練得紅腫發炎，才不得不停止；後來又用燒沸的油滴在手指上……這種練法究竟對不對，也不知道。直到我考上了無錫市一中高中，是寄宿生，這時才不得不停止。隨著知識的增長，自己也已意識到，這種練法是不科學的。但可惜的是，從高中一直到上高校，我原本會打的套路也全部丟掉了。

　　直到 1961 年我與陳健侯先生的小女兒結了婚，與岳父大人在交談中，知道了許多太極拳的事，也知道了我的岳父是一位太極高手。

　　1964 年暑假，我流露了想向他學太極拳的意思，也許因為小女兒是他的「掌上明珠」之故吧，他答應了我的要求。於是我買來了香燭，擇日拜師。他先對我進行「慈孝敬」和「堅貞恒」的教育，然後帶我到祖師像前拜師。

　　我記得很清楚，儀式是在他家佛堂裡進行的。佛堂正

357

南面擺著釋迦牟尼、阿彌陀佛、藥師佛、觀音菩薩等，都是非常精緻的瓷器做成的。朝東的板壁上掛著張三豐祖師的畫像，畫像前放著一張茶几，茶几上有一塊玻璃板，板下是孫祿堂先師的一張照片，孫師端坐在一張太師椅上，岳父站在他身旁。這張照片的顏色已發黃。

孫師長長的鬍鬚給我深刻的印象，岳父當時戴著眼鏡，像個文弱書生，年齡大約三十多歲。在玻璃板上還放著一個香爐。岳父先上香，在祖師面前禱告一翻，意思是請求祖師允許他收我為徒。然後他叫我到祖師面前磕頭。他又預先聲明：「汝能學成則是我的正式弟子，若不能學成，只能算記名弟子。」我點頭應諾。這簡單的儀式，不到十分鐘就結束了。當時在場的有我的內兄陳登臨。

岳父先教我走趟子。我回到無錫家中反覆練習，開學前又回到鎮江，走給岳父看，他看後說我身法不錯，頷首贊許。他又教我卍字手。卍字手是孫式真傳太極拳的命門與奧秘所在，也與大眾化普及式太極拳的根本區別。

歷代師承，強調真傳太極拳要口授身傳是有原因的，因為書面文字很難表達清楚。練卍字手其實是與站樁相結合的，練卍字手時腿力也會大增。

暑期結束，我回到了淮陰工作，早晚都苦練卍字手，練得手腕發腫，腿發酸，自感差不多了。到寒假回鎮，給岳父一看，他指出了我很多不足之處，並再三強調要用意念把手掌與小手臂拉成直角，而不能用拙力。於是，我又苦練了一學期，右手腕扭傷數次，但到暑假回鎮，給岳父一檢驗，還是不合格。

他讚揚徒弟岳沉深卍字手練得好。有一次岳來我家，我要他把卍字手表演給我看。我一看，真的漂亮極了：雙手捧太極，直掌與小手臂成直角。他的手腕處有兩條深深的皺紋。後來，我看別人卍字手練得好不好，只要看他手腕的皺紋深不深就知道了。

經過一年時間，我的卍字手還未練成，岳父認為我的筋骨不夠，從此就不再提練拳的事了。我也不好向他提，因為有言在先，徒弟不准要師傅教（意思是只有師傅想教時，才能教；徒弟不能主動提出要師傅教）。這件事說明，即使我是他的愛婿，也要嚴格遵守學拳規則，不能例外。後來他只教了我一個強肺手法與舒肝手法，叫我健身；還教了一手散手，叫我用於防身。

岳父不教三十六手了，我心中不是個滋味。學不成三十六手，我就購了一本孫劍雲編寫的《孫式太極拳》（1957 年第 1 版，1962 年 12 月第 5 次印刷），按圖文說明自學起來，只幾個月就學會了。每天都練習，直到 1965 年「四清運動」開始了，才停止練習，接著，是十年「文化大革命」，我岳父家被抄家七天七夜，真是挖地三尺，牆壁也被搗空，藏書 20 萬冊全被抄走，其他的像字畫、古玩、書信、照片等等（包括中醫書和太極拳資料），被徹底、乾淨地抄走了，共計 72 板車之多。放在三中操場上燒了三天三夜。岳父憑他一身武功，性命保了下來，但精神受到嚴重打擊，於 1969 年與世長逝。

我學孫式三十六手太極拳的希望完全斷絕了。直到退休，儘管我仍很忙，每天要伏案七八個小時，但畢竟有自

由支配的時間。由於某種外界因素，促使我產生了一個願望，要把岳父關於太極拳的事蹟寫下來，還歷史以本來面貌。我岳父是一位隱士，他的事蹟除了家族中人知道外，外面的人幾乎一無所知，於是，我透過深入的調查，寫下了《太極三記》《鎮江的太極文化》等文章，在網上、報刊上發表。

在調查過程中又結識了岳父的再傳弟子孔小安、陳九皋等人，我想我不能向他們學三十六手嗎？我向孔小安提出了我的要求，他說：「我正想把三十六手還給陳家的人，你想學最好了。」我說，岳父對我說過，學太極拳旨在「強身、克敵、祛病、延年」，但現在我已是向七十歲爬的人了，學此拳只是一為了健身，二為完成自己的宿願，三是為了對此拳做點研究，而決無「克敵」能力了。他同意我的想法。

我的卍字手畢竟是有些基礎的。三十六手有低、中、高三個架式，他根據我的年齡和身體條件，教我的基本上是高架子，在要求上也放低了一些。例如「手揮琵琶」，當初師傅教他時，至少要站半個小時，才能算過關。而現在只要我的姿勢正確就過關了。又如「開合手」這是孫式三十六手太極拳用得最多的一手，它的作用像「門戶樞」，起著承上啟下的連貫作用。

以前師傅教會他這一手，要一年時間。合的時候，要用臂膀之力來拉動兩手，成虛心合掌，兩個手心微凹，合成一個太極，身體向下降，蹲下來蹲到底；開的時候，身體上升，用手掌之力把臂膀拉開，至兩個乳根處，兩手成

一個太極。如果開大了，就是「散」了。初學的人，是很難用手掌之力「開」出來的。而他教我只要一般能開合就行了。

我把小安打的三十六手錄了像，反覆放映，用慢放仔細揣摩。我又結合發表在《精武》1985 年第 3 期上的《孫氏三十六太極拳》（有圖文），對照起來研究，終於把全套套路學完了。

這裡我還要補充說明一點，陳九皋對我說，卍字手絕不是豆腐手，應該練成鋼針鐵指。「寧挨十拳，不挨一掌；寧挨十掌，不挨一指。」練指的方法，一種是靠氣功；不會氣功的要靠苦練，兩手做俯臥撐，先用十個手指著地，後用八個手指支撐，最後練到用一個手指支撐，才算練成。而我練的卍字手，沒有經過這個過程。

我打三十六手，早上打二遍，午體後打二遍，每次是半小時（包括中間體息時間）。幾個月來，我的體質有明顯改善，精神也明顯飽滿了。我原有慢性胃炎，下午伏案肚子會發脹，現在練過拳後再伏案，肚就不脹了。現在我每天在電腦上工作七八個小時，完成的文字量是較大的，也不感到疲勞。三十六手難度太大，原則上不適宜普及，但如果降低一些要求，也是可以推廣的。我親身體會說明了這一點。

回顧我學三十六手的歷程，中間經歷了四十多年，回想起來不由感慨萬端啊。

抖擻勁揭秘

先請讀者看下面三則記載：

1930 年，日本選派六位格鬥高手前來中國向孫祿堂挑戰。孫祿堂決定以一對五。即孫祿堂平躺於地，命五位日人以任意方式固壓自己，另一日人喊三下，如果孫祿堂在三下之後不能起身即輸；反之，即贏。當日人剛喊至兩下時，孫祿堂運用氣功，身子一撐，如泥鰍般地掙脫了日本武士的手，騰然而起，五個日人皆被發出二三丈之外昏撲於地，一時竟不能起。日人於是驚服孫先生為神拳。

（拙作《武林奇俠孫祿堂逸事》）

1935 年六運會上，蒙古跤手參加表演，並於會後與本次運動會的摔交冠軍及民間好手進行了 5 場交流比賽，蒙古跤手全勝。第二天，任十大國術評委的孫存周為了給內地武林挽回面子，毅然決定以一對四：孫存周站立場中，讓四位蒙古跤手分別各持自己的四肢，由葉大密喊號、吳鑒泉揮旗，一聲令下，孫存周勁發四梢，將四位蒙古跤手全部震撲於地。老翰林陳微明竟一下興奮地躍起來，說道：「真功夫還是在神州哇！」

（摘自《關於武林舊聞》）

去年 5 月底，金仁霖老師在上海內江公園講解拳理時，將一手放到推手功夫很好，體重達 95 公斤，年齡不足 30 歲的年輕人的胸部，未見金老師手明顯移動，這位年輕人就往後撞到了距離約一米左右的牆上了。金老師發

勁時就驟然呈現了圓拱形的拔背。金老師今年79歲，身材瘦小，一般這樣年齡身材的人要推動一個重達95公斤的年輕人談何容易，不要說將其發出去了。可見楊澄甫先生所說的「能拔背，則能力由脊發，所向無敵」，實際是最好的評語。

（《您全面瞭解「含胸拔背」嗎？》

《武林》2006年第2期）

這些生動的實例，當初只是感到好奇，而並沒有多加思考。近幾年來，我對武術產生了濃厚的興趣，這些問題又湧現出來，縈繞在我關腦海中，久久不去。

最近沈君來訪，他先後師從鎮江名師楊友俊和我岳父再傳弟子宋金雲，現年50餘歲。他說，在年輕時，經常找人比武，好勇鬥狠，後來學孫氏三十六手太極拳後，再也不輕易與人動手了，若把人打倒了，對人家的心靈是一輩子的傷害。他曾寫過一文，名曰《孫式太極拳技擊法》，發表於《少林與太極》，1994年第3期。此人善書法，書孫祿堂引錄過的一首詩贈我。此詩云：「道本自然一氣游，空空淨淨最難求；得來萬法皆無用，身形應當似水流。」字體龍飛鳳舞，矯健異常，與他打的拳不重外形而重內氣，似乎相一致。

透過多次接觸，我感到此人不僅有武功底蘊，而且有文化底蘊，於是，我把頭腦中的疑問提了出來。他說，此是內家拳中的抖擻勁也。

查工具書，「抖擻」一詞有四種含義，一是奮發；振作、旺盛的樣子。例如，精神抖擻；「我勸天公重抖擻，

不拘一格降人材。」（清·龔自珍《己亥雜詩》）二是施加外力抖動或振動。例如：抖擻掉棉衣上的雪；「宦情抖擻隨塵去，鄉思銷磨逐日無。」（唐·白居易《答州民》）三是擺威風。例如：瞧吧，看他還能抖擻幾天。四是佛教用語，佛教「頭陀」（dhata）的異名。所謂抖擻，就是僧人修持的一種苦行。為何苦行稱為抖擻？這是從譬喻得名的。如衣服上附有灰塵，抖擻一下，即可去掉。修苦行的僧人，能斷除對飲食、衣服、住處等貪著的煩惱，就像去掉衣服上的灰塵一樣。《法苑珠林》卷一〇一中說：「西云頭陀，此云抖擻，能行此法，即能抖擻煩惱，去離貪著，如衣抖擻，能去灰塵。」這是抖擻原來的含義。

內家拳中的「抖擻勁」的抖擻含義應該取第二義，即施加外力抖動或振動。抖擻勁是內勁的一種，屬於寸勁。什麼是抖擻勁呢？各家有各家的說法。有人認為抖擻就是抖勁。它有兩個特點：一是肉不動骨動，起落幾乎無外形，憑的是抖擻內部骨節打人。打一個譬喻，骨與肉，似水與水桶，而水桶微晃，裡面的水就往復波動不已，震盪不已。並且，水之蕩又能夠帶動水桶位移。 總之就是一個突然的、霹靂的、內部的、震動的、往復的、威力的，體內總合能量的瞬間釋放。二是以丹田為根，丹田的勁往外催，肌肉向裡裹，外面的勁往裡收。這樣勁就會向四稍走。在發勁的一剎那，再加一剎勁，腳踩手發，這樣走向腿上的勁就會由反作用力傳到手上來，加大手上的發力。此時四稍真正驚起，崩炸之力驟然而發，用在彼身上會如摧枯拉朽一般，瞬時將人放出。這是是抖擻的原理。

　　那麼，怎樣練出這種勁呢？一般的拳家是不肯輕易授人的。沈君對我說，「假傳萬卷書，真傳一句話。」關鍵在胯，胯要會抖擻，胯為發勁的源動力。所謂丹田發力，其實就是胯腰發力。他叫我試一下。我用兩手按住他的肩胛，我沒有看見他有何動作，就被摔了出去，幸虧後面有張椅子，擋住了我，沒有跌倒。他說，他只用三分勁，怕我年事已高，有閃失。我雖然沒有跌倒，但當時卻感到頸脊不舒服，按摩了幾天後才好。我有頸脊病，萬一他發力稍大一點，我的頸脊就有可能被抖斷，其後果不堪設想。他說，他的功夫還是初步的，像孫祿堂、孫存周，他們的抖擻勁已發展到了極致。他還說，你的老岳父與人比試時，往往把手鑽入對手的腋下，用卍字手一抖，即把人家摔倒，其抖擻勁也了得。

　　我向他請教胯打的功法，他遲疑了一下，對我說，你是我的長輩，我不應對你保密。下面是他介紹的基本功法。

1. 扭腰訓練

　　馬步站樁，兩腳尖內扣，似八字扣步。兩小臂起至與地面平行，兩肘離肋一拳，兩手掌平展，成陰陽手，左手心向上，右手心向下（圖9－1）。

　　身體快速向左或右扭轉，兩手同時向左或右後甩出，跟隨轉體，兩手掌陰陽互變，即左手心向下，右手心向上。當身體後轉至左手至身體中軸線時，右手相對伸直送出，大拇指下翻（圖9－2），隨即向右轉甩（圖9－3），再向左轉甩（圖9－4）……如此一左一右，循環往復。

【說明】

(1) 這式名為左右轉甩平化掌。開始要以手領腰，久練後自覺用腰勁來帶動手的轉動，速度由慢到快，轉動次數由少到多，直至能快速扭轉 400 次以上，才算基本合格。透過這樣的訓練，腰杆才能堅實有力，為練抖擻勁打下堅實的基礎。

圖 9 - 1　　　　　　　　　圖 9 - 2

圖 9 - 3　　　　　　　　　圖 9 - 4

(2) 左右轉甩平化掌分小平化與大平化兩種。小平化擺動幅度較小，甩出的手不要伸直，手臂曲折始終成90°，而大平化甩出的手要伸直。左右旋轉的角度，年輕人可大至270°，而年稍大的人，180°也就可以了。

2. 擺胯訓練

左腿在前，抵住一個固定物，如樹、建築物等，右腿在後，重心在右腿。兩小手臂平行於身體，左手心向下，右手心向上，兩手指尖上下相對（圖9-5）。動作開始，左掌心向下翻轉，右掌心向上翻轉，以右肘尖部往右平行方向急速頂出。同時，胯向向左抖出（圖9-6），自然還原。此為一遍。由慢到快，由少到多，數月後至能急速抖動。

【說明】

兩腿可前後互換，手型方向也相應互換。如此反覆訓

圖9-5　　　　　圖9-6

練，熟能生巧，就練出了強大的抖擻勁。

3. 抖擻訓練

身體站立，兩腳並行與肩寬，全身放鬆，虛領頂頸，沉肩墜肘，百會穴與會陰穴在一條直線上。快速轉胯，不停地顫抖兩手可隨胯的顫抖而自然抖動，或下垂（圖9－7），或平展（圖9－8），或上舉（圖9－9），全身都在急速顫抖之中，整個身形似游龍（照片是靜止的，而實際上是抖動的）。

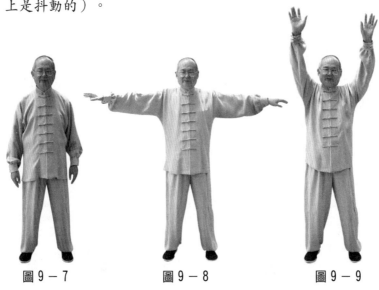

圖9－7 圖9－8 圖9－9

【說明】

胯的擺動幅度不宜過大，以舒適為度。全身的顫抖都是由胯的抖擻而產生，也就是要主宰於腰，發於脊背（現代科學實驗已證明，脊髓神經一興奮，就能發出巨大的潛

力），而形於手指。從練功者的背後看，可見他的每一節脊椎都在運動，宛如波浪一樣。練此功，不僅能練出抖擻勁，而且有舒筋拔骨作用。

以上三種的基本功，一天要練習多次，時間長短可視自己的體力而定。熟能生巧，百煉成鋼，功到自然成。但年事已高者，或腰肌勞損者不宜練。

抖擻勁功法是高層功法，應該是在樁功等紮基功的基礎上再練。如果你練武不僅為了強身，而且為了克敵，那就要紮紮實實練好紮基功，再練抖擻功，再練套路、推手、散手。

抖擻勁的實際運用，是在實戰中練出來的。光有功法，而不參加實戰，不可能真正掌握。沈君講，透過上百上千次的實戰練習，才能真正體會到抖擻勁的發放的奧秘。這絕不是筆墨所能表達的。他在年輕時到處找人比武，一天不打，就感到不舒服。在鎮江河濱公園，曾把一個賣藝者，用抖擻勁把他撞到一棵樹上，半個面孔被樹皮撞傷。這種好勇鬥狠，現在想起來感到真對不起人家。

萬法歸一　拳道合一

——從《拳術述聞》看孫祿堂的武術思想

　　《拳術述聞》原載《江蘇省國術館年刊》（民國 18 年，即西元 1929 年），未收入《孫祿堂武學錄》（孫祿堂著，孫劍雲編，人民體育出版社，2001 年 1 月第 1 版）和《孫祿堂武學大全》（孫叔容編注）。《中華武術》2008 年第 4 期公開披露了此文。

　　孫祿堂（1860～1933）名福全，晚號涵齋，河北省完縣東任家疃村人。早年精研形意拳，師從李奎元，復從郭雲深，又從程廷華研習八卦拳。20 世紀初，在清廷舉辦的「天下英雄會」上奪冠。遂有「虎頭少保，天下第一手」之譽。

　　民國初，又跟太極拳家郝為真學太極拳。孫祿堂經過自己數十年深修研悟，將形意拳、八卦拳、太極拳等拳術融合貫通，創孫氏太極拳。著述有《形意拳學》《八卦拳學》《太極拳學》《拳意述真》《八卦劍學》等。孫祿堂寫此文時，任江蘇省國術館教務長。

　　此文記述了在拳術方面的見聞，都是親身經歷，十分可信，可以視作他在民國十二年（1923 年）寫的《拳意述真》的補充。此文全文只有 1500 多字，但言簡意賅，意豐言深，對研究孫祿堂的武學思想，研究武術史是頗有意義的。本文試圖從此文探究孫祿堂先生的武術思想。

　　《拳術述聞》闡述的核心思想是「萬法歸一」、「拳道合一」。

　　拳術與書法，表面看來，似乎是風馬牛不相及的東西，但透過現象卻可以看到其相通之處。此文所述聞之一，是記述書法家高道天（原文作「夫」，可能是印刷之誤）的關於書法與拳術關係的論述。高道天，陝西漢中人。他曾跟孫祿堂學過拳，能使其書法與拳意相合，其隸書及魏碑均名高一時，曾任馮玉祥的書法教師，其人品學識頗得馮氏讚譽。著《書通》。高道天認為拳術有「五綱」，書法有「五鋒」，它們都是古代哲學的「五行」學說的體現。

　　拳術的「五綱」是指劈、崩、趲（攢）、炮、槓（橫）。它是五行拳的五種拳法。

　　劉殿琛《形意拳術抉微・五行拳論》中說：「五行者，金、木、水、火、土也，在五臟為心、肝、脾、肺、腎，在形意武術則劈、崩、攢、炮、橫也。五行配五臟，五臟配五拳。」

　　書法的「五鋒」，為中、逆、齊、側、搭。毛筆筆法有五種，中、逆、齊、側、搭。

　　中鋒：使筆直立，鋒在正中，左右不偏，運筆要求將筆的主鋒保持在字的點劃之中，叫「中鋒」。這種運筆方法，是用筆的主要法度。笪重光《書筏》說：「能運中鋒，雖敗筆亦圓，不會中鋒，即佳穎亦劣。優劣之根，斷在於此。」

　　逆鋒：為藏鋒鋪毫，用逆入的方法，「欲下先上，欲

右先左」，以反方向行筆的稱「逆鋒」。用逆鋒作字，往往具蒼勁老辣的意趣。清劉熙載：「要筆鋒無處不到，須是用逆字訣。勒則鋒右管左，努則鋒下管上，皆是也。然亦只暗中機括如此，著相便非。」

齊鋒：懷疑即聚鋒。指筆鋒攏在一起，呈單一筆鋒。趙孟頫說：「至於用意之妙，齊鋒不難，而腰強為難，鋒齊者類不能強，腰強者有不能齊，雖趙文敏用馮、陸筆，亦僅得其齊，而罕得其強。」

側鋒是在下筆時筆鋒稍偏側，落墨處即顯出偏側的姿勢。側鋒多用來取勢，勢成則轉換為中鋒。晉人多用之。

搭鋒：順勢而下，不用逆勢的起筆。姜夔《續書譜》稱：「下筆之初有搭鋒者，有折鋒者，其一家之體定於初下筆，凡作字，第一字多是折鋒，第二、三字承上筆勢，多是搭鋒，若一字之間右邊多是折鋒，應其左故也。」清包世臣稱其筆法「以搭鋒養勢，以折鋒取姿。」

這五鋒雖不同，「然皆中鋒」。意思是說，將筆的主鋒保持在字的點劃之中，外形圓潤，不露鋒芒。「故拳術五拳之中和，書法五鋒之中鋒，二者運用雖有不同，然其精奧其原理固二而一者也」。書法與拳法的精奧原理是合而為一的。

那麼，二者合而為一的「一」是指什麼呢？是指「中和」兩字。古人云：「五行合一，致其中和。」「中」，中國古代哲學範疇。意即中道。《論語·堯曰》：「允執其中」，皇《疏》：「中謂中正之道。」古代思想家以不偏不倚，無過不及，適度為「中」，或以「中」為天地萬

物的最高準則。

「中和」，也是中國古代哲學範疇，指情感的萌動與表現適度。其本義為中正的準則。《荀子‧王制》：「中和者，聽之繩也。」其後演化為中庸的同義語。《中庸》：「喜怒哀樂之未發謂之中，發而皆中節（符合一定的節律，法度），謂之和。中也者，天下之大本也；和也者，天下之達道也。致中和，天地位焉，萬物育焉。」「中」是天下最大的根本。「和」是天下普遍通行的法則。達到了中和，天地萬物就各安其位，協調相處，萬物也就發育生長。

此外，道教據《老子》「沖氣以為和」釋「中和」為元氣。「太極拳術起點腹內中和之氣，太極是也。」（孫祿堂《太極拳學自序》）

所以孫祿堂把他的自練拳「三十六手太極拳」稱之為中正拳，處處要求做到平直圓，中正安舒，「外練筋骨皮，內練一口氣」。這樣就能達到修身養性，延年益壽，防身克敵的目的。

孫祿堂一生不僅習武，亦極喜文，暇時尤好書法，每日臨池，從無間斷。孫拳術造詣精深，書法亦臻上乘。他既是武術家，又是書法家。他本人就把武術與書法，融會貫通起來，體現「萬殊合歸一本」（「萬法歸一」）的哲理。「又觀乎舞劍之形勢，行如游龍，屈曲婉轉，變化之意義，與草書用筆之法度、神氣、結構、轉折、形式，實相同。始信昔人觀公孫大娘舞劍，而曰，得書法之道。為不虛也。是則古人之善草書者，迨皆明劍術之理，蓋不如

是。焉能得草書中之實質與其精神乎？」

「昔人觀公孫大娘舞劍」，是指唐朝大詩人杜甫，在唐代李隆基開元五年（西元 717 年）觀公孫大娘舞劍，後來在唐朝代宗李豫大曆二年（西元 768 年）又觀公孫大娘的弟子李十二娘舞劍，於是寫下了著名詩篇《觀公孫大娘弟子舞劍器行並序》，詩中寫道：「昔有佳人公孫氏，一舞劍器動四方。觀者如山色沮喪，天地為之久低昂。」公孫大娘是唐代最傑出的舞蹈家之一，籍貫、身世不詳，擅舞「劍器」，舞藝超群，常在民間獻藝，極負盛名。又多次被召入宮，表演劍舞技藝。是唐代見於記載中，既活躍於民間，又聞名於宮廷的少數著名舞蹈家。

「昔者吳人張旭善草書書帖，數嘗於鄴縣見公孫大娘舞西河劍器，自此草書長進，豪蕩感激。」張旭（生卒年不詳），字伯高，蘇州人，曾任常熟縣尉。唐代大書法家，以草書而聞名，稱他為「草聖」。他在向別人介紹自己的心得時說：

「少陵曾對公孫大娘的劍器舞寫過一首詩，其中四句『烈如羿射九日落，矯如群帝驂龍翔；來如雷霆收震怒，罷如江海凝清光』，想必諸位是知道的。在鄴縣，我有幸見過公孫大娘的舞姿，每次看時，都引起我的聯想：她將左手揮過去，我就立即觸到這次姿態像個什麼字；他跳躍起來旋轉，我想草書中的『使轉』筆鋒的馳騁應如此罷！他那整個起舞的姿態音容，給我一個全面的草書結構的啟發。」可見書法與舞劍其理是相通的。

至於劍術與劍術，雖然門派不同，但也是相通的。孫

祿堂講自己的八卦劍與李芳宸武當劍也是相通的。「所用之法，則十同五六」，甚至名稱也有相同之處。八卦劍由董海川傳之程廷華，由程傳之孫祿堂。

孫祿堂在他的《八卦劍學》中的《自序》篇中說：「按八卦始於太極，由是而生兩儀，生四象，生八卦，其本體則一太極。吾人各有一太極之體，故劍之左旋右旋，陰陽相生，實具太極之妙用。」（《孫祿堂武學錄》第334頁）所以說八卦劍與武當太極劍是相通的，它們的基礎都是一太極。

世界上萬事萬物，形形色色，令人眼花繚亂，目眩神迷，但是「愚者觀其異，智者看其同」，愚蠢的人只看到它們不同之處，而聰明人卻看到了它們的相同之處。「殊途同歸」，「抱元守一」，「萬法歸一」，這個「一」就是指「中和」（陰陽互同，和諧一體）兩字。世界上的萬事萬物的道理也相通的。

這是這篇文章所要闡發的中心思想。這一中心思想也是孫祿堂武學思想的核心。所以理解了這篇文章也就理解了孫祿堂武學思想的核心。

孫祿堂先生的這篇文章不僅闡述了「萬法歸一」的思想，而且還闡述了「拳道合一」的思想。他說：「拳劍之理，大別有三：其一，上下相連，手足相顧，內外如一。其二，不即不離，不丟不頂，勿忘勿助。其三，拳無拳，意無意，無意之中，是真意也。」

「拳劍之理，大別有三」中的「大別」不能望文生義，認為是「大的區別」的意思，而是「大略、大致」的

意思。清代戴震《原善》卷下：「人之性本相近，習然後相遠，大別言之也。」這句的「大別」就是「大略、大致」的意思。

莊思緘先生曰：「內外如一，是誠中也，合乎儒家；不丟不頂，勿忘勿助，是虛中也，合乎道家；無拳無意，是空中也，合乎釋家。斯三者，修身之大法則，亦人生之不可或缺者也。

先說「誠中」。「誠中」合乎儒家學說。「誠於中而形於外」，內外合一是中庸天人合一基本思想的內容之一。《中庸》第二十五章揭示了內外合一。其文云：「誠者，自成也；而道，自道也。誠者，物之終始，不誠無物。是故君子誠之為貴。誠者非自成而已也，所在成物也。成己，仁也；成物，知也。性之德也。合外內之道也。故時措之宜也。」合內外之道，即內外合一，內外合天誠。所以中庸之道的天人合一，又合一於誠。這種內外合一的理法用之於拳理就是「上下相連，手足相顧，內外如一」，也就是我們經常說的「外三合」（**手與足合、肘與膝合、肩與胯合**）與「內三合」（**心與意合、意與氣合、氣與力合**）。所以孫祿堂在他的《詳論形意八卦太極之原理》中說：「內外如一，成為六合，是其勇也。三者既備，動作運用，手足相顧，至大至剛，養我浩然之氣。與儒家誠中形外之理，一以貫之。」「誠中」，王夫之說：「誠也者，實也。」（《尚書引義·洪範三》）。所以「誠中」也就是「實中」。

再說「虛中」。「虛中」是道家的理論。老子《道德

經》第六章「玄牝之門，是謂天地之根」，點破了「先天炁從虛無中來」的玄機。先天炁又稱元氣，是從娘胎裡帶來的，藏於腎，腎為元氣之根。

道家內丹中派祖師李道純著《中和集》講：「以一身言之，呼吸是矣。呼則接天根，是謂之闢；吸則接地根，是謂之闔。一呼一吸，化生金液，是謂之變。闔闢呼吸即玄牝之門，天地之根矣。」

在練氣過程中，把百會穴擴大起來，凸起來，形成「虛中」，便於養育新的生命。孫祿堂說：「八卦拳……陽極而陰，陰極而陽，逆宮行順，順中用逆，求其中和，氣歸丹田。含有靜極而動，動極而靜之意。上下相通是內呼吸。此拳與與道家功夫相表裡。」（《詳論形意八卦太極之原理》）。

「不即不離，不丟不頂，勿忘勿助」原是太極拳推手和散手的技法，順著對方的勁，牽著對方的勁運動，是使自己中心（即對方所攻擊之處）由實而虛，使其攻擊落空，順勢把對方打倒。所以說，「不即不離，不丟不頂，勿忘勿助，是虛中也」。

最後講「空中」。「空」是佛教語。謂萬物從因緣生，沒有固定，虛幻不實。《般若心經》：「色不異空，空不異色，色即是空，空即是色。」天臺宗立「空、假、中」三諦。修行的人，做到了「空中」，即心中把一切都看作是空的，就能達到修心養性的最高境界——成佛。

「拳無拳，意無意，無意之中是真意」是拳訣名言，意思是說，長期練拳用招，自然出手即招，而無須考慮是

否合招，渾身無處不彈簧，挨哪裡哪裡即發。

我岳父陳健侯先生曾對我講過，練拳之始，「偏柔偏剛，繩捆索綁」，練成後則「勁氣內藏，圓球彈簧」。這裡的圓球是指皮球，皮球是「空中」的。只有中空了，才能挨哪裡哪裡即發。「空而不空，不空而空，感而遂通」，這和佛教的「空中」是同樣的道理。

總之，拳劍之理與儒家、道家、釋（佛）家的道理是相通的。拳道合一的思想，既有利練拳者修身養性，也有利提高技藝，正是莊子所說：「道也，進乎技矣！」關於拳道合一的思想，在當的武術界儘管有不同意見，但是，我認為儒、道、佛，被稱為「三教」，它們的思想，在新中國成立前漫長的歷史長河中，一貫是主流社會的主流思想，或者說，是統治階級的統治思想。

馬克思・恩格斯說：「在每一時代裡，統治階級的思想就是統治的思想，這就是說，本身代表著社會的統治的物質力量的階級，同時這是這個社會的的統治的精神力量。」（《德意志意識形態》）

所以只有把拳理納入到「三教」範疇中，拳道合一，才能賴以生存，賴以得到力量。今天，「三教思想」已成我國傳統文化的重要組成部分，我們在研究拳道合一的武術思想時，應該用歷史唯物論的觀點，實事求是地來看待這一現象，吸收其精華，剔除其糟粕，為建立符合科學發展觀的武術思想新體系而努力。

孫祿堂逸文《拳術述聞》注釋

此文原載《江蘇省國術館年刊》（民國 18 年，即西元 1929 年），未收入《孫祿堂武學錄》（孫祿堂著，孫劍雲編，人民體育出版社，2001 年 1 月第 1 版）和《孫祿堂武學大全》（孫叔容編注）。但此文對研究孫祿堂的武學思想，研究武術史是頗有意義的，故將它注析後公之於眾，以饗讀者。

【原文】
拳 術 述 聞

孫祿堂

余幼時，即好拳術。初不存有門派之見，故於各種拳術，均涉足而研究之。然拳術之為道也至大，體萬物而不遺。余既無身體力行之實功，亦未明此中之精義，僅略窺其大概而已。

曩❶居北平，有高道夫❷君者，漢中人，工書法，於大小篆及漢魏源流殆無所不通，從余習拳年餘。伊云：「吾茲習此，為日不久，而心領神會，乃知拳術之與書法及身體，故有莫大之關係者。運用雖不同，其理則一也。」余詰之。伊云：「拳術有五綱之起點，書法有五鋒之起筆。」余復詢二五之理。曰：「拳術之五綱，為劈、崩、趟（攢）、炮、槓（橫）❸，即五行中金、木、水、火、土也。至十二形❹之奧妙，亦不外五拳中和之起

點、進退、起落、變化之要道。古人云：「五行合一，致其中和。」天地之事，無不可推矣。書法則有五鋒，為中、逆、齊、側、搭❺，即臨碑帖之五筆法也。碑中張遷❻，鄭文公❼大小篆等，都不外乎五鋒。雖有中、逆、齊、側、搭之分，及用筆之不同，然皆中鋒。故拳術五拳之中和，書法五鋒之中鋒，二者運用雖有不同，然其精奧其原理固二而一者也。吾習此雖年餘，而觀今日之書法，及乎一己之精神，與去歲已迥然不同。故知拳術實與書法身體，具有密切之關係也。」伺高君因事返漢中，數年闊別，直至去秋，余在新都供職本館，高君聞訊來訪，斯時高君則已由王鐵珊先生之介紹，充馮煥章❽司令書法教授矣。

又余在北平時，直隸督辦李芳宸❾先生，在天津創武士會。專人相約，余素昧平生，雖不欲往，繼悉先生精劍術，朝夕鍛鍊，數十年如一日，深得斯道奧妙，因應約來津。與先生長談數日，乃知先生於劍術，已得其中三味（昧），其動作道理，無所不善，蓋出自武當太極劍之嫡傳也。據先生云：「為陳士鈞（**按：為安徽人，自幼好道學問淵博，隱居於峨眉山**）前輩所授。朝夕不輟，數年始知劍術之道理甚廣，包羅無窮，與各派之理皆相連貫。」又云：「余自隸軍籍，用兵之法則，天時地利人和之道。察人動作奸詐虛實之情，山川向背形勢利害之式，進退開合之理，以進為退，以退為進，若隱若現之機。至於武侯八陣之大義，殆無不師倣劍術理為。」

民十七，中央設國術館。先生受聘副館長。七月，滬

上法公園舉行遊藝會，先生亦參加表演。四日中，觀先生舞劍時，其精神動作，剛柔開合，伸縮婉轉，曲盡劍術奧妙之能事。於是知先生向日之作為。經過之情形，實於劍術神而明之，令吾人嘆觀止矣。

　　今年夏，小住焦山。統（疑是「編」之誤）志局莊思緘❿先生來訪，談及劍術。先生詢李芳宸之劍，與余之劍是否同派。余曰：「芳宸先生所練為太極劍，而余則八卦劍也。但二者門派雖不同，其所用之法，則十同五六。如八卦之名稱，老陰老陽，少陰少陽是也。」又問，二者之巧妙孰善。余曰：「芳宸先生，孜孜於劍者。念余年，已至爐火純青之候。余非專門，得其形勢與大概之道而已。安能同日語哉？」先生復倩請余舞。余以荒疏日久，身步兩法，皆遲滯不靈，謝卻之。先生敦促再四，並認略舞數式，觀其意義而已。余逐按八卦之名稱，錯綜變互之形勢，為舞數十節。又詢拳劍之理，余曰：「拳劍之理，大別有三：其一，上下相連，手足相顧，內外如一。其二，不即不離，不丟不頂，勿忘勿助。其三，拳無拳，意無意，無意之中，是真義（意）也。」先生曰：「內外如一，是誠中也，合乎儒家；不丟不頂，勿忘勿助，是虛中也，合乎道家；無拳無意，是空中也，合乎釋家。斯三者，修身之大法則，亦人生之不可或缺者也。又觀乎舞劍之形勢，行如游龍，屈曲婉轉，變化之意義，與草書用筆之法度、神氣、結構、轉折、形式實相同。始信昔人觀公孫大娘舞劍，而曰，得書法之道。為不虛也。是則古人之善草書者，迨皆明劍術之理，蓋不如是。焉能得草書中之

實質與其精神乎？」

余初聞前輩云：「拳術之道，隨萬物而遺。」頗疑惑不解，茲聆高，李，莊三先生之言，始茅塞頓開，一掃胸中疑團，因筆而書之，以告我同志。

【註釋】

❶曩：從前，過去。

❷高道夫：應是高道天，「夫」可能是印刷之誤。陝西漢中人。高道天能使其書法與拳意相合，其隸書及魏碑均名高一時，曾任馮玉祥的書法教師，其人品學識頗得馮氏讚譽。著《書通》。

❸劈、崩、趙（攢）、炮、楨（橫）：五行拳的五種拳法。劉殿琛《形意拳術抉微‧五行拳論》中說：「五行者、金、木、水、火、土也，在五臟為心、肝、脾、肺、腎，在形意武術則劈、崩、攢、炮、橫也。五行配五臟，五臟配五拳。」（筆者按：五臟的相應順序應是：肺、肝、腎、心、脾）

❹十二形：即「十二形拳」中的龍、虎、猴、馬、鼉、雞、鷂、燕、蛇、鮐、鷹、熊等十二形。

❺書法則有五鋒，為中、逆、齊、側、搭：毛筆筆法有五種，中、逆、齊、側、搭。

❻張遷：《漢張遷碑》，全名《漢故轂城長蕩陰令張君表頌》，亦稱《張遷表頌》，刻於東漢中平三年（186年）。此碑書法運筆沉著，入以方筆，出以鋪毫，筆勢內斂，筆力沉著，結構嚴整，端正樸茂，是漢隸的代表作。

❼鄭文公：《鄭文公碑》，全稱《魏故中書令秘書監鄭文公之碑》，北魏正書摩崖刻石。楷書結構寬博舒展，筆力雄強圓勁。筆劃有方也有圓，或以側得妍，或以正取勢，混合篆勢、分韻、草情在一體，剛勁姿媚於一身，有篆隸趣相附，為魏碑佳作之一。書寫者是北魏書家鄭道昭。

❽馮煥章：馮玉祥的字。馮玉祥（1882～1948）中華民國時期軍事家，愛國將領。字煥章。安徽巢縣人。清末入淮軍當兵，後投北洋軍，升任河南督軍及陸軍檢閱使等職。反對袁

世凱稱帝，討伐張勳復辟。1924年第二次直奉戰爭中，發動北京政變，推翻曹錕政府，驅逐清遜帝溥儀出宮。他脫離直奉軍閥，改所部為國民軍，任總司令兼第一軍軍長，並電請孫中山北上主持國家大計。不久，迫於奉，皖軍閥的壓力，赴張家口任西北邊防督辦，將第一軍改稱暫編西北陸軍。1926年秋在綏遠五原誓師，就任國民軍聯軍（後改為國民革命軍第二集團軍）總司令，並率部參加北伐戰爭，出兵潼關，會師中原。1927年一度附和蔣介石，汪精衛清黨反共。因與蔣發生利害衝突，1930年聯合閻錫山，李宗仁等舉兵反蔣介石，爆發中原大戰，失敗後下野，所部被蔣收編。九一八事變後，馮積極主張停止內戰，一致抗日。1933年5月，在中國共產黨的支持和幫助下，與吉鴻昌，方振武組織察哈爾民眾抗日同盟軍，任總司令，後被蔣介石所迫辭職。1936年出任國民黨政府軍事委員會副委員長。抗日戰爭爆發後，相繼任第三，第六戰區司令長官，不久被蔣介石排擠，被迫離職。1946年，被迫以水利考察專使名義出訪美國。抗戰勝利後，反對蔣介石的內戰獨裁政策，要求組織聯合政府。1948年1月1日，中國國民黨革命委員會在香港成立，馮被選為中央常務委員兼政治委員會主席。是年7月，應中國共產黨邀請回國參加中國人民政治協商會議籌備工作，於9月1日因所搭輪船經黑海時失火遇難。馮玉祥勤奮好學，崇尚簡樸。以治軍嚴、善練兵、注重近戰和夜戰著稱。馮玉祥精通武術，尤以少林武功著稱。曾倡導成立中央國術館。《精武》雜誌2005年第7-8期曾發表長文《鐵血丹心精武魂——馮玉祥將軍與武術》予以介紹。

❾ 李芳宸：李景林的字。李景林，又字芳苓，號「廣古川」。生於清光緒十年（1885年），河北棗強人。幼承父藝，從學技擊。於塞外得皖北異人陳世鈞（1821～1932）授以武當對劍。為武當對劍第十四代傳人。早年畢業於保定陸軍軍官學校。後入黑龍江巡防隊。1912年中華民國成立後，歷任黑龍江第1師參謀長，奉天陸軍第3、第7混成旅旅長等職。1922年4月，第一次直奉戰爭中，李景林任東路第3梯隊司令。1924年9月第二次直奉戰爭中，李景林與張宗昌組成第2軍，擔任熱河南路的作戰。奉系取得了直隸、山東、安徽等地盤後，北京政府任命李景林為直隸軍務督辦兼第1方面軍團司令。1925年11月，郭松齡反奉時，李景林與郭松齡、馮玉祥結成反張

密盟，宣佈脫離奉系，轉而擁護段祺瑞，並電勸張作霖下野。1926年，李景林部隊被馮玉祥的國民軍趕出天津，退往山東。1927年，李景林部隊與張宗昌部隊組成直魯聯軍。李景林任副司令，共同對付馮玉祥部隊。後被張作霖罷免所有職務，退出軍旅，寓住天津、上海。 1927年，李景林寓居上海。葉大密老師約陳微明、陳志進從李景林學習武當對手劍。1928年，南京中央國術館成立，館長張之江捐前嫌，三邀李景林出士。李景林出任南京中央國術館副館長，任國民黨政府軍事委員會委員。1929年，杭州國術遊藝會後曾一度執教浙江國術館，受教者有黃元秀、高振東、諸桂亭、錢西樵、蘇景田、沈爾喬、孫存周等。1930年，因閻錫山、馮玉祥聯合反蔣，引發中原大戰，李景林奉國民政府之命，在濟南策動反擊並創建山東國術館，1931年任山東國術館館長。在此期間從其學藝者有萬籟聲、李玉琳等人。1932年病死於濟南。終年47歲。

李景林先生一生戎馬生涯而致力於中華武學，堪稱楷模。由其流承的武當對手劍，更是攻防有效，實用性強，參合抽、帶、格、擊、刺、點、崩、攪、洗、壓、劈等十三勢，成為武術史上的一朵奇葩。初習對劍分五路；次活步以十三勢隨意對擊，但須劍不見劍；最後舞劍，行氣似流雲，極自然之妙。李景林云：「配琴舞之，更有古雅之趣，不同凡俗，他劍焉能道此。」鄒聲遠曾有詩云：「龍泉之尺鬼神驚，起舞寒光耀眼明，君家絕技應無各，傳與群美後代光。」

❿莊思緘（1866～1932）：莊蘊寬的別號。江蘇武進人。陳健侯父親陳慶年的南菁書院同窗好友。曾任廣西梧州府知府、浙江布政使。受革命思潮影響，不願做清朝官員，毅然辭職。1911年任上海商船學堂監督（校長）。1912年任勞任怨代理江蘇都督。後任統一黨參事。1914年任平政院肅政廳都肅政史。1916年任國務院審計院院長。1928年後，曾任主持江蘇修志局。他是北京大學教授、第一個白話文女作家陳衡哲（1890～1976）的舅父。

（說明：注❺❻❼為裴偉友情加注）

孫祿堂引詩解讀

　　沈君來訪，贈我一條幅，上面寫有孫祿堂先生的一首引詩：「道本自然一氣游，空空淨淨最難求；得來萬法皆無用，身形應當似水流。」

　　沈君名順林，早年體弱，一心想增長體質，就拜鎮江著名拳師楊友俊為師。楊友俊從師於吳子造。吳子造是泰州軍閥李名揚的保鏢，號稱「打遍黃河無敵手」。沈君得楊友俊多年教導，受益匪淺。後又從師於我岳父陳健侯的再傳弟子宋金雲。他潛心於研究武術，頗有所得，曾發表過《孫氏太極拳的技擊練習法》（《少林與太極》，1994 年第 3 期）。《演練太極拳必須「氣沉丹田」》（《少林與太極》1989 年第 5 期）《學練太極拳之要津》（《武魂》2010 年第 3 期）等文章。

　　他不僅擅拳，而且擅長書法，把拳理融入書法之中。他的字體龍飛鳳舞，筆力雄渾，有立體感。

　　沈君對孫祿堂最為佩服。他認為孫祿堂所以在他的文章❶中，引這首詩，是因為這首詩體現了孫祿堂先生的武

385

術思想。

沈君既然把這首詩抄贈給我，其用意不言而喻。要實踐孫祿堂祖師的思想，首先要理解這首詩的深刻含義。我遍查有關資料，雖然也不乏高見者，但讀後總覺得玄之又玄，似在雲裏霧中。

孫祿堂先生是現代內家拳的代表人物之一，創形意、八卦、太極三拳合一的孫太極。而孫太極是以《易經》和《老子》為思想基礎的，我認為只有從傳統文化的體系中尋找答案，再注入「現代意識」，結合現代科學知識，用科學發展觀來統帥它，才能獲得比較好的解讀。下面是我的解讀，淺薄之見，磚引玉而已，希高明指正。

道本自然一氣游

「道本自然」源《老子》中的「道法自然」。原文是這樣說的：「人法地，地法天，天法道，道法自然。」❷任繼愈教授的翻譯是：「人以地為法則，地以天為法則，天以道為法則，道以它自己的樣子為法則。」

那麼，道是指什麼呢？「道」的本義是道路，後經引申，被賦予豐富的含義。在老子的《道德經》裏，一是指物質世界的實體，二是指物質世界變化發展的規律。「道法自然」的「道」是指第二種解釋，即是規律的意思。什麼規律呢？《周易‧繫辭上》中說：「一陰一陽之謂道。」一陰一陽這兩種物質變化成萬物，這就是一切事物的自然規律。

何晏《無名論》說：「自然者，道也。」所以孫祿堂

引詩，把「道法自然」直接說成「道本自然」。其意思是說，「道」本身就是「自然」。

自然又是指什麼呢？就是指沒有外力作用，自己而然。東漢王充在《論衡‧談天》中說：「天地，含氣之自然也。」以元氣為宇宙萬物的本體，形成了元氣自然論，這是一種唯物主義的宇宙生成論。

「一氣游」中的「一氣」是指什麼？「一氣」，又叫「氣」、「元氣」、「精氣」、「太素之氣」、「中和之氣」等，名異而實同。其本義，一指天空流動洋溢的雲氣，一指生物呼吸之氣。《老子》用「沖氣」說明萬物的變化，孔夫子用「血氣」說明人的修養。到了戰國、秦漢時期，人們開始以「氣」作為萬有的本源，出現了「元氣」自然論、「元氣」一元論。例如《樞言》說：「有氣則生，無氣則死，生者以其氣也。」《太平經》說：「三氣共一，為神根也，一為精，一為神，一為氣。此三者，共一位也，本天地之氣，神者受之於天，精者受之於地，氣者受之於中和，相與共為一道。」這就是說，「氣」不僅是萬物的本原和本質，而且具有精神屬性，是主客體的統一。

「游」，是游動的意思。「氣」的聚、散運動是它的普遍規律。所以，「游」也就是聚、散的意思。這種聚散運動中既不會產生，也不會消失，它是不生不滅的。「氣」不斷的聚散運動推動著事物的發展。

「道本自然一氣游」，這句話可以概括如下：道就是自然，而自然就是一氣。俗話說：「人活一口氣。」《樞言》說：「有氣則生，無氣則死，生者以其氣。」氣是維

持我們生命的最根本的東西,「氣」是人的生命活動的基礎。

從現代科學來理解「氣」,一是指呼吸之氣(吸入氧氣,呼出二氧化碳);二是指水穀之氣,這種氣是從食物中獲得能量的;三是腎氣,也就是精氣,這種氣是與生俱來的,是先天之氣。概括起來說,這個氣是指,受於父母的先氣之氣(腎氣)和後天的呼吸之氣及脾胃運化而來的水穀之氣有機結合而成的「元氣」。這三種氣是可以互補的。

有了這元氣,人體才能有正常的生理和心理功能;「正常的功能」也能促進「氣」的發展。所以我們說「氣」與「正常功能」是互為因果的。

空空淨淨最難求

人是有七情六慾的,「食色,性也」。人活在塵世,到處充滿了污染與誘惑,導致人慾橫流,生命脆弱。孫祿堂先生在《太極拳學・自序》中對此有精闢的分析:「人自有知識情慾,陰陽參差,先天元氣漸消,後天之氣漸長。陽衰陰盛,又為六氣所侵(六氣者,即風、寒、暑、濕、燥、火也),七情所感。故身軀日弱,而百病迭生。古人憂之,於是嘗藥以怯其病,靜坐以養其心,而又懼動靜之不能互為用也,更發明拳術,以求復其虛靈之氣。」

「靜坐以養其心」是靜功,是氣功;拳術是動功。二者結合就是「外練筋骨皮,內煉一口氣」。怎樣做到這一點?就要做到「空空淨淨」。

空空淨淨有三層含義。

一層是指氣場要空空淨淨，也就說人生活的環境要好，空氣新鮮，乾乾淨淨。古人往往到深山老林中去修煉，是有道理的。而現代環境受到嚴重破壞，空氣受到污染，「結廬在人境，而無車馬喧」這種陶淵明式的隱居環境再也找不到了。

另一層意思是指人的心靈要「空空淨淨」。人的貪慾心、自私心、名利心……無不充塞著我們的心靈。要修身養性，就首先必須淨化我們自己的心靈。而要做到這一點，談何容易。

第三層意思是指「氣」本身的特點就是「空空淨淨」。王充在《論衡‧自然》中說：「謂天自然無為者何？氣也，恬淡無欲，無為無事者也。」王夫之說：「虛空者，氣之量；氣彌淪無涯而希微不形，則人是虛空而不見氣。凡虛空皆氣也，聚則顯，顯則人謂之有，散則隱，隱則人謂之無。」（《張之正蒙注‧太和》）打拳練氣功，就是要還原「氣」的自然本色，以養天年。靜坐、吐納、導引、內功，都要求氣沉丹田，也就是要把自己的注意力集中在呼吸上，用呼吸這一念頭來替代一切雜念，使自己達到入靜狀態。

入靜了就能進入無所思、無所憶的「空空淨淨」狀態。這是一種自我催眠狀態，透過良性的心理調整，使體內的各系統的生理功能，包括神經系統的功能，能趨向協調，病變的狀態實質也得以修復，從而達到修身養性、祛病延年的目的。而要做到這一點實為不易啊！由於上面三

個方面是不易做到的，所以說「空空淨淨最難求」。

得來萬法皆無用

萬法，是指各種技擊法和養生法，如果這些方法，不能養我浩然之氣，做到「人本自然一氣游」，進入「空空淨淨」狀態，就是無用之法。這句話其實是進一步說明「一氣」的重要性。也許有人會說，有的健美者，肌肉練得健美無比，他的身體不是很好嗎？有的練硬氣功者，腹部堅硬如石，能鼓腹內之氣，仆人丈外。這難道無用嗎？我們說它「無用」，是從修身養性角度來說的。如果只「外練筋骨皮」，而不注意「內煉一口氣」，那麼就會應了「練拳不練（氣）功，到老一場空」這句俗話了。只有把練功與煉氣結合起來，才能達到修身養性的目的。孫祿堂本人的實踐就有力證明這一點。孫先生青壯年時，「初蒙世俗之見，每日積氣于丹田，小腹堅硬如石，鼓動腹內之氣，能仆人於尋丈之外，行止坐臥，無時不然。」❸後來他得前輩宋世榮的教導，懂得了養我「浩然之氣」的重要，開始養氣，「道本自然一氣游」。我岳父陳健侯曾親口對我講了這樣一個故事：

孫祿堂收他為徒後，有一次孫師向他顯露真功。孫師平臥於鋪有地毯的地板上，屏氣一會兒，囑陳健侯摸他的膀臂。陳健侯遵師囑摸觸他的膀臂，感覺到有麻感似的一股電流觸在身上，觸摸哪裡，哪裡都棉如氣球，有電流感。孫師講：「『大匠以人予規矩，不能以人予巧。』方才你觸摸到的電流感，是我多年來『內煉一口氣』所積累

的神妙之處。不像外家拳只硬在一塊地方。這是巧。你若能苦練也可達這境界也。或許青出於藍而勝於藍也。」

孫祿堂先生內功如此卓絕，正是拋開「萬法」，而專煉「一口氣」的結果啊。

身形應當似水流

「身形應當似水流」，這個比喻的意蘊十分豐富而深刻。水在《易經》中為坎（☵）卦，外面是兩個陰爻，裏面是一個陽爻，表示外柔內剛。現代科學實驗證明，水雖是柔軟無比的，但若加上了巨大的壓力，水珠就能穿透鋼板。這是水的第一個屬性。《莊子・山水》中說：「君子之交淡如水。」揭示了水的第二個屬性：水之「清瑩明澈」。《論語》中說：「逝者如斯夫」，揭示了水的第三個屬性：水之「流逝疾速」。劉禹錫《竹枝詞》說：「長恨人心不如水」，揭示了水的第四個屬性，水之「平正不傾」。

這四個屬性，集中體現了打拳練功的特點要求。水的第一個屬性外柔內剛，啟求我們修煉功法，要把身體練得外柔如棉，內堅如鋼。水遇剛退，遇柔則進。與人較技就要善於引進落空，避實就虛，柔化剛發。水之第二個屬性「清瑩明澈」，啟示我們修煉功法，要做到無慾無憂，清心慾，真正做到像水一樣清清淨淨，明明亮亮。水的第三個屬性「流逝疾速」，啟示我們身體要靈活，動作要敏捷，「學拳千招一速為先」。水之第四個屬性「平正不傾」，啟示我們立身要中正，處處注意平、直、圓。

這種思想是完全符合老子的養生思想的。《老子》云：「人之生也柔弱，其死也堅強。萬物草木之生也柔脆，其死也枯槁。故堅強者死之徒，柔弱者生之徒。」❹練功者，就是要把身體練得像水流那樣柔軟，練得全身206塊骨頭之間的筋腱能鬆開，這樣就能祛病延年。

《老子》又云：「天下莫柔弱於水，而攻堅強者莫之能勝，其無以易之。弱之勝強，柔之勝剛，天下莫知。」❺這就是太極拳克敵制勝的原理。

水流者水在運動也。俗話說：「戶樞不蠹，流水不腐。」用現代的話來說：「生命在於運動。」我們只有像水流那樣不斷運動，生命才能長存。

總之，「身形應當似水流」這個比喻，生動、精闢地說明了練拳練功的要津。

【註釋】

❶孫祿堂著，孫劍雲編，《孫祿堂武學錄》，人民體育出版社，2001年，第295頁。

❷任繼愈譯，《老子今譯》，古籍出版社，1956年，第19頁。

❸孫祿堂著，孫劍雲編，《孫祿堂武學錄》，人民體育出版社，2001年，第378頁。

❹任繼愈譯，《老子今譯》，古籍出版社，1956年，第56頁。

❺任繼愈譯，《老子今譯》，古籍出版社，1956年，第57頁。

「中和」探密

近來，「中和」一詞已成為武術界的熱門話題。本人不揣淺陋，想這個命題，談談自己的看法，磚引玉而已，不妥之處，請高明指正。

一、「中和」的前世

「中和」原本是儒家的倫理思想，指不偏不倚，不乖戾。儒家認為喜怒哀樂等情感未發時叫「中」；若情感發出來，但沒有偏頗，很中肯，叫「和」。如果人的道德修養能達到致中和，就進入一種和諧的境界。《禮記·中庸》：「喜怒哀樂之未發謂之中，發而皆中節謂之和；中也者，天下之大本也；和也者，天下之達道也。致中和，天地位焉，萬物育焉。」「中」是天下的最大根本，「和」是天下普遍通行的法則。達到了中和，天地萬物就各安其位，協調相處，萬物也就發育生長。

「中和」為修身、治國的根本大道，道教根據《老子》「沖氣以為和」釋「中和」為「元氣」。

《太平經鈔》乙部《和三氣興帝王法》說：「元氣有三名，太陽、太陰、中和。」此三氣合併為太和，太和即出太平之氣。故說：「斷絕此三氣，一氣絕不達，太和不至，太平不出。陰陽者，要在中和。中和氣得，萬物滋生，人民和調，王治太平。」即是說和三氣即調陰陽，陰陽調即致太平。

　　《太平經鈔》癸部有《令人壽治平法》云：「三氣共一，為神根也。一為精，一為神，一為氣。此三者，共一位也，本天地人之氣。神者受之於氣，精者受之於地，氣者受之於中和，相與共為一道。故神者乘氣而行，精者居其中也。三者相助為治。故人欲壽者乃當愛氣尊神重精也。」總結出「愛氣尊神重精」的養生原則，在當時是首創，是很有價值的，對後世的影響深遠而廣泛。

　　首先是道家的內丹術，就是根據上面所說的「中和」理論，創造了「煉精化氣，煉氣化神，煉神還虛，煉虛合道」的煉丹術。具體方法就是由吐納、導引等，煉出一種「內丹」來，這種內丹可以養性延命，乃至長生不老，得道成仙。

　　其次是儒生張三豐，把這一道家的「中和」理論，運用到武術中來。他用道家的理論改造了少林拳，創造了太極十三勢。清代至民初的拳家一致認為，這十三勢就是最早的太極拳，所以確認為張三豐是太極拳的創始人。至於說陳家溝是太極拳創世地是後來的事。有些學者認為，可能是陳王庭用道家的理論改造了自己所習的拳術，當時稱為「炮捶」。現在的陳式太極拳保留的發勁動作就證明了這一點。

　　無論哪種說法，有一點是共同的，那就是太極拳在文化上是屬於道家體系的。張三豐是道教上一個集大成者，他的貢獻就在於主張儒釋道三教合一，南北合一，性命雙修。

　　為什麼要把武術思想納入到儒道釋三教合一的理論大

系統來呢？眾所周知，在新中國成立前漫長的歷史長河中，中國社會歷來是儒、道、釋（佛）「三教」合一的社會。今天，「三教思想」已成我國傳統文化的重要組成部分。

在漫長歷史長河中，武術思想要生存，要發展，要獲得統治者的認可，只有納入「三教合一」的主流思想中才有可能。而這一主流思想核心是「中和之道」，也就是說，「中和」是「三教思想」的根本大道，所以必須用「中和之道」來改造武術，這就是內家拳產生的思想基礎。

二、「中和」的內涵

清朝乾隆年間的山右王宗岳《太極拳論》開宗明義地說：「太極者，無極而生，陰陽之母也。動之則分，靜之則合。」詳細論述了太極拳的之精微奧妙。文中雖無「中和」二字，但其含義卻在其中矣，因為太極即中和。

陳式太極大師陳鑫《太極拳推原解》：「理精法密，條理縷析。放之彌六合，捲之則退藏於密。其大無外，其小無內。中和元氣，隨意所之；意之所向，全神貫注。變化猶龍，人莫能測，運用於心，此是真訣。」文中已提到了「中和元氣」。

形意、八卦、太極三拳合一的創造者孫祿堂祖師，全面繼承並發展了太極拳的理論，明確提出了「中和」說。1919 年他在《〈太極拳學〉自序》中論述張三豐根據《易》理創太極拳術後說：「太極拳術起點腹內中和之氣，太極是也。」1932 年又在《詳論形意、八卦、太極

之原理》中說：「（太極拳）練之至善處，以和為體。和之中智勇生焉。極未動時，為未發之和；極已動時，為已發之中。所以拳術一道，首重中和。中和之外，無元妙也。」（《國術週刊》第 85 期）

從上述論述中，我們可以知道，中和即太極。那麼，太極究竟指什麼呢？孫祿堂祖師在《太極拳之名稱》中又說：「太極即一氣，一氣即太極。以體言，則為太極；以用言，則為一氣。」（孫祿堂著，孫劍雲編，《孫祿堂武學錄》，大展出版社，2002 年）「中」為體，「和」為用。無體則無用，無「中」則無「和」，無「和」則無「中」，「中」與「和」是不可分割的統一體。「太極」和「一氣」也是不可分割的統一體。

「一氣」是指什麼？「一氣」，又叫「氣」、「元氣」、「精氣」、「太素之氣」、「中和之氣」等，名異而實同。其本義，一指天空流動洋溢的雲氣，一指生物吸吸之氣。《老子》用「沖氣」說明萬物的變化，孔夫子用「血氣」說明人的修養。到了戰國、秦漢時期，人們開始以「氣」作為萬有的本源，出現了「元氣」自然論、「元氣」一元論。例如《樞言》說：「有氣則生，無氣則死，生者以其氣也。」至於上文提到的《太平經》中的「三氣共一」說，更說明「氣」不僅是萬物的本原和本質，而且具有精神屬性，是主客體的統一。

孫祿堂祖師對中和之氣也有具體的描述：「人自賦性含生以後，本藏有養生之元氣，不仰不俯，不偏不倚，和而不流，至善之極，是為真陽，所謂中和之氣是也。」

（《國術週刊》第 85 期）

由此可見，中和之氣就是元氣，而這種元氣是真陽之氣。

從現代科學來理解「氣」，一是指呼吸之氣（吸入氧氣，呼出二氧化碳）；二是指水穀之氣，這種氣是從食物中獲得能量的；三是腎氣，也就是精氣，這種氣是與生俱來的，是先天之氣。概括起來說，這個氣是指，受於父母的先氣之氣（腎氣）和後天的呼吸之氣及脾胃運化而來的水穀之氣有機結合而成的「元氣」。這三種氣是可以互補的真陽之氣。

有了這元氣，人體才能有正常的生理和心理功能；「正常的功能」也能促進「氣」的發展。所以我們說「氣」與「正常功能」是互為因果的。

三、致中和的必經之路

怎樣致中和？也就是怎樣保養真陽之氣？

在正常情況下，人體的機能是天生的，是自律的，是不受心神控制的。例如，細胞的新陳代謝、體溫的高低等等生理功能，人是無法按自己的意志去控制它的。但人發現有些機能是能控制的。最明顯的是人的呼吸，人是可以調整的。於是，人們發現了由調整胸式呼吸為腹式呼吸的練功方法，來升提自己的真陽之氣（中和之氣）。這就是氣功的產生。

《黃帝內經》：「恬淡虛無，真氣從之。精神內守，病安從來？」這段話的意思是說，當一個人的意識進入到

一種非常寧靜、非常愉悅的虛無狀態時，全身各個系統的生理功能就會變得協調。長期堅持這種排除雜念放鬆心理緊張的鍛鍊，就會增強機體的免疫能力，起到健身與防病治病的作用。這種鍛鍊方法，前人叫煉丹，叫吐納，叫導引，叫坐禪等；現代叫氣功。

儒道釋三家的功法，形形色色，五花八門，難於盡述。但「百慮而一致，殊途而同歸」。形形色色的功法歸到了一個共同點上，那就是「守一」。「一」就是丹田。丹田者道家術語也，意思是種丹的地方。人體處處是丹田，但最能聚集能量的地方，只有三個，那就是上、中、下丹田，而一般常用的是下丹田（臍下 1.5 寸處）。「守一」就是守住丹田的元氣，守住精氣神。

「守一」名為無極之道，亦即長生久視之符。《太平經鈔》癸部《還神邪自消法》說：「神者主生，精者主養，形者主成。此三者乃成一神器，三者法君臣民，故不可相無也。人氣亦輪身上下，神精乘之出入，神精有所，如魚有水，氣絕神精散，水絕魚亡。故養生之道，安身養氣，不欲數怒喜也。」所以在一個具體的形體內，精氣神是統一的，不能相互分離。所以守一當是守精氣神的統一，守著自身中的精氣神。

在保養精氣神的修煉中，「守一」的具體做法是：氣沉丹田，守住它，管它煉精還氣，還是煉氣還神，還是煉神還虛，還是煉虛合道，我只要抱住我的氣，氣到哪裡，我到哪裡，氣停我停，一切跟氣走，讓氣自己去完成煉丹任務。

　　怎樣氣沉丹田？吸氣時，漸漸將肚子（下丹田）鼓起來，體會肺中之氣依次逐步推進和摩擦胃、腸、膀胱、生殖器的感覺。氣至會陰後，稍屏息，然後，微提縠縮陰，開始呼氣，借收腹肌之力，將腹腔內臟貼向脊柱，濁氣（二氧化碳氣）順著督脈上升，自鼻中呼出。體會腹腔內臟上升回位，認真體會每個瞬間的感受。呼氣、吸氣都要做到深、長、細、勻、柔，都要做到意到氣到，氣隨意行。千周萬遍，久而久之，可以逐步體會調節其他器官的感受，並將有關氣的體會記憶下來。天長日久，自可頓悟大道，使衰老的過程逆轉，歸根返元，返老還童。

　　俗話說：「全憑心意練功夫」，心意就是指自我心理活動。當練功者，透過調息，達到入靜狀態（自我催眠狀態），就會感到「體酥、心融、樂融融」的感覺，心身完全處於放鬆的美好的感受中。現代科學實驗已證明，當人一旦進入這種良好的心理狀態，就會直接影響到內分泌功能，進而影響全身各系統的功能，能使它們向協調方向發展，提升自己的自癒功能、自我修復功能、免疫功能，達到健身袪病的目的。

四、太極拳「致中和」的四個階段

　　氣功是致中和的必經之路。氣功有靜氣功和動氣功之分。內家拳是動氣功，又叫行走氣功。內家拳中太極拳是最有代表性的動氣功。現在結合太極拳功法來探討一下，怎樣致中和。

　　太極拳致中和可以分四個階段來談。

初級階段。這個階段重在調身。透過有序的肢體動作，來集中自己的注意力，「不走神」（做到這一點並不容易！）。聚精會神地盤架子，姿勢正確，一舉一動，一招一式，都符合要領。「誠於中形於外」，「未發謂之中，發而皆中節謂之和」。每一個要領都要符合「中和之道」。也就是說，肢體動作要不偏不倚，恰如其分，恰到好處，和諧自然，初步克服自身的硬僵勁，做到輕靈自如。通過肢體動作及肌肉骨骼的鍛鍊，初步疏通筋絡和氣血，達到健身強體的目標。

中級階段。這個階段重在調息。所謂調息就是調整自己的呼吸。「練拳時以手足動作為調息，起落進退，皆合規矩，手足動作亦俱和順，內外神形相合謂之調息，以全身動作旋轉，縱橫往來，無有停滯，一氣流行，循環無端，謂之停息。」（孫祿堂著，孫劍雲編，《孫祿堂武學錄》，大展出版社，2002 年）初級階段，是自然呼吸，不要有意識地注意自己的呼吸。而至中級階段，就要自己摸索出呼吸的規律來，把胸式呼吸調整為腹式呼吸，以意領氣，意守丹田，重心放在臍下丹田處，使整個身體穩如泰山，舒適自然。外動內靜，動中求靜。上實下虛，身體上部輕鬆虛靈，身體下部充實有力。從調息的方法中，自我觀想摸索出一套入門的方法來，真陽之氣已達到中和，內勁漸成。

「盤架子懂自己的勁，推手懂他人之勁」。懂得自己的手勁、腿勁、腰勁、腳勁、襠勁。懂得掤、捋、擠、按、採、挒、肘、靠八勁。與人較能「捨己從人」，運用

沾勁、黏勁、連勁、隨勁，隨人之動而伸縮進退，能不丟、不頂、不抗，能聽勁、化勁、發勁。到了這個階段，不僅能強身健體，而且能防身克敵了。

高級階段。這個階段重在調心。也就是調養自己的心性。先是虛其心。「練拳學者，自虛無而起，自虛無而還。」（孫祿堂著，孫劍雲編，《孫祿堂武學錄》，大展出版社，2002 年）諸法皆空，萬象皆空。「尚德不尚力，意在蓄神。」透過練拳之「規矩，可以變化人之氣質，開人之智識，明人之心，是化除後天之氣質，以復其先天之氣也。」（同上）「拳之道貌岸然無他，不過變化人之氣質，得其中和而已」。（同書）中和之道，即是中庸之道也。《中庸》：「喜怒哀樂之未發謂之中，發而皆中節（符合道德規範）謂之和。」

初習拳之人，剛學會「三腳毛」，往往好勇鬥狠，好表現自我。但隨著功夫的提高，涵養就會越來越高。道理很簡單，練功須有平靜的心境，長期練功，這種平靜的心境就習慣成自然。王宗岳在《太極拳論》中明確地指出，獲得太極拳成就所必須經過的途徑是：「由著熟而漸悟懂勁，由懂勁而階及神明。」孫祿堂說：「（太極拳）練之至善處，以和為體。和之中智勇生焉。」（見孫著《論拳術內家外家之別》，1929 年《江蘇省國術館年刊》）

當功夫達到「神明」的高級階段後，得中和之道，性情變得謙和，與人為善，「智勇生焉」，唯炯炯的眼光形成一股無形的力量而已。這裏的「勇」並不是好勇鬥狠的「勇」，而是勇於戰勝自我，戰勝門戶之見，戰勝「老子

天下第一」的思想；氣質豁達，遇同道無所不愛，無打人之心。孫祿堂祖師晚年，不再與人較；不得不較時，也往往利用身法（所謂遁形術），不讓對方觸摸到自己，避免傷人。這是功夫達到爐火純青的結果。

頂級階段。這個階段重在得道。按照道家的理論，功夫最高階段是得道成仙。按得道之深淺，分成鬼仙、人仙、地仙、神仙、天仙（金仙）五個等級，成了神仙和天仙，就能鑄成金剛不壞之身，長生不老，生死可以自我控制。儘管歷史上有成道成仙的種種傳說，但現代人皆未見也。現代科學已證明，人的最長壽命在理論上是 150 歲，不可能「與天地比壽，與日月齊光」。成仙成道，這確似虛幻不經之談。但並不影響我們作一些具體分析。

什麼叫道？《老子》說：「有物混成，先天地生，寂然寥然兮！獨立不改，周行而不殆。可以為天下母。事不知其名，字之曰道。」老子的話告訴我們，道是渾然一體的東西，道是先天而生的，道是萬物之母。也就是說，道是萬物的根本，求道得道，就要返本歸根，回歸到本源上去。《老子》又說：「人法地，地法天，天法道，道法自然。」這就是說本源就是自然。自然又是指什麼呢？就是指沒有外力作用，自己而然。也就是說，人由練功，掌握了自身的生命規律，而這生命規律就是「自然」兩字。由此可見，人要長生不老的唯一辦法是順乎自然，由調身、調息、調心，得中和之道。

簡單地說，就是人由氣功（太極拳也是一種氣功），逐步控制了自身呼吸的規律，進而控制各系統的規律，把

原來自律的性，改為他律性。也就是說，人能根據需要，掌握自身的生理活動。例如，當一旦發現體內癌細胞的出現，就能調動免疫功能來殲滅它，或者使異變的細胞恢復成正常細胞。這是不是為我們今天的生命科學發展提供了一個可能的新的思路呢？

　　儘管這一新思路目前還沒有實現，但是在修煉過程中清心寡慾，修身養性，淨化心靈，平和心態，氣達中和，使陰陽協調，陰陽平衡，氣血流暢，是有利於健康長壽的。從這一角度講，也是有借鑒意義的。

　　現代科學告訴我們，酸和鹼的化學反應叫中和反應。抗毒素或抗毒血清和體內的毒素反應，使毒素消失，也叫「中和」。物體的正電量與負電量相等，不顯示帶電現象的狀態叫「中和」。人的體質是酸性的，所以要多吃鹼性食品，使之中和，就有利於健康。做氣功打拳，吃藥打針，就是調整人體的陰陽，使之平衡，也就是使之中和。

　　把「中和之道」從人體推廣到自然界，就是人與自然要和諧相處，達到人與自然的中和，現代叫環境友好型社會；再把「中和之道」推廣到社會，就是人與人之間要和諧共處，互相尊重，互敬互愛，這就是和諧社會。所以說，中和是修身與治國之本。

究竟有沒有「空勁」？

所謂「空勁」，就是指不接觸對方肌膚就能把他跌仆在地，或任意處置對方。一般認為，這種空勁在現實中是不存在的，只有在文學作品中才能見到。我原來也持這種看法。

我曾在丹陽看過一次「空勁表現」。一個壯漢在舞臺上手舞足蹈一會，似在運氣，然後大呼一聲，腳一蹬，一個劈掌，對面數丈遠的一張檯子上一個花瓶（花瓶中插著花）就應聲倒了下來。台下掌聲雷動。

我也被迷倒了。這時坐在我身旁的一位觀眾對我說：「這是把戲，騙人的，你看他用力把腳一蹬，舞臺的地板就受到震動，所以花瓶就倒了下來。」

這舞臺的地板是木地板，不是水泥做的。如果水泥做的，震動力就不會這樣大，那就要做手腳，舞臺的燈光有意把它弄得暗一些，在暗處繫一條繩線，不被人發現，配合表現者，應聲把繩線一拉，花瓶自然就倒了下來。所以，我對「空勁」是持否定態度的。而且我就「空勁」問題請教過一些當代的武術大師，他們也認為是不存在的。

但是，最近我進行一些武術調查，卻發現了這樣一些事例。一個事例，是內兄陳登臨對我講的。孫祿堂收陳健侯為傳人後，曾三次在他面前顯露真功。其中有一次就是「空勁」表現。

孫師叫一個學生，站在自己對面，約一二米遠。孫師

運氣一會兒，然後兩手畫圓弧，向上一托，該生就升騰了起來，接近屋樑時，兩手又向下一沉，該生又落了下來。整個過程中，孫師始終沒有接觸過對方任何部位。

這一事例是陳登臨聽父親親口對他講，是父親還對他說，這種空勁功夫，只有當內功（氣功）達到出神入化的地步才能具有，一般的武術家是很難達到的。但這種空勁功夫，不能經常用，因為要消耗大量的精氣神。而且先要運氣一會，高度凝神時，才能發功，所以並不是隨時隨地可以發功的。如果能隨時隨地發功，那就是「神」了。

另一次，鎮江市武協副主席孔小安對我講，是孔小安的師父張祚玉（陳健侯的弟子）的一次親身經歷。張祚玉1932年河南省國館畢業時，經省打考（打擂臺），獲第二名（實際是第一名，第一名為館長的侄子，有意相讓）。裁判是從全國請來的武林高手。館裡給獲獎者戴上大紅花，敲鑼打鼓遊街，以示榮耀。遊街結束後，一位武林高手把張帶到一片樹林裡，對張說：「年輕人，學無止境，決不能驕傲。看我的！」他運功一會，對相距一二步的一棵樹一個劈掌（手未接觸樹），這棵樹就攔腰折斷了，周圍的樹葉也颯颯落下。

當時的情景，就像現在的武打片所出現的情景那樣。張祚玉對孔小安講，這是他的親眼所見。但他一輩子也沒有想通這是怎麼一回事。

最近沈順林林告訴我，他的一指神禪師父，曾用手指離開他一步之遙，針對他的合谷穴發功，他的合谷穴就不由自主地跳動起來了。

　　「空勁」問題，似乎是武術研究中的一個空白。我認為天地之大，無奇不有，上面三個事例，我把它如實記下來，供同仁們探究時參考。

就「三十六手」答讀者問

自《孫氏三十六手太極拳》在《武魂》和《搏擊》雜誌上公開發表後，我收到了大量的讀者的來信、來電，有的表示贊助與支持，有的提出一些問題，其中有些問題是共同性的，所以在此統一作答。

1. 為何叫「三十六手」，而不叫「三十六式」或「三十六勢」？

「手」是一個多義詞，在不同的語境中有不同的意思。例如，人們稱孫祿堂為「虎頭少保，天下第一手」，這裡的「手」就是「人」意思。而「三十六手」的「手」就是「式」和「勢」的意思。這是因為太極拳主要是練手的，身和腳都是為手服務的，手隨意動，手領身動，手動腳動，上下完整一氣，作螺旋運動。再說，掤、捋、擠、按、採、挒、肘、靠，都是講的手。以主體部分代表全體，這是修辭上常用的借代手法。例如，在國際上，通常的習慣是把「北京」代表中國，「華盛頓」代表美國，「東京」代表日本等。而且我們從檔案館查到的江蘇省國術館當時練武的照片，上面有「三體式」照片，文字說明是「三體手」（見附圖）。「太極三通背第二式」叫「太極三通背第二手」（見附圖）。

由此可見，孫祿堂把自己編創的「三十六路神拳」稱之為「三十六手太極拳」，而不叫「三十六式太極拳」或

「三十六勢太極拳」，這是符合當時的客觀情況的。這也從另一方面說明這套拳來自孫祿堂的真實性。 我們認為「三十六」是指這套拳的不計重複的主式是三十六。

本館師範講習所學員練習形意三體手

本館露天學校成年班練習太極三通背第二手攝影

此外「三十六」，在古代也是個神秘的數字。它和《易經》三十六個連體象正好相吻合，也正好與八卦圖上三十六條線條相吻合。三十六在《易經》中為震卦（☳），用二進制表示為：100100，將其化為十進制：$1×2^5 + 0×2^4 + 0×2^3 + 1×2^2 + 0×2^1 + 0×2^0 = 32 + 0 + 0 + 4 + 0 + 0 = 36$。

2.「三十六手」的特點是什麼？

見本書第二章第一節。

3. 練卍字手要注意什麼？

卍字手樁有高、中、低三種架子。體弱者選高架，體強者選低架，一般人選中架。練卍字手的勁路是：力起於腳，發於腰，形於手指。由腳而腿而腰而手指，完整一氣。所以要循序漸進，不能急於求成。不要用拙力，不能逆勁路而行，以免手腕受傷。手腕上可以塗一些松節油或活絡油。內部曾流傳一個秘方，那就是用樟木片熬成熱水，用此薰手腕，邊薰邊練。據說有著效。

據筆者所知，筋骨特好的，個把月即能練成；筋骨一般的，要一年左右才能練成；筋骨稍差的，只能練到七成。年紀大的不宜練。

4.聽南京中央國術館的一位拳師說過：「孫祿堂的功夫是卍字手＋先天功」，何謂「先天功」

先天功我不知道，我也沒有聽師父說過，但我的理解

有兩層含義，一層是指氣功中的胎息功，說白了也就是一種腹式呼吸。嬰兒在母胎中是用肚臍眼（神闕）呼吸的。氣功練到高級階段，就不用嘴鼻呼吸，而是能像嬰兒一樣用肚臍眼（神闕）呼吸（胎息）（實際上是用汗毛呼吸）。陳健侯先生曾寫下氣功秘訣：一陽來復，垂頂提縠；緣經於督，神會於百；呼任存腹，精關於復；閉息千成，耳門胎熟。」這裡講的「呼任存腹」、「閉息千成」就是一種胎息功。

另一層意思是說，孫祿堂武功絕頂，這與他的天分有關的。苦練當然重要，但沒有很高的天分，也是難於達到這境界的。陳健侯先生曾說過，孫祿堂的真功，不是師傅肯教，徒弟肯練就能練成的，沒有先天的筋骨與悟性是學不成的。

5. 現在的 97 式似乎是三十六手簡化而成，對不對

97 式，是 1957 年孫劍雲在師兄胡席圍明下根據孫祿堂先生《太極拳學》一書改編而成的，這一套孫式太極拳就是目前在社會上廣為流傳的套路，被稱為孫式太極拳傳統套路。而孫氏三十六手太極拳則由孫祿堂先生於江蘇省國術館任副館長期間（1930～1931 年）秘傳於陳健侯先生的。

至於《太極拳學》，是在 1919 年（民國七年）出版的，共 98 式。在江蘇省國術館向師範班和露天班學員傳授的太極拳就是這 98 式（但並非孫祿堂親授，而是由孫祿堂的弟子傳授的）。

　　由此可見，三十六手確實早於 97 式，但晚於 98 式。三十六手與 97 式在大動作上確有相似之處，三十六手的小動作和暗手很多，若去了卍字手和這些小動作確似相同的。例如，懶紮衣，若去了卍字手、穿掌等小動作，就與 97 式的懶紮衣相似了。

6.三十六手太極的演練者合手時，雙手合緊，近似「阿彌陀佛」狀，與開不過肩、合不過臉的孫門開合手出入較大

　　三十六手的開合掌與現在流行的孫太極開合手確乎不一樣。他要求兩掌相對成立掌，手掌坐腕與小臂成 90 度，小臂與地面平行。開掌時，掌指先開，掌根後開，開至乳根；合掌時，掌根先合，掌指後合，合至胸前。開合手練到上乘功夫，是要憑內氣來衝開手掌的，大約只能開出 1 公分。

7.演練者挺胸收腹，和我孫門身法出處較大

　　三十六手在身法上要求立身中正，既不挺胸亦不腆腹。動作時須配合呼吸，吸氣時，氣由胸而腹做到勁氣充沛；呼氣時，勁氣外吐。練拳時要求「氣宜鼓蕩」。所謂「挺胸收腹」可能是圖照視覺上的差錯。

　　一位孫太極愛好者，不遠千里，前來考察。考察後，他說，圖片與演練者的實際表現確有出入。演練者穿的是白色練功服，攝像者角度沒有選好，從而造成了照片與實際演練的形象有視覺上的差異。

8. 演練者出現了近似於弓步的弓箭步,在步伐上與我孫門開合活步,出處較大

孫門的開合活步與弓步並不矛盾。如單鞭時的側弓步、雲手過程中的側弓步、彎弓射虎時的弓步等在三十六手和現在流行的孫太極中均有。但三十六手中的下勢和三通臂的動作過程中有弓步,這與現在流行的孫太極確實是不一樣的。

9. 儘管說明很詳細,但還有一些地方看不明白,能否增加一些圖片與說明

現在已有 264 幅照片,如果每一動作都要拍一張照片,至少要增加一二倍。陳健侯先生生前曾說過:「我這拳即使拍成上千張照片,也難以把它全部表現出來的。」他一再強調學此拳必須口授心傳。

我們把它用圖文來表達,是明知不可為而為之。不過,學者可根據圖文,學個大概,至於一些細節,必須面授。如托肘、抹肘、化腕子等小動作,用圖文很難說清楚。當然,如果有可能,我們也盡可能再補充一些圖文,以進一步減少學習者的困難。

10. 據說陳健侯一家與江蘇省國術館有一種特殊的關係,能不能說一說

這些關係,在以前發表的文章中已有交代。陳登臨寫的《孫祿堂授拳陳健侯記》,發表在中華武術大型叢刊

《武蹤》（第 2 期，1985 年 4 月出版）上的，後來我又進行修改、補充後，發表在《搏擊》（2005 年第 7 期）與《武當》（2006 年第 3～4 期）上。這些文章中都有說明。你們不妨找來讀一讀。但有一點，文中沒有說，那就是陳健侯父親陳慶年（字善餘，號橫山）與江蘇省省長兼國術館館長的紐永建的關係。他們兩人都是南菁書院的同窗好友。陳慶年去世後，訃告也是紐親筆寫的。孫祿堂先生與陳慶年先生關係也很好。陳活著時孫常來探望他。

　　另外，孫祿堂有位朋友莊思緘，他是江蘇省修志局局長。孫祿堂在《拳術述聞》（原載《江蘇省國術館年刊》，民國 18 年，即西元 1929 年。《中華武術》2008 年第 4 期全文轉載）中寫到曾與他談拳論道，而莊思緘也是陳慶年南菁書院的同窗好友。陳去世後，莊曾寫下《故友善餘陳先生像贊》。當時的上層文化人是有一個圈子的。孫祿堂因為文武兼備，也是這個圈子中的人。

　　（說明：本文吸收了孔不安的一些意見。）

附　錄

回憶我的父親陳健侯先生

陳端孫

　　我面前擺著一張照片，這是父親過 70 歲生日時攝的照片。古人云：「人生七十古來稀。」但照片上的父親沒有一絲一縷的老態。他銀鬚飄飄，兩眼炯炯有神，臉色如玉，沒有一絲皺紋，慈祥可親之狀可掬。那年我特從寶雞趕回鎮江，參加他的 70 大壽慶典的。我父親既是太極高手，又有很深的氣功修養，自己又是中醫，我們子女都認為他活到一百歲是不成問題的。但那知只過了五年，他就與世長逝了。

　　那場眾所周知的浩劫，對他的刺激實在太大了。紅衛兵把我父親包圍了三天三夜，雖然憑他的一身武功，性命保存了下來，但「傳經樓」上祖父留下的二十萬冊藏書全部抄走，父親自己的一萬冊藏書以及字畫古玩也全部抄光。對於一個愛書如命的人來說，這意味著什麼呢？他嘴

上雖說：「這些都是身外之物。」但其內心的痛苦是可想而知的。

　　1969 年 10 月，我回家探親，見父親身體已大不如以前了。臨別時，他站在樓上目睹我離去，戀戀不捨的樣子至今歷歷在目，我到了樓下，穿過過道，心裡總感到不放心，又返回來，如此反覆三次，才揮淚而別。想不到那一次居然是永別了。

　　我回寶雞只一個月，就接到噩耗，父親去世了。我連夜趕回奔喪，只見父親面目如生，安詳地躺著，似乎睡著了。我們兄弟姊妹六人哭成一團。入殮時，他的身體柔軟如棉，大家感到奇怪。後來聽人說，內功深厚的人，死後才能這樣。

　　守靈的深夜，我凝視安詳地躺在靈床的父親，他的往事不由一一浮上心頭。

　　父親 1895 年出生於南京，那時祖父慶年公正任南京江蘇省國學圖書館副館長。南京古名建業，故給他起名為裕業，字建侯。建侯兩字出自《易經》屯卦。他大排行居第四，後來大家都稱他「四老爺」。父親兒時讀書於私塾，1907 年（12 歲）畢業於南京思益學校，1911 年（辛亥，16 歲）畢業於南京江南高等學堂化學系。此後自學中醫，懸壺濟世於磨刀巷。

　　在定做銅牌時，工匠把「建侯」刻成了「健侯」。父親沒有生氣，反而高興地說：「我是醫生，是保人健康的，用此字正與我的職業相符。」從此，改「建侯」為「健侯」。1920 年原擬到德國學醫，但在動身之時，祖父

忽中風，天性至孝的他，就決定放棄到德國學醫的計畫，留下來侍奉祖父。

父親自幼就愛好武術，練少林拳，武術上的開蒙老師姓張，名字我記不得了。他兩腿常綁鉛錠，練習輕功，身手敏捷，能手擒過堂雙燕。

父親後來拜江蘇國術館的副館長孫祿堂先生為師，那時父親是虛齡三十六七歲，我上小學，大約八九歲。他們兩人都愛好《易經》，談得很投機。後來父親又治好了孫師多年不癒的內傷，於是決計把太極拳的真傳秘傳給我父。拜師宴是在我家的望益軒舉辦的，請素館「一枝春」的名師執箸。與我父親一起拜師還有我的五叔裕武。但五叔是跟孫存周學的八卦拳。

從此，孫師經常光臨我家，有時還把夫人、兒子、女兒、侄兒帶來。我記得孫師鬍子較長，身材比我父親稍矮一些，兩眼似有神光。他夫人有一顆牙齒沒了。兒子孫存周有一隻眼瞎了。當時他的女兒叫孫劍雲，大約十五六歲，是古人所說的及笄年齡，長相不怎樣，但劍舞得很好，書法秀麗，頗有趙孟頫風格，曾親撰「名士多世隱，仙人好樓居」的對聯贈給我父。我的姐孟孫，比我大三歲，她跟孫劍雲學舞劍。還有一個叫孫××，當時大約二十歲，我記不清是孫家什麼人了，我只記得她長得很漂亮。這些人經常到我家大廳（傳經堂）上來習武，所以我記得非常清楚。

江蘇省國術館在 1931 年閉館後，孫劍雲從北京到上海時，其父囑她順道到鎮江，「探望健侯師兄，與他切磋

一下拳藝」。她到了鎮江，在我父面前演習了一趟太極拳，父親見她打的是大眾化的孫式太極拳，與三十六手不一樣，心中就有數了，也就沒有把三十六打給她看。

父親學拳的天賦很高，跟孫師學拳，從站椿到走趟子，到練卍字手，到練三十六手套路，總共只用四個多月。推手一個月，太極散手一個月，八卦散手四個月，找比手一個半月。

學成後孫師為了測試我父拳技造詣究竟達到了何種程度，兩人進行比武，成績優異。後來父親還與國術館的拳師一一較過手。武藝高強的師兄孫存周，得孫祿堂八卦真傳，有「出手見紅」之稱，他給我父起了一個綽號「泰山壓頂」。因為別人在與他比手時，感到到處是他的手，像泰山一樣壓下來，無法阻擋。

父親的太極拳打得很好，打起來，如行雲流水，渾然一體。他打敗過不少武林高手，但從不傷人，眼看對手要摔倒在地了，就一個箭步上前把他拉起來，所以在武林界沒有仇人。他對我說：「學武的目的在於：強身、克敵、卻病、延年。決不能好勇鬥狠，以免引來殺身之禍。」

學武可以克敵，我是親眼所見的。抗日戰爭爆發後，我家以 80 元大洋雇了一條船，逃難到蘇北樊漢，在途中遇到打劫，三個兵痞登上我家的船，要敲詐大洋。我們都害怕至極。這時父親由於幾天幾夜未睡，正在船中熟睡，我們大呼爹爹，但還不醒，我們只得用手打他的臉，他一睜眼知道來了強人，就一個箭步跳到船頭，拉開太極架勢，一出手就把三個強人打倒在船頭。三人說「行家！行

家！」跪下求饒。

原來這三人是國民黨的敗兵，想趁火打劫。父親對他們說：「國家大難當頭，你們不去抗日，報效國家，而在這裡搶劫百姓，是孰可忍孰不可忍？」父親曉之以理後，就叫家人給他們幾個錢，命他們趕快滾。三人拜謝而去。在那動亂的年代，像類似的事發生多起，幸虧父親的武功保了全家。

父親一生篤信佛教，深居簡出，淡泊名利。他有多次做官的機會，但都拒絕了。他學了孫祿堂的真傳後，也從來不想張揚，更不想以拳求名。他認為「真人不露相，露相不真人」。

有一次，書商要孫祿堂先生編寫關於太極拳的書，他的秘書吳心谷編好後，孫師一定要我父審閱，而且說，書成後寫明孫祿堂、陳健侯審訂。師父重托，我父不得不允承，但這本書的草稿放在父親處幾個月，一則父的醫務實在太忙，二則對大眾化的太極拳不感興趣，所以遲遲沒有動筆。書商索稿甚急，最後只得把原稿送出去。現在想來，這真是一件憾事。如果當時他抽空把書稿審訂一下，就能留下他的名字了，現在有人想否認我父是孫祿堂的嫡傳弟子，也就辦不到了。

父學成此拳後從來不敢授人，直到孫師仙逝後好幾年，他才開始授拳給我的姐姐孟孫。我的姐姐長得非常漂亮，聰明靈巧，劍舞得很好，是跟孫劍雲學的。父親對她是重點培養的，希望把她培養成文武雙全的人。可惜後來她得了肺結核，抗日期間，又缺醫少藥，父親醫術再高明

也無回天之力，19 歲就夭折了。

　　抗日勝利後，父親收張祚玉為徒。張祚玉是有真功的，能散打，在滬寧線上頗有名望，與很多名手交過手，每戰必勝。新中國成立後，父親又陸續收過幾個徒弟，但他們都只是為了健身，只能算父親的記名徒弟而已。

　　父親沒教我拳，但我「偷」學會了。我每天看父親練拳，就用心記憶，自己一個人偷偷練。後來居然把卍字手和三十六手套路學會了，父親知道後大吃一驚，要我當場表演，打給他看。我不慌不忙地打了一趟。他看後連連頷首，說：「不錯，不錯！」後來他給我校正動作。故我的套路是兄弟姊妹中算是打得最好的。但父親並沒想把我培養成武術家。

　　我學拳只是為了健身，只學了套路，推手、散打都沒有學。84 年來，我身體沒有生過大病，沒有住過醫院，這和我在青壯時期經常練拳有關。現在年過八旬，拳打不動了，但套路還記得一些，只是不全了。

　　父親不是職業武術家，他的職業是中醫。因痛惜首胎慧寶患喉疾而夭，遂力攻喉科，發明特效喉藥，自配藥以施捨患者，無不一帖而癒。後於內科、小兒科、婦科和疑難雜症無不鑽研，精通古人醫案，多所發明。1929 年，內務部長張厲生欲廢止中醫，他挺身而出，在為祖父病值夜時，起草《鎮江中醫學會宣言》，大義凜然，祖父閱之，甚為贊許，發表於《蘇報》。後集會上海，抗議力爭，迫使張收回成命，並在《蘇報》公開他對我父的覆信。1930 年，胡漢民病逝，父在《蘇報》發表對胡氏病情分析的醫

學論文，受到醫界高度評價。父對疑難雜症，他醫不能治者，往往妙手回春，故一時名噪江南。

國學大師章太炎精通中醫，在閱讀了父親為祖父治病的醫案後，欣然命筆，寫了一副對聯贈給父親。這幅對聯是寫在絲帛上的，全是古體字，我們子女都不識，父親讀給我們聽，還給我們講解。現在，對聯的原句我記不得了，它的大意是說：驚聞江東大師不幸逝世，喜見後輩醫術高超後繼有人。

我父親是個很有個性的人。我是晚婚，儘管很多名門子弟來求婚，但父親總是不同意。原因是自孟孫姐早夭後，他傷心欲絕，一直捨不得我離開。他教我背唐詩宋詞，至今我還能背張若虛的《春江花月夜》等等名篇。他給人看病，我給他掛號，所以我成了他的好助手。直到我二十七歲了，他感到實在不能再拖了，才同意我與于在邦婚姻。于在邦出身揚州望族，本人是中央大學畢業，長得一表人才。父親比較滿意。但在訂婚前，父親提出要與他檢查身體，于在邦把國立大醫院的體檢證明給他看，他還是堅持要親自對他進行體檢，在邦無法，只得同意。所謂中醫體檢，只不過是切脈而已。他凝神切脈後說，身體還正常，只是左關弦數，肝火過旺，性躁。後來事實證明父親的診斷是對的

父親一生愛好京劇。自備京胡多把，常自拉自唱。有一把京胡銅筒子，外蒙蟒皮，別人拉不動，只有他能拉，聲音清脆，整條街都能聽到。他還教我們唱京劇，我們子女大都會唱幾段。鎮江新華劇院一排十八座是他的專座。

他與京劇著名演員童芷苓、紅雲豔等有交往。紅雲豔曾任廬山會議招待主任，她喊我父親為乾爹。有一張她與我父的合影，由六弟登豐保存了下來（我家原有很多照片，在文革中都被燒光了，包括孫祿堂與我父的合影、祖父的照片等等）。

父親的文學修養很高，文字能力也很強，常出口成章。他常用簡潔的語言來表達自己的意思。例如：

十字衛生法：饑飽，寒暑，勞逸，順逆，陰陽。

養生要訣：精要幽，氣要和，神要真。

練功要訣：戒定慧，戒為慈孝敬；定為堅真恒；慧為平直圓。

練功過：繩捆索綁，偏柔偏剛；圓球彈簧，勁氣內藏。

推手要訣：柔化剛發。化勁要柔，要圓；發勁要剛，要直。化勁，化勁，化則進。交手前先要聽勁，若聽不到對方之勁，說明對方武藝比己強，要避免交手。

散手歌訣：人為主，我為客。人不動，我不動，人動我動。知微知彰，知柔知剛，萬夫莫當。

練氣功歌訣：一陽來復，垂頂提穀；緣經於督，神會於百；呼任存腹，精關於復；閉息千成，耳門胎熟。

學佛淨心法門：欲漏動於意，初觀皮相觀。穢濁骷髏觀，諸蟲煩惱觀。捨離癡著想，三性即三觀。

諸如此類的箴言舉不勝舉，我的六弟登豐在這方面有專門的記載。家父的佛學功力尤深，很多高僧對他佩服得五體投地。我記得有一位金山活佛妙善和尚對我父親說：

「你要給我磕頭！」父親說：「我問你一個問題，你能回答，我就給你磕頭。」活佛說：「好。」父親問：「請問活佛，從修佛角度看，磕頭與不磕頭有何區別？」活佛說：「我答不上來，我給你磕頭。」父親趕忙把他扶起。父親留下很多禪語，可惜我不太懂。

父親一輩子沒有進過醫院，他曾得過膈食病，屬於早期胃癌。他自己開方治療，兼用氣功和太極拳修練，結果痊癒了。他的飯量很大，一頓要吃一斤米飯。他的力氣很大，精神極好，晚上只睡二三個小時。隆冬天氣，只穿夾衣，從未穿過棉衣。他的腰杆筆直，兩眼若有電光，見到他的人無不欽佩之至。但他只活了 75 歲，是「史無前例」使他過早地結束了自己的生命。

在去世的這天上午，他把學生張祚玉、王絳兩人喊到身邊，握著他們的手說：「人生再老也難免一死，我再也沒有多少時間了，與你們要永別了。你們好自為之吧！」兩人聽了淚如雨下……

當晚九點鐘，他感到頭暈，心頭難過，但神志仍很清楚，問：「什麼時候了？」又叫孫女把床邊的蟾酥痧藥丸（有強心作用）倒 6 粒給他服用，剛服了 4 粒，頭頂兩側突然出汗。懂醫的八弟，知道這是絕汗，是急性心肌梗塞，大喊不好。這時父親斷斷續續地說：「自古英雄誰無死，莫不飲恨而吞聲。」說畢安詳地閉上眼睛……

我望著你的照片，往事歷歷在目。你的生活碎片，在我面前一一掠過。父親，你安眠吧。你的佛學，已有四弟、六弟繼承了；你的醫學、易經、拳理，已有八弟繼承

了；你的太極拳套路已有你的再傳弟子孔小安、陳九皋等人繼承了下來，我相信在有關方面的重視下，一定會得到發揚光大的。父親，你的在天之靈，也許會得到一些寬慰吧！

今年是我父親誕辰 110 周年，我特寫此文以茲紀念。

（說明：陳端孫，陳健侯次女，1922 年生，寫此文時是 84 歲。文中的「四弟」「六弟」「八弟」都是大排行。小排行則是「大弟」「二弟」「三弟」。此文原載《搏擊》2006 年第 1 期、《少年與太極》2006 年第 3 期。2011 年 9 月 14 日午飯時，突發心肌梗塞，搶救無效而去世，享年 90 歲。）

孫劍雲兩次到鎮江的回憶

——盧順生

1989 年，孫劍雲參加五臺山表演後，應邀到鎮江訪問。那時，正好我大姑娘結婚，所以日子記得很清楚。

孫劍雲住在霍培林家裡，她曾去拜訪童麟珠（原是國術館女子班的學員，後來留下做助教）。當時我是鎮江武協秘書長，陪同她一起去的。只在童麟珠那裡坐了一會，連茶都沒有吃上一口。童麟珠在「文革」中受到衝擊，至今心有餘悸，見到孫劍雲說話很少。她與童麟珠根本沒有談到陳健侯先生的事。後來，孫劍雲與我倒確實談到過陳健侯先生的事，在場的還有我女婿，以及華僑魏富生（現為江蘇減速機械廠廠長）。

孫劍雲說：「我17歲時到過陳健侯先生家。我父親孫祿堂也曾住過陳家，陳家也招待過他。當時，陳健侯對我說：『聽說你書法不錯，我想一睹你的墨寶。』於是，父親叫我贈付對聯給他。我根據父親的意思，就伏在一張小桌子上寫了副對聯：『名士多世隱，仙人好樓居。』贈給陳健侯先生。陳健侯跟我父親確實學過拳，但學什麼拳，學的具體情況我不瞭解。」

孫劍雲還提出要去見見陳家的人。我告訴她，陳老先生已經去世，陳家後裔大都在外地，他們可能不認得你了。她就沒有去拜訪。

我還陪孫劍雲訪問了金山寺主持慈舟法師，慈舟設宴招待了她。

孫劍雲第二次來鎮江是1994年。她在鎮江過的80歲生日（孫劍雲1914年6月6日生，農曆5月13日）。這次到鎮江她住在霍培林弟弟霍培生開的旅社裡。霍打電話給我說：「明天是孫劍雲80壽辰，你想法找一些人來祝賀。」第二天，我找了一些人（主要是我的弟子們）前去祝賀。

孫劍雲兩次來鎮，時間不長。第一次是5天，第二次是3～4天，兩次不會超過10天。

孫劍雲在鎮江授拳時曾謙虛地說：「我沒有什麼真功夫，只能把孫家的拳向你們介紹介紹。」她把97式向我們作了介紹。過去我也學過孫式太極拳，是從孫祿堂先生的《太極拳學》學的，她的介紹與《太極拳學》也有不同之處。

她上火車時，是我送她上車的。

【說明】

本文原載《搏擊》2011 年第 5 期。盧順生，淮安人，1933 年生。1948 年舉家搬至鎮江。31 歲時拜原南京中央國術館拳師劉慧珍為師。34 歲又拜鎮江名師陸振春為師。20 世紀 60 年代後期，又拜陳健侯弟子張祚玉為師，學了孫氏三十六手太極拳。他跑遍大江南北，擊敗不少高手。因擊敗南京市中年推手冠軍江某而名震江南。在 20 世紀八、九十年代曾任鎮江市武協秘書長。《鎮江晚報 》（2007 年 5 月 16 日）和《搏擊》（2011 年第 5 期）曾刊載《太極高手——盧順生》一文，專門介紹盧順生。

太極名家吳兆基對陳健侯的評價

本書作者按：吳兆基（1908 ～ 1997）先生是古琴大師、蘇州大學數學教授、太極名家。

王子文曾說過：「當代太極名家，吳兆基算一個！」吳先生認為陳健侯是孫祿堂太極拳在南方的唯一傳人，並認為陳健侯的功夫是罕見的，是出奇的。下面是他的學生老吳在 2000 年 6 月 11 日發於「太極拳愛好者留言板」上的帖子，供朋友們參考。

網址：太極愛好者留言板（http://www.chinataiji. com/taijifun/guestbook/index.html）

「文革」前蘇州有位吳兆基先生，功夫很深。我曾隨吳先生練過一段時間。吳先生練的是武式太極拳，吳先生

雖是位教授，但他也是練的比說的明白。關於武李兩位前輩的拳論，我讀了不知多少遍，說到底還屬於他們個人的經驗，可作為參考，但還不能稱之為理論，因為還是一些很不完善的東西。兆基先師也基本同意我的觀點。所以，即要珍惜前人的經驗，又不要迷信前人的說法。關於歷史問題，慕明先生所說的傳聞，我從未聽說過。

關於孫氏太極拳，兆基先師說，其傳人比武派傳人還少。因為孫先生當年對他的太極拳真經絕不輕傳，在南方只有鎮江的陳健侯先生得到了真傳。兆基先師認為陳健侯先生的太極拳功夫甚深，非常罕見。至於社會上流傳的孫氏太極拳多為民眾班上普及的太極拳，健身自然有效，論學術則不能以此為據。

至於有人說郝維禎先生不靠教拳吃飯，則有悖史實。武李二人確實是不靠教拳吃飯，但郝維禎先生和郝月如先生則是靠教拳吃飯的。按照兆基先師所談的見聞，在技擊上孫先生功夫確實是在郝維禎先公之上，但在太極拳理上也確實是經過郝維禎先公的啟發，而至通悟的。

當年在江蘇國術館，教太極拳的主要是郝月如。郝月如先生教拳法嚴理明，造詣頗深，唯技擊實戰經驗稍遜，未能在國術館站住腳。而李香遠先師則不僅法嚴理明，而且善於實戰，故其名聲幾駕月如先生而上之。拉雜談來，實不成文，僅作參考吧。

姓名：老吳

星期一　11月06　2000　12：47：10（第7頁）

　　仲先生的問題很專業，我回答不好。太極拳對於我來說僅是業餘愛好之一。自 1964 年我來北京後，沒有拜過什麼太極拳老師。關於歐陽芳先生，我也僅是聽說過，知道他是北京體院的老師，是練武式太極拳的。我知道的這點東西恐怕還不如您瞭解的清楚。陳健侯不是陳微明，他們是兩個人。我沒有聽說兆基先生認為陳微明先生的推手功夫一般。陳微明先生晚年的時候，腿腳已經不太俐索了。走路的時候前傾的厲害，腿好像有些毛病。兆基先師生前非常崇拜自己的老師李香遠先生。在功夫上也很佩服陳健侯，認為陳先生有出奇的功夫。至於您講的太極八式，我沒學過。我的回答，一定讓您失望了。

　　姓名：老吳

　　星期一　11 月 06　2000　16：08：07（第 7 頁）

　　（按：文中的「郝維禎」，現在一般寫作「郝為真」，他是孫祿堂的師父）

427

導引養生功

張廣德養生著作　每冊定價350元

定價350元

定價350元

定價350元

定價350元

定價350元

定價350元

定價350元

定價350元

定價350元

定價350元

輕鬆學武術

定價250元

定價250元

定價250元

定價250元

定價250元

定價250元

定價250元

定價250元

定價280元

定價330元

太極跤

定價300元

定價280元

定價350元

彩色圖解太極武術

定價220元

定價220元

定價220元

定價220元

定價350元

定價350元

定價350元

定價350元

定價350元

定價350元

定價350元

定價350元

定價350元

定價220元

定價220元

定價220元

定價350元

定價220元

定價350元

定價350元

定價220元

定價220元

定價220元

太極武術教學光碟

太極功夫扇
五十二式太極扇
演示：李德印 等
(2VCD)中國

夕陽美太極功夫扇
五十六式太極扇
演示：李德印 等
(2VCD)中國

陳氏太極拳及其技擊法
演示：馬虹(10VCD)中國
陳氏太極拳勁道釋秘
拆拳講勁
演示：馬虹(8DVD)中國
推手技巧及功力訓練
演示：馬虹(4VCD)中國

陳氏太極拳新架一路
演示：陳正雷(1DVD)中國
陳氏太極拳新架二路
演示：陳正雷(1DVD)中國
陳氏太極拳老架一路
演示：陳正雷(1DVD)中國

陳氏太極拳老架二路
演示：陳正雷(1DVD)中國
陳氏太極推手
演示：陳正雷(1DVD)中國
陳氏太極單刀·雙刀
演示：陳正雷(1DVD)中國

郭林新氣功
(8DVD)中國

本公司還有其他武術光碟
歡迎來電詢問或至網站查詢
電話：02-28236031
網址：www.dah-jaan.com.tw

原版教學光碟